2024
AI 트렌드

한발 더 빠르게,
누구보다 깊이 있게
AI로 송두리째 바뀔
세상을 포착하다

딥앤와이랩스 지음

2024
AI 트렌드

현업에서 AI 발전을 위해 종사하고 있는 실무진들이 직접 공들여 조사한 최신 기술 경향과 AI 미래 전망이라는 점에서 의미가 크다. 젊은 감각으로 쓰인 최신의 AI 리포트를 찾는 비즈니스 리더라면 반드시 읽어보길 바란다.

이영 중소벤처기업부 장관

인공지능 분야에 일하고 있는 공저자들의 노력이 엿보인다. 낯설고 어려운 전문가·영역이라고 여겨지던 인공지능 어젠다를 일반 독자의 눈높이에 맞게 쉽고 재미있게 전달하고 있다.

정도희 SK텔레콤 데이터 담당 임원

인공지능이 우리의 삶과 사회에 미치는 영향에 대해 현업 전문가들의 젊은 감각으로, 누구나 쉽게 읽을 수 있게 풀어쓴 책이다.

신동협 과학기술정보통신부 과장

인공지능이 무엇인지에 대한 설명보다 어떤 미래가 다가올 것인가에 초점을 맞춘 책이다. 미래의 상수(常數)가 되어버린 인공지능이 우리 삶을 어떻게 바꿀 것인지 힌트를 얻고 싶다면 일독을 권한다. 특히 AI에 대한 왠지 모를 불안감을 가지고 있었거나, 나름의 가치판단 기준을 만들고 싶다면 적극 추천한다.

손석호 한국과학기술기획평가원 전략기술정책단장

『2024 AI 트렌드』는 전문가가 아니어도 쉽게 이해할 수 있도록 인공지능의 현재와 미래의 혁신을 다양한 관점에서 흥미롭게 고찰한다. 책에서 소개된 다양한 현실 사례를 통해 이미 우리의 일상생활에 다방면으로 깊게 뿌리내린 인공지능의 현재를 체감하고 인공지능의 진화로 다가올 미래의 혁신과 발전, 그에 따른 우리 일상의 변화와 무한한 가능성을 다양한 각도에서 예측해보는 재미와 설렘을 만끽할 수 있을 것이라 확신한다.

조인숙 에릭슨엘지 Cloud Software & Services 기술총괄 상무

평소 급변하는 AI 이슈들을 따라가기 힘들어 고민해본 적이 있다면 이 책을 적극 추천한다. 고맙게도 AI 기술 최선봉에 선 실무진들이 대중의 눈높이에 맞추어 입문자도 읽기 쉽게 정리하였다. 저자들이 매년 이 책을 업데이트해서 출간해주면 좋겠다.

이승환 아주대학교 경영학과 부교수

AI라는 숲을 바라보고자 할 때, 나무 하나하나를 찬찬히 들여다볼 수 있도록 하는 책. '어떻게 그 많은 나무들의 생김새를 한 권에 담았지?'라고 놀라게 되는 책!

허준영 서강대학교 경제학부 부교수

인공지능이 창작을 하고, 인간과 역할을 바꾸는 디지털 특이점 시대가 열렸다. 이 책은 디지털 특이점 시대에 우리 인류가 무엇을 기대할 수 있고, 어떤 대비를 해야 하는지에 대한 통찰을 제공한다.

김상윤 중앙대학교 컴퓨터공학과 연구교수·디지털융합멘토

인공지능은 인간이 상상조차 못 한 혁신과 발전을 이끌어낼 수 있는 도구

물리학자 리처드 파인만Richard Feynman은 후세를 위해 딱 한마디만 남길 수 있다면 무슨 말을 남기겠냐는 질문에 "모든 것은 원자로 이루어져 있다All things are made of atoms"라고 답했다.[1] 만약 인공지능 시대를 상징하는 한마디 말을 남겨야 한다면 "모든 것은 인공지능으로 혁신할 수 있다"라고 쓸 수 있겠다. 인공지능을 잘 활용하면 데이터로부터 숨은 패턴을 발견할 수 있고 이를 활용해서 예측, 진단, 개선 등 분야를 막론하고 인간의 능력과 성과를 향상시킬 수 있기 때문이다.

최근 인공지능과 관련한 혁신적인 서비스나 신기술이 등장할 때면 놀랄 정도이다. 현업에서 인공지능 분야를 항상 보고 다루는 실무자로서도 그러한데 다른 모든 사람들에게는 더 큰 충격으로 다가왔을 것이다. 인공지능 기술 개발이 지속되고 앞으로 펼쳐질 미래

생활상은 짐작조차 하기 어렵다. 앞으로 내가 종사하고 있는 직업과 일자리는 어떻게 될 것이고, 당장의 먹거리와 생활은 어떻게 변하게 될까?

미래를 예측하고 고민해보는 일은 중요하다. 어떤 변화는 누군가에게 생존이 달린 큰일이기도 하다. 더 나은 직업, 더 좋은 사업 아이템을 찾기 위해서도 미래 전망이 필요하다. 학생의 입장에서는 앞으로 어떤 공부에 더 집중해야 할지를 가늠하는 데에도 도움이 되는 일이다. 기술을 예측하는 일은 많은 이들이 해오고 있었지만 줄곧 실패하는 영역이기도 하다. 정작 그 기술의 전문가도 실제 전개될 미래를 포착하지 못하기도 한다. 예컨대 군사용 목적으로 CDMA* 기술이 처음 개발되었을 때, 연구진 누구도 이 기술이 민간용으로 쓰이게 될 것이라는 사실을 예측하지 못했다. 이처럼 전문가일수록 시야는 좁아지기 마련이고, 그러면 예측이 더 안 되는 법이다.

이런 배경에서 인공지능과 IT의 미래를 연구하기 위해 뜻을 함께하는 구성원들이 모여 연구 포럼 '딥앤와이랩스Deep&WhyLabs'를 발족했다. 깊게Deep 고찰하고 왜Why라는 질문을 통해 끊임없이 현상의 원인을 살핀다는 취지로 지은 이름이다. 이 포럼에 참여하는 구성원은 인공지능 분야의 사업 및 제휴, 기획, 데이터 분석, 개발 등 다양

---

* CDMA(코드 분할 다중 접속): 원래 군사용으로 개발된 디지털 무선통신 기술이다. 개발 초기에는 이 기술이 민간용으로 사용될 것이라고 예측하지 못했지만, 기술이 발전하고 새로운 시장에서의 수요가 나타나면서 민간용으로 적용되었다. 시간이 지나 CDMA는 무선통신의 표준이 되었고, 이후 3G·4G 등 차세대 무선통신 기술의 기반이 되었다.

한 직무에 종사하고 있다. 이러한 다양성은 폭넓은 관점과 아이디어를 펼쳐 보이는 데 주효하다. 이 포럼에서는 머신러닝, 인공지능 외에도 IT 분야의 폭넓은 관심과 지식을 공유하고 있다. 이 책을 쓴 공저자들은 매주 1차례씩 총회를 열어 아이디어를 모으고 원고를 쓰고 리뷰했다. 다양한 분야에서 인공지능이 가져올 변화에 대해 탐구했고, 우리의 삶과 사회에 미치는 영향을 다각도로 살폈다.

이 책이 목표로 하는 독자는 인공지능에 대해 관심을 가지고 있는 일반 대중이다. 해당 분야에 대한 지식이나 배움이 없어도 충분히 공감할 수 있고 이해할 수 있는 수준으로 글을 쓰기 위해 노력했다. 인공지능은 우리가 상상조차 못 한 혁신과 발전을 이끌어낼 수 있는 도구이며, 우리는 그에 대한 이해와 대비를 통해 미래를 더욱 발전시킬 수 있다. 이 책을 통해 우리가 어떻게 인공지능 시대를 맞이하고 대응할 것인지에 대한 지혜를 얻을 수 있기를 희망한다.

끝으로 연초부터 지난 1년간 바쁜 상황에서도 책의 기획과 원고 작성에 힘을 모아준 공저자 분들께 축하와 함께 감사의 말씀을 전한다. 아울러 책의 아이디어를 모으고 탈고를 하는 데 물심양면 도움을 주신 구성원(김태근, 오지훈, 이준혁, 임준섭, 한상현, 홍석진)들께도 감사의 마음을 전한다.

2023년 9월
저자를 대표하여, 류성일

차례

PART 1.

인공지능 어디까지 왔고, 얼마만큼 진화했나?

PART 2.

기본적인 의식주부터 사소한 일상까지 인공지능의 손길로 바뀐다

PART 3.

직장과 일, 산업을 뒤흔드는
인공지능 혁신의 물결

PART 4.

인공지능 시대,
사회적 윤리에 대해 더 고찰하다

인공지능 어디까지 왔고, 얼마만큼 진화했나?

2023년은 그 어느 해보다 인공지능에 대한 관심이 매우 뜨거웠다. 그동안 인공지능의 영향을 체감하지 못했던 사람들조차도 인공지능 관련 뉴스를 접하며 그 위압감과 두려움을 느꼈을 것이다. 몇 해 전에는 인공지능이 바둑을 정복했다는 소식이 들리더니, 인간처럼 글을 쓰고 그림까지 그리는 인공지능이 등장하는 등 다양한 분야에서 혁신이 이어졌다. 어느새 인공지능이 우리의 삶에 깊숙이 들어온 것이다.

이 파트에서는 인공지능 시대의 개막을 알리는 중요하고 상징적인 큰 사건 몇 가지를 소개했다. 아울러 인공지능의 과거에서 현재까지 발전 동향을 가볍게 살폈다. 본론으로 들어가기에 앞서, 먼저 인공지능이 크게 발전한 미래 시대의 일상을 상상해보는 것으로 이야기를 시작하고자 한다. 하나는 대학 졸업을 앞둔 취업준비생의 이야기, 그리고 또 하나는 대기업 회사원 이 과장의 이야기다. 인공지능 시대의 미래를 전망하기에 앞서, 이러한 시도가 상상력의 폭을 넓히는 데 도움을 줄 것이라 믿는다.

01

미리 가본 2030년,
대학 졸업을 앞둔 취준생의 하루

인공지능이 자취 생활 도우미가 되다

2030년 11월 어느 날, 기상 인공지능 스피커의 알람에 잠에서 깼다. 자리에서 일어났더니, 얼마 전 자취방 주방에 새로 설치한 주방 도우미가 무언가를 안내하고 있다. 오늘 아침에 먹을 식단에 대한 내용이다. 어제 술을 너무 많이 마셔 속이 쓰리던 참이다. 그래서 간이 약한 음식을 먹고 싶었는데, 콩나물국이 딱 어울릴 것 같다며 추천을 받았다. 탁월한 선택이다. 레시피와 관련된 재료 손질 지침까지 자세히 안내해줘서 정말 편리하다. 물론 재료를 직접 손질하고 조리하는 부분은 내가 해야 하지만, 그래도 기본적인 안내와 재료 손질 지침을 제공해주는 것만으로도 충분히 도움이 된다. 아직은 주방 로봇이 모든 작업을 대신하지는 못하지만, 이 정도의 기능만으로도 많은 도움을 받을 수 있다는 것이 정말 대단하다고 느낀다.

주방 로봇[2]은 아직까지는 가격이 비싸고 크기도 상당하기 때문에 나 같은 학생이 구매하기에는 조금 부담스럽다. 게다가 주방 로봇은 완성도가 떨어지고 가끔 오작동으로 사고가 발생할 수도 있다. 최근 주방 로봇이 실수로 물이 끓고 있는 냄비를 엎어서 옆에 있던 아이가 화상을 입은 사건이 뉴스에 보도되기도 했다. 역시 최신의 기술도 좋지만, 과하게 빨리 가면 꼭 탈이 나는 법이다.

인공지능은 10년 전 내가 한 일을 알고 있다

집에 있는 인공지능 스피커는 내 심장 박동, 수면 패턴, 식사 내역 등을 항상 기록한다. 학교에 가면 얼굴 인식 시스템이 나의 출석을 체크한다. 학교 내부에는 인공지능 기반의 CCTV가 설치되어 있어 학생들의 움직임을 실시간으로 감시하고 있다.[3] 이렇게 학교 내에서 나의 모든 행동이 기록되고 분석되는 것이 불편하고 불안하기만 하다. 학교에서만이 아니다. 소셜 미디어나 온라인 플랫폼에서는 나의 행동 패턴과 관심사, 내가 읽은 글들을 분석한다. 이를 통해 개인 맞춤형 광고를 제공하기도 하고, 또 다른 불편한 목적으로 이 정보들을 전용해서 분석하기도 한다. 내가 검색한 키워드, 채팅 기록, 이메일 내용까지도 모두 기록되고 분석되는 것 같아서 내 개인정보가 침해당하는 느낌을 종종 받는다.

조지 오웰은 소설 『1984』에서 '빅브라더'라는 이름으로 미래 통치자와 관료들의 엄격한 감시 시스템을 표현했다. 이 소설에서는 시민들의 모든 행동을 감시하고 개인의 생각 등 모든 정보를 수집하는 등 과도한 감시가 일상화된 시대가 묘사되었다. 지금 이 시대는 어느덧 이 고전소설이 상상했던 것과 많이 닮은 방향으로 흘러온 것 같다. 이른바 인공지능이 결합된 빅브라더 시대이다. 학교 선생님이나 대학교수님이 항상 하던 말이 있었다. 많은 거대 인공지능들이 인터넷에 공개된 수많은 게시물과 댓글을 학습하고 있고, 심지어 발언자의 신상 정보까지 식별하거나 추정할 수 있다며 평상시에 행실을 조심하라는 말이다.

지난번 같은 동아리 친구가 모 대기업에 입사 지원 후 최종 면접까지 보았으나, 황당한 사유로 불합격 통보를 받았다고 했다. 그 사유가 무엇인고 하니, 그 친구가 과거에 그 회사에 대해 욕설과 함께 비방했던 인터넷 댓글이 발견되었다는 것이다. 무려 10년 전에 올린 댓글이라는데, 정작 그 친구 본인도 그 일을 정확히 기억하지 못한다고 했다. 물론 회사를 욕하고 비방한 지원자를 선발하고 싶지 않겠다는 입장은 이해하지만, 이렇게 일생의 전체 흔적을 거대 인공지능으로 학습해서 개인의 언행을 추적하는 것은 생각만 해도 숨막히는 일이다. 과연 기술의 발전은 이기인가, 족쇄인가?

인공지능이 대신 써주는 자기소개서

오후에는 도서관에 가서 취업 준비에 몰두했다. 인공지능은 내 이력서와 자기소개서를 분석하고, 피드백을 제공하고 있다. 더 나아가 취업 공고를 분석해 내게 적합한 회사와 직무를 추천해주고 있다. 집중적으로 준비해야 할 분야를 선정하고 경쟁력을 키우는 데 도움을 받는 셈이다.

오늘은 며칠째 쓰고 있던 자기소개서를 완성했다. 과거에는 자기소개서를 쓸 때 문법적으로 잘못된 것은 없는지 잘 살피고, 여러 가지 성장 배경과 경험했던 에피소드들을 글로 매끄럽게 잘 표현하는 것이 중요했다고 들었다. 이제는 상황이 많이 다르다. 매끄럽게 잘 쓴 글이라면, 인공지능 텍스트 생성기에게 부탁하면 수십 가지 버전으로 눈 깜짝할 사이에 만들어낼 수 있다.[4] 그러니 단순히 겉보기로 드러나는 글의 표현은 이제 더 이상 중요하지 않다. 오히려 자기소개서에 담을 사실관계가 더 중요해졌다. 텍스트 생성기 이용이 보편화되면서 글을 쓰는 일이 아주 편해졌지만, 역설적으로 자기소개서를 경쟁력 있게 잘 쓰는 것은 더 어려워진 것 같다. 텍스트 생성기를 나만 쓰는 것이 아니까 말이다. 그렇다고 없었던 사실관계를 만들어낼 수도 없는 노릇이다. 취업 준비는 예나 지금이나 참 어려운 일이다.

앞으로 펼쳐질 인공지능 시대를 취업준비생의 하루로 한번 살펴보았다. 이 가상인물의 하루는 어쩌면 글을 쓰는 2023년 현재 시점에서 멀지 않은 미래에 벌어질 일일지도 모른다. 그렇다면 인공지능 기술이 더 고도화된 미래에 현대인의 일상은 어떨까? 상상의 시계를 2040년으로 맞추어 평범한 회사원의 하루를 들여다보도록 하자.

02

시나리오 2

미리 가본 2040년,
대기업 회사원 이 과장의 하루

회사 일을 대신해주는 인공지능

월요일 아침 출근을 하자마자 개인용 인공지능 업무 에이전트에 자료 조사를 지시했다. 지난 주말 동안 있었던 산업 내 동향과 뉴스를 요약해달라는 내용이었다. 시스템의 화면이 스스로 움직이면서 여러 가지 소스로부터 정보들을 취합해 보고서 형태로 만들어준다.[5] 내가 한 일은 단지 어떤 것을 조사할지를 시키기만 했을 뿐이다.

요즘, 회사에서 사람이 시시콜콜 업무를 직접 하는 경우는 아주 드물다. 웬만한 업무는 인공지능이 해낼 수 있고, 오히려 사람보다 더 빠르고 우수한 결과를 내놓는다.[6] 지시만 하면 인공지능이 알아서 엑셀과 프로그램을 켜서 자료를 입력하고, 계산까지 모두 수행하며, 자료의 수집도 훌륭하게 수행한다. 원하면 음성 대본이나 동영상까지 만들어준다. 초상권을 피하기 위해 인공지능 가상 아바타를 만들어 서로 논리적 논쟁을 하는 동영상을 만들 수도 있고, 가상의 연예인들을 출연시켜서 예능을 찍는 일도 한다. 소프트웨어 개발자는 소스 코드를 작성할 때 인공지능 에이전트에게 코드가 구현해야 하는 목표와 유의 사항 등을 지시하기만 하면 된다.

지금 시대에는 상상하기 어려운 일이지만, 예전에는 사람이 직접 모든 자료를 조사하고 보고서도 직접 썼다고 한다. 인공지능 기술이 빠르게 발전하면서 인간이 직접 세세한 일까지 도맡아 하던 문화는 빠르게 소멸했다. 20세기에 전자계산기가 보급되던 시절, 전자계산기로 계산하던 사람과 주판알을 튕기며 계산하던 사람이 짧게나마 공존했던 때가 있었다고 들었다. 그러나 곧 주판이 없어지는 것은 시간문제였을 것이다. 인공지능에게 회사 업무를 넘겨주기 시작한 것과 주판이 사라지던 때는 닮은 모습이 많았다.

인공지능에게 여러 일을 시키다 보니 사람이 해야 할 일은 많이 줄었다. 하지만 인공지능에게 지시하는 방향을 결정하는 것은 여전히 어려운 일이다. 그 때문에 일부 엘리트 인력에 의해 회사가 움직이기 시작했다. 지금 여러 회사에는 소수 정예의 직원만 출근하고 있다. 최근 뉴스에서는 구글이 대규모의 인원을 채용해 상근 직원이 100명을 넘어섰다는 소식을 전했다. 아니, 요즘 같은 시대에 100명이나 모여서 무슨 일을 그렇게 많이 하겠다는 것인지 잘 모르겠다.

내 마음을 알아주는 인공지능

야근을 마치고 나선 퇴근길. 오늘은 자동으로 호출된 UAM(도심 항공 모빌리티, 자세한 내용은 146쪽 참조)[7] 택시를 탔다. 배정된 UAM 택시는 인간 조종사가 없는 무인기였다. 요즘도 드물긴 하지만 인간 비행사가 있는 구형 UAM이 배정될 때도 있다. 오늘은 기사와 말대답할 기운도 없었는데 조용히 이동할 수 있어서 차라리 잘됐다.

텅 빈 UAM 택시 뒷좌석에 누었다. 자동으로 마사지기가 켜지고 온몸을 마사지해주며 피로를 풀어주었다. 위를 보니 천장 스크린에 웹 화면이 켜졌다. 어제 집에 있던 칫솔이 부러져서 새것을 구매하려던 참인데, 마침 스크린에 칫솔 구매 안내가 떠 있다. 나는 민트 알레르기가 있어서 소금으로 만든 천연 치약을 써야 하는데, 인공지능은 당연히 이 조건을 미리 알고 소금 성분으로 만든 치약 제품들을 함께 리스팅해주었다. 그중 몇 개를 클릭해서 비교하다가 하나를 선택했다. 그 후 인공지능이 자동으로 배송지와 결제 정보를 입력해서 구매 프로세스를 순식간에 끝내주었다. 배송 스케줄을 보니 새벽 드론 배송 일정으로 등록된 것을 확인했다. 내일 아침이 되면 아파트 옥상 드론 배송함에 물건이 도착해 있을 것이다.

곧 UAM 택시가 집에 도착했다. 혼자 사는 집이라, 낮 시간 종일 비어 있었던 집이다. 그러나 내가 도착하기 전 에어컨과 공기청정기가 자동으로 켜져서 쾌적한 환경이 되어 있다. 식탁에는 내가 좋아하는 음식이 이미 차려져 있고 음식을 먹으면서 볼 프로야구 영상도 보기 편하도록 준비되어 있다. 자리에 누워 좋아하는 라디오를 들었다. 나도 모르게 잠이 들었는데, 그래도 걱정이 없다. 내가 잠에 들면 스마트홈 인공지능 에이전트는 내 생체 시그널이 취침 상태인 것을 확인한 후, 라디오를 끄고 소등하는 등 숙면을 취할 수 있게 제어한다.[8]

메타버스로 출근하는 시대

이튿날, 뒤척이며 잠에서 깼다. 이런, 늦잠을 자서 출근 시간 5분 전이다. 5분 안에 출근을 마쳐야 한다. 스마트폰으로 근무 계획 앱을 열어 오늘 근무를 메타버스 출근으로 변경했다.[9] 천천히 일어나서 세수를 하고 다시 소파에 앉았다. 소파 옆의 웨어러블 컴퓨터 옷을 입고 머리에 전선이 달린 안경 헬멧을 썼다. 메타버스 근무를 위한 출근 준비는 이것으로 끝이다. 5분이면 충분했다.

이 안경 헬멧은 비침습형* 메타버스 다이브 안경이다. 이 장치는 나의 뇌파와 직접 상호작용해서 가상현실처럼 메타버스 세계와 접속하도록 돕는다. 이를 통해 아바타를 조종할 수 있고 회사 일은 아바타를 통해 수행한다. 이 기능을 통해 가상 사무실에서 동료들과 만나 업무를 함께하기도 하고 휴식 시간에는 수다를 떨기도 한다.

메타버스 근무 형태가 처음 소개되었을 때, 많은 우려가 있었다. 만나서 눈빛도 교환하고 악수도 하는 등 같은 공간에서 신체에 기반한 상호작용과 스킨십이 있어야만 제대로 일을 할 수 있다고 믿었다. 그런데 2021년 신종 호흡기 질환인 코로나19 사태가 터진 후 2년이 넘는 기간 동안 사회적 거리 두기를 경험하면서, 온라인 혹은 가상현실에서 협업하고 업무를 수행하는 것이 결코 불가능한 게 아니라는 사실을 깨닫게 된 것 같다. 그때부터 메타버스 근무 시스템이 빠르게 발전했고, 여러 회사가 다양한 관련 제품을 출시했다.

초기에 출시된 가상현실형 메타버스 제품은 불편하기 짝이 없었다. 머리에 써야 하는 헬멧은 크기도 크고 무거워서 한 시간 이상 접속하는 것이 곤욕이었다. 당시 무거운 헬멧 때문에 많은 사람이 목 디스크에 시달렸다고 한다. 메타버스가 대중화된 것은 이 헬멧이 충분히 소형화되어 가벼워진 다음부터였던 것으로 기억한다. 이제는 메타버스에서 회사생활도 할 정도로 메타버스의 접속은 일상이 되었다. 메타버스에 접속해서 각자의 아바타로 현실과는 달리 더욱 자유롭게, 창의적으로 일할 수 있다. 지금도 탁월한 아이디어나 성공적인 신사업 모델은 대면 미팅보다 오히려 메타버스 회의체에서 만들어지는 경우가 더 많다.[10]

한 취준생과 회사원 이 과장의 이야기를 통해 잠시 미래를 상상해보았다. 마치 SF 영화 속에 온 듯한 느낌이었을 수 있다. 인공지능

---

* 비침습형 기기: 인체 비삽입형 기기

은 우리가 생각하는 것 이상의 잠재성이 있으며 인류를 한 단계 더 진보시킬 수 있는 발명품이다. 다시 시점을 돌려 현재를 바라보자. 현대의 인공지능 업계는 빠르게 발전 중이다. 미래는 현재를 토대로 차근차근 쌓여간다. 그러므로 현대의 인공지능 업계와 산업계 발전 동향에 대해 한번 이해를 하고 나아가는 것도 중요하다. 과거와 현재를 잘 알면 미래를 좀 더 정확히 조망할 수 있을 것이다.

03

인간의 자존심을
내려놓다

| 인공지능 앞에 한없이 겸손해지는 인간 |

"수 하나하나의 수준이 굉장히 높은데요. 이 수들의 뜻을 어떻게 이해하
실 수 있으세요?"
"제가 이 수들을 100% 이해하는 것은 아닙니다. 하지만 지금 해설을 위
해 최선을 다하고 있습니다."

2022년 세계 인공지능 바둑 대회에서 해설을 맡은 백홍석 프로
9단이 캐스터의 질문에 답한 말이다. 한평생 바둑을 연구해온 정상

급 프로 기사의 입에서 나온 이 말은 인공지능 앞에 한없이 겸손할 수밖에 없는 인간의 현주소를 보여준다.

바둑은 인류가 낳은 가장 높은 지적 능력을 요구하는 게임이다. 그래서 인간의 지성과 통찰이 없는 인공지능이 바둑을 정복할 수 없다고 믿었다. 2016년 알파고[11]가 바둑에서 첫 출사표를 던졌을 때, 이세돌은 "당연히 내가 이긴다"라며 호언장담을 했다. 대국을 지켜보던 시청자도 모두 인간 대표 이세돌을 응원했다.

그러나 이세돌은 알파고에 3:1로 패하고 말았다. 한 판이라도 이겼으니 간신히 참패만은 면한 것이다. 그리고 이날은 인간이 바둑에서 인공지능을 이긴 최후의 날이 되었다. 이세돌 이후 많은 프로 기사들이 도전했으나 더 이상 인공지능을 상대로 승리하지 못했

2016년 알파고와의 대결에서 첫 수를 착점하는 이세돌

자료: 연합뉴스

다. 2023년 현재 정상급 프로 기사는 3점을 접고* 두어야 인공지능과 대등한 경기를 펼칠 수 있다. 이처럼 인공지능의 수준은 인간 레벨에서 점점 더 멀리 달아나고 있다. 인공지능이 체스를 정복한 지 26년 만에 바둑도 같은 결말을 맞은 것이다.

사람이 수백 년간 갈고닦은 공식, 인공지능 앞에서 와르르

과거, 유명세를 떨쳤던 프로 기사 사범님과 바둑 한판을 둘 수 있다는 것은 큰 영광이었다. 세계 랭킹 1위 기사와 대국을 하고 싶다고 해서 그런 기회를 마음대로 가질 수 없었다. 유명한 요리사 밑에서 비법 레시피나 조리법을 일부라도 익히려면 몇 년은 접시를 닦으며 수양을 거쳐야 했다는데, 바둑도 정도의 차이는 있겠지만 닮은 점이 있었다.

그런데 인공지능 바둑 알고리즘이 나오면서 상황이 바뀌었다. 이제 세계 최강의 바둑 챔피언은 인공지능 알고리즘이다. 그리고 무료 인공지능 바둑 프로그램을 누구나 설치해서 사용할 수 있고, 누구나 무제한으로 최정상급 바둑 알고리즘과 대국할 수 있다. 프로 초단자 혹은 아마추어 등 누구나 차별 없이 인공지능의 수를 공부할

---

* 접바둑: 실력 차가 현격한 상수와 하수가 바둑을 둘 때, 하수에게 먼저 몇 수를 두게 한 후 대국을 시작하는 것. 3점을 접고 둔다는 것은 3점을 먼저 두고 경기를 시작하는 접바둑을 의미한다.

수 있게 되면서, 결과적으로 인간의 바둑은 상향 평준화되는 결과를 낳았다.

바둑은 3000년 이상으로 긴 역사를 가진 상류층의 게임이었다. 그래서 '무리수', '미생' 등 바둑에서 쓰던 말이 교양 있는 표현으로 여겨지며 일상에서 널리 쓰게 된 경우가 많다. '정석'이라는 표현도 바둑 용어이다. '수학의 정석'이라는 표현이나 "이 절차는 정석이니까 꼭 숙지해야 해"와 같은 말처럼 쓰인다. '정석'이란, 바둑에서 쌍방이 최선을 다해 두었을 때 필연적으로 나오게 되는 10여 수 내외의 정해진 수순을 말한다. 이것은 강제로 정한 규칙은 아니지만, 그렇게 두지 않으면 그 사람이 큰 손해를 보기 때문에 수십 혹은 수백 년간 학습되어 자연스럽게 공식처럼 정착된 수순이다. 그런데 인공지능 등장 이후 이 '정석'에 큰 변화가 생겼다. 과거에는 한쪽이 일방적으로 불리한 것으로 확인되어 사라졌던 정석이 다시 부활하기도 했다. 인공지능 알고리즘에게 물어보니 한쪽이 전혀 불리하지 않았고 오히려 공평한 수라는 분석이 나왔기 때문이다. 반대로 이상적인 수라고 믿어져 줄곧 두어져 왔던 수순을 인공지능에 입력해보니 한쪽이 크게 손해가 된다는 분석이 나와 아무도 두지 않게 된 정석도 있다. 수많은 인간 고수들에 의해 오랜 세월 동안 학습되어 만들어진 정석이 대대적으로 재평가된 것이다.

인공지능 바둑 프로그램을 이용하면 각 착점에 따른 앞으로의 승률 변화를 실시간으로 확인할 수 있다. 이때 인공지능이 추천하는 가장 승률이 높은 수를 파란색으로 표시하며 블루스팟blue spot이라 부르기 시작했다. 그다음으로 승률이 높은 수는 초록색을 거

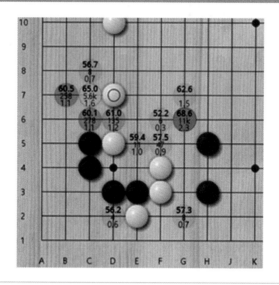

착점별 승률과 블루스팟을 표시하는 인공지능 바둑 프로그램

자료: 인공지능 바둑 프로그램 '카타고'

처 주황색 계열로 점차 색깔을 바꿔 표시한다. 조만간 바둑의 '블루스팟'이라는 표현이 또 한 번 일상 용어가 될지도 모른다. "우리 사업의 다음 블루스팟은 어디지?"와 같이 일상에서 자연스럽게 쓰게 되지 않을까? '정석'이라는 표현이 그러했던 것처럼 말이다.

│ 인공지능과의 공존, 명과 암이 모두 있을 것 │

2016년을 기점으로 수년간은 바둑 알고리즘의 성능이 인공지능 기술력을 보여주는 척도라 여길 만큼 인공지능 바둑에 관심이 집중되었다. 지금의 인공지능 시대를 여는 데는 바둑이 기여했다고 해도 과언이 아니다. 바둑이라는 소재는 인공지능에 대해 무관심했던 대중을 비롯해 기술 섹터로까지 인공지능 기술 개발의 관심을 크게 불러일으키는 데 적합했다. 저마다 우수한 바둑 알고리즘을 내놓기 위한 각축전이 일어났는데, 이것은 지금의 폭발적인 인공지능의 발전을 이끄는 밑거름이 되었다.* 그런 점에서 구글이 바둑을 인공지능 기술 개발의 시발점으로 삼은 것은 잘한 일이다. 시작은 바둑이라는 하나의 게임에 지나지 않았으나 점차 이를 토대로 발전하는 인공지능의 응용 분야는 현실 세계의 거의 모든 곳으로 확장되고 있다.

인공지능이 도입되면 어떤 변화가 있을까? 개인과 기업은 어떤 준비를 해야 할까? 인공지능 바둑이 보여주는 현상들은 다른 분야에서도 참고가 될 것이다.

바둑계는 인공지능에 패배한 후 큰 충격에 빠졌으나, 빠르게 적응하고 변화했다. 우선 바둑 수의 연구와 훈련 도구로 인공지능을 적극 받아들였다. 이제 많은 연구생과 프로 기사들이 인공지능 바둑 알고리즘을 이용해서 바둑을 연구하고 있다. 인공지능과 인간 간의 기량 차이가 현격해 인공지능 바둑 대회를 따로 열었고, 그것을 인간 프로 기사가 해설하고 시청자가 함께 즐기는 새로운 콘텐츠 양식

---

* 중국의 텐센트는 알파고 논문을 똑같이 구현해서 '절예'를 내놓았고, 한국의 '돌바람', 미국 페이스북의 '엘프 오픈고(ELF OpenGo)', 벨기에의 '릴라제로(LeelaZero)' 등이 출시되었다. 그 밖에 현재까지 출시된 무료 인공지능 바둑 알고리즘으로는 '카타고(KataGo)', '미니고(Minigo)', '릴라마스터(LeelaMaster)', '피닉스고(PhoenixGo)', '사이(SAI)' 등이 있다.

자료: 한국기원

을 만들기도 했다. 인공지능과 인간이 함께 나아갈 수 있는 길을 찾으면서 만들어진 변화들이다. 이처럼 바둑계는 인공지능을 배척하지 않고 공생할 수 있는 길을 찾고 있다.

인공지능과 관련해서 긍정적인 변화만 있었던 것은 아니다. 국내의 한 바둑 대회에서 인공지능을 이용한 부정행위가 적발되어 한 프로 기사가 협회 징계와 함께 형사처벌을 받기도 했다. 이는 인공지능 바둑 부정행위와 관련해 법적 처벌을 받은 세계 최초의 사례이다. 한편 이웃나라 중국에서도 한 프로 기사가 인공지능의 수를 엿보았다며 부정행위 의혹이 일기도 했다. 이처럼 인공지능이 부정과 일탈을 위한 수단으로 사용되기 시작했다. 지금 바둑계에서 일어나는 일들을 살펴보았지만, 앞으로 스포츠·예술·법조계 등 여러 분야에서 이런 변화가 심심찮게 벌어질 것이다.

04

챗GPT/생성형 AI

대화와 콘텐츠 생성을
자유자재로

| 인간의 언어로 시키는 대로 척척 |

인공지능에 관련한 수많은 혁신과 발전의 흐름 속에서 최근 등장한 챗GPTChat-GPT의 충격과 파급력은 유래가 없을 만큼 컸다. 챗GPT는 대화형 AI 챗봇이다. 챗GPT 이전에도 애플의 '시리Siri'나 삼성의 '빅스비Bixby'와 같은 음성 인식 대화형 봇이 출시되기도 했지만, 단순한 규칙 몇 가지에 기반해 기계적으로 답변하는 것이 느껴질 만큼 성능이 썩 좋지 못했다. 그런데 챗GPT는 달랐다. 챗GPT는 기존 대화형 봇의 수준을 크게 뛰어넘어 진정한 대화형 서비스의 본격화 시대를 여는 모습이다. 챗GPT는 오픈AIOpenAI에 의해

2022년 12월 1일에 공개되었다. 오픈AI는 인공지능 연구 재단으로, 언어 모델 GPT 외에도 그림을 그리는 '달리DALL-E', 음성 인식 솔루션 '위스퍼Whisper' 등을 차례로 선보인 바 있다.

챗GPT는 자연어 이해와 콘텐츠 생성 능력을 갖추고 있다. 이 서비스는 명령을 입력하면 자연스럽고 유창한 대화 형태로 결과를 출력한다. 기존의 챗봇들과는 달리, 챗GPT는 대화를 나누는 과정에서 맥락을 이해하고 자연스럽게 대화를 이어나가기 때문에 인간과의 대화를 구분할 수 없을 정도로 정교하고 자연스럽다.

챗GPT에 사용된 GPT 기술은 인류 역사상 가장 뛰어난 인공지능 언어 모델로 인정받고 있다. 이 모델은 자연어 이해와 생성 기술을 바탕으로 독특한 역량을 갖추고 있다. GPT는 대용량의 학습 데이터를 기반으로 학습되었으며, 언어 이해, 질문 답변, 번역, 글 작성 등 다양한 자연어 처리NLP, Natural Language Processing 작업에 뛰어난 성능을 보여준다. 이 모델은 인간과 자연스럽게 대화를 나눌 수 있는 능력을 갖추고 있어 전 세계에서 큰 관심을 받았다. GTP는 현재 GPT-3, GPT-3.5를 넘어 GPT-4 버전으로 업그레이드되면서 성능이 지속해서 향상되고 있다. 특히 GPT-4부터 언어뿐만 아니라 이미지도 인식할 수 있는 멀티모달* 인공지능 서비스로 발전했다.

인공지능이 언어를 배운 속도는 놀랍다. 그동안 글씨 인식, 음성

---

* 멀티모달(Multi-modal): 여러 가지 형태로 컴퓨터와 대화하는 환경을 의미한다. 여기서 모달은 모달리티(modality)의 준말로 컴퓨터와 의사소통하는 채널을 말한다.

GPT 버전별 개선 내용			
모델명	출시 시기	파라미터수	특징
GPT-1	2018년	1,700만	대규모 텍스트 학습, 문서를 특정 주제로 분류 가능.
GPT-2	2019년	15억	모델 크기를 획기적으로 확대.
GPT-3	2020년	1,750억	모델 크기를 획기적으로 확대하고 자가학습(Self-attention) 기술 도입. 사람처럼 글을 쓰거나 코딩, 번역, 문서 요약 가능.
GPT-3.5	2022년	1,750억	인간 피드백 강화 학습(RLHF, Reinforcement Learning with Human Feedback) 도입으로 답변의 정확도 개선.
GPT-4	2023년	(미공개)	텍스트뿐만 아니라 이미지도 인식 가능(멀티모달). 26개 국어 지원.

자료: 오픈AP 공개 자료 취합

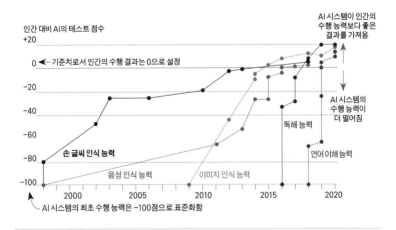

각 분야에서 인공지능이 인간의 능력을 초과하는 데 걸린 기간

자료: Our World in Data, 미래에셋매거진

인식, 이미지 인식 등 과거 인공지능이 여러 능력들을 발전시켜온 속도와 비교할 때, 인공지능의 언어 이해 능력 발전 속도는 유래가 없을 만큼 빨랐다. 인공지능의 음성 인식 능력이 인간 수준까지 도달하는 데 18년이 걸렸고, 인공지능 이미지 인식 능력이 인간 수준까지 닿는 데 6년이 걸렸다. 반면 언어 이해 능력 부문에서는 인공지능이 진출한 지 단 1년 만에 인간의 수준을 초월해버렸다.[12]

| 포털과 검색엔진의 시대는 끝날까? |

챗GPT는 주어진 텍스트를 기반으로 다음 텍스트를 예측하고 생성해 글을 작성하는 능력을 갖추고 있다. 이는 검색 포털인 구글이나 네이버에서 제공하는 '연관 검색어'와 유사한 개념이다. 하지만 검색엔진이 검색 결과들을 단순히 나열만 하는 반면, 챗GPT는 여러 결과를 종합해서 글로 요약해준다. 검색엔진을 사용할 때 인간이 해야 했던 역할까지 완결적으로 수행해준다는 의미다. 챗GPT는 사용자에게 원하는 정보를 검색해주는 수준을 넘어 그 내용을 해석하고 요약 보고서를 쓰는 등 한 차원 높은 가치를 실현한다.

그동안 구글, 야후, 네이버 등의 검색엔진은 인터넷 이용에서 없어서는 안 될 인터넷 서핑의 상징과도 같은 존재였다. 그런데 챗GPT가 등장하면서 미래 인터넷 이용 행태는 변화가 불가피해 보인다. 챗GPT는 기존에 검색엔진이 할 수 없었던 일을 해낼 수 있다. 2022년 대학입학수학능력평가 수학 영역 홀수형 2번 문제를 검색엔진과 챗

GPT에게 각각 물어보자.

검색엔진이 내놓은 결과는 연도가 다른 2018년 수능의 비슷해 보이는 문제 풀이를 보여주거나, 극댓값 구하기 등 관련이 있을 법한 수학 문서를 보여주고 있다. 반면 챗GPT는 실제 질의한 문제를 이해하고 그 풀이 과정과 함께 정답을 제시한다. 챗GPT의 효용성을 직감할 수 있는 대목이다.

개발자들이 프로그램 코드를 작성하다가 어려운 문제에 봉착했

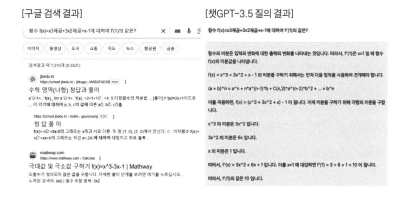

"함수 f(x)=x³+3x²+x-1에 대하여 f'(1)의 값은?"이란 질문에 대한
구글과 챗GPT 검색 결과

자료: 딥앤와이랩스, 구글, 챗GPT(3.5)

을 때, 과거에는 구글 검색으로 자신의 문제와 가장 비슷한 사례와 경험을 찾기 위해 노력했다. 그런데 챗GPT의 도움을 받으면 훨씬 쉽게 문제를 해결할 수 있다. 챗GPT에게 직접 작성한 코드를 보여주면 잘못된 오류를 잡아주고 비효율적으로 쓴 코드를 더 좋게 교정도 해준다. 이렇듯 챗GPT는 정보 획득뿐만 아니라 전문 분야의 문제 해결사 역할까지 해줄 수 있다. 챗GPT가 사용자의 질문과 대화를 분석하고 이해하여 적절하고 구체적인 답변을 제공하기 때문이다.

이 기술은 전통적인 검색엔진이 가진 한계를 넘어섰다. 챗GPT를 기점으로 검색엔진 중심의 인터넷 시대에서 다른 형태로 패러다임이 변화할 것이다. 그러나 기존의 검색엔진이 사라지지는 않을 것이다. 검색엔진이 필요한 상황에서는 앞으로도 계속 제 역할을 할 수 있다. 다만 챗GPT가 기여할 수 있는 부분이 점차 커질 것이고, 검색엔진과 챗GPT가 서로 결합되어 서로 부족한 기능을 상호 보완하면서 인터넷 사용법은 계속 발전할 것이다.

인터넷 사용자가 더 많은 부가가치를 창출하고 업무 효율성을 높이려면 챗GPT와 같은 기술을 잘 쓸 수 있어야 한다. 어떤 기술이든 만들어놓기만 해서는 가치가 생기지 않는다. 그 기술을 이해하고 잘 활용해야만 진정한 가치를 발휘한다. 우리는 이러한 변화의 중심에서 새로운 기술의 흐름을 받아들이고, 그 속에서 필요한 지식을 적재적소에 활용하는 능력을 길러야 한다.

│ 일을 입으로 하냐고? 이젠 정말 일을 입으로 한다 │

챗GPT의 문서 작성 능력은 업무용뿐만 아니라 창작 영역에서까지 활용될 수 있다. 예를 들어 사용자가 챗GPT에게 원하는 주제의 이메일이나 특정 스타일의 글을 요청하면 챗GPT는 실시간으로 글을 작성해 제공한다. 이는 콘텐츠 제작의 과정을 빠르고 효율적으로 도와주는 동시에 창작자들에게 새로운 아이디어와 시각을 제

챗GPT에게 내일 계획된 업무 미팅을 다음 주로 미뤄달라는 내용의 이메일을 써달라고 할 경우

[지시어]
거래처 A물산의 이 과장에게 내일 예정된 미팅 다음 주로 미뤄달라는 이메일 좀 써줘.

[결과]
제목: 미팅 일정 변경 요청

존경하는 이 과장님,

저희와 예정된 미팅에 대해 먼저 감사드리며, 진심으로 소중한 시간을 내주셔서 감사합니다. 그러나 저희 측에서 예기치 못한 사유로 인해 내일 예정된 미팅을 다음 주로 미뤄드릴 필요가 있게 되었습니다.

실로 죄송하지만, 불가피한 사정으로 인해 미팅을 조정해야 합니다. 가능하시다면 다음 주 [미팅 가능한 날짜와 시간을 여기에 기입해주세요]에 미팅을 잡아주시길 부탁드립니다. 가능한 날짜 중 가장 편한 날짜를 알려주시면, 저희가 확인하여 확정드리도록 하겠습니다.

불편을 드려 대단히 죄송합니다. 다시 한번 이해해주시면 감사하겠습니다. 빠른 회신 부탁드리며, 이번 일정 조정에 양해해주시기 바랍니다.

항상 보다 나은 협력을 위해 노력하는 저희 회사가 되도록 최선을 다하겠습니다.

고맙습니다.

자료: 딥앤와이랩스, 직접 챗GPT-3.5에 지시를 하여 생성한 결과

공해 창작 과정을 보조하는 역할을 한다. 사용자가 원하는 내용을 주문하면 챗GPT는 주문에 맞게 결과물을 빠르게 생성한다. 예를 들어 "러시아-우크라이나 전쟁이 세계 경제에 미치는 영향에 대해 에세이로 작성해줄 수 있을까?"라는 요청을 하면, 챗GPT는 그 자리에서 주문한 내용에 관련된 에세이를 작성해준다. 챗GPT는 프로그램 개발자에게도 유익하다. "알카노이드(벽돌깨기) 게임을 파이썬 코드로 만들어줄 수 있을까?"라고 요청하면, 챗GPT는 실제 게임 코드를 생성해 사용자에게 보여준다. 아주 순식간에 게임 코드를 만들어내는데, 인간 프로그래머는 결코 따라잡을 수 없는 속도이다.

지시어 '푸른 바다에 일몰이 진다'에 대해 인공지능이 생성한 그림*

자료: 딥앤와이랩스, GPT-4를 통해 직접 생성한 그림

---

* 이 사례에서는 실사와 같은 그림을 얻기 위해 "실제 사진처럼 그려줘"라고 추가 지시를 내렸다.

인공지능이 대화에만 능한 것은 아니다. 대화를 통해 그림을 그려달라고 지시하면 그림도 척척 그려낸다. 인간이 수많은 노력과 시간을 들여 만든 사진, 그림 등의 콘텐츠들을 학습했고, 이를 토대로 콘텐츠를 빠르게 생성한다. 달리는 그림 생성에 특화된 인공지능 서비스이고, GPT-4 역시 뛰어난 그림 실력을 자랑한다. 사용법은 간단하다. '프롬프트'라 불리는 지시어를 입력하면 그에 맞는 결과물을 창조해낸다. GPT-4에 "푸른 바다에 일몰이 진다"라는 문장으로 그림을 그려오라 지시하면, 수초 이내에 현실적이고 아름다운 일몰 풍경을 만들어준다.

│ 생성형 AI, 콘텐츠 산업의 혁신 │

인터넷의 등장으로 콘텐츠 생성과 소비 방식은 전례 없이 변화했다. 소셜 미디어, 블로그, 웹사이트 등을 통해 누구나 손쉽게 콘텐츠를 생성하고 공유할 수 있게 되었다. 글쓰기가 작가나 기자들의 전유물이 아니라 일반인들 또한 참여할 수 있는 영역이 된 지 오래다. 더 나아가 인공지능 시대에는 또 한 번 콘텐츠 생산의 폭발적 증가가 예상된다. 그리고 그 속도는 과거 다른 기술의 파급 양상과 비교할 때 훨씬 빠르다. 기술 출현 10년 후 온라인 콘텐츠 시장에서 생성형 인공지능Generative AI 콘텐츠의 침투율은 미국 스마트폰 보급률, 소프트웨어 시장에서 클라우드 비중의 확산세를 넘어서는 등 유례없이 빠른 양상을 보인다.[13]

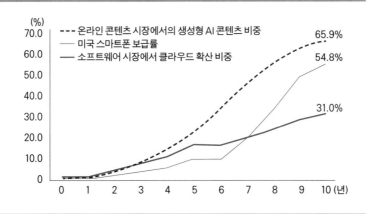

자료: Bessemer Venture Parners

생성형 AI란 글이나 그림 또는 음악 등 다양한 콘텐츠를 생성해 내는 인공지능 솔루션을 말한다. 생성형 AI가 기여할 수 있는 분야는 여러 가지가 있다. 첫째, 글쓰기와 편집 분야에서 인간의 생산성을 크게 향상시킬 것이다. 기존에는 사람들이 직접 글을 쓰고 편집하는 작업을 담당했지만, 인공지능 기반의 텍스트 생성 알고리즘이 등장함에 따라 훨씬 빠른 속도로 콘텐츠를 작성할 수 있게 되었다. 오픈AI의 GPT-4와 같은 기술은 기사, 소설, 블로그 등 다양한 콘텐츠 작성을 돕는 데 사용되며 시간과 노력을 크게 절약할 수 있다.

둘째, 디자인과 그래픽 분야에서 창의성을 높이는 도구로 활용될 수 있다. 디자인 원칙에 기반한 인공지능 알고리즘이 개발되어 로고 생성 및 최적의 배너 이미지를 추천하는 등 디자인 작업을 보조할

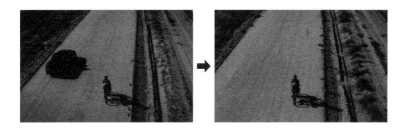

자료: 어도비 센세이

수 있다. 어도비 센세이Sensei-Gen-AI는 이미지 편집과 컬러 매칭을 자동화해주어 디자이너의 업무 효율성을 향상시킨다. 이 기능을 이용하면 안경을 낀 얼굴 사진에서 안경을 삭제할 수 있고, 사진 속 인물이나 물체를 쉽게 추가 또는 제거할 수 있다.

셋째, 영상 제작 및 편집 분야에서 혁신을 이끌 수 있다. 생성형 AI는 자동으로 영상 편집을 수행하거나, 제작자의 작업을 보조해 저작권 문제를 해결하거나, 몰입도 있는 영상을 만드는 데 도움을 줄 수 있다. 엔비디아Nvidia의 인공지능 기술과 같은 정교한 영상 처리 시스템은 영상에서 배경을 지우거나, 색상 및 빛 처리를 담당할 수 있다.

넷째, 음악 및 오디오 분야에서 창작 과정에 독특한 가치를 더할 수 있다. 인공지능 작곡 프로그램인 에이바AIVA와 같은 기술은 이미 보편화되어 있다. 또한 인공지능 기반 오디오 처리 기술은 고품질의 오디오 편집 기능을 제공하며, 입력된 지시에 맞춰 스마트 스피커에서 재생되는 음악을 실시간으로 조절하는 등 고품질 오디오 서비스를 제공할 수 있다.

그 밖에도 생성형 AI는 뉴스레터 제작, 게임 콘텐츠 개발, 교육 콘텐츠 개선 등 다양한 분야에서 적용될 것으로 예상된다. 가치 있는 콘텐츠를 인공지능이 능숙하게 생성하고 고품질 작업들을 보다 빠르게 공급함으로써 인간은 더 나은 전략과 참신한 아이디어를 제시하는 데 집중할 수 있을 것으로 기대된다.

| 챗GPT와 생성형 AI의 활용 가능성 |

회사에서 챗GPT를 사용하면 많은 생산성 향상이 기대된다. 자료 조사를 하기 위해 예전에는 구글, 네이버 등의 검색엔진을 주로 이용했다면, 지금은 챗GPT 혹은 GPT 기반의 브라우저 서비스인 마이크로소프트 빙Bing, 구글 바드Bard 등의 사이트에 접속해 대화형으로 정보를 입수하게 되었다. 다만 정보의 신빙성을 확보하기 위해 자료 출처를 확인해 검증을 하는 등의 작업이 필요하지만 실제 자료를 직접 찾는 것보다 작업 시간이 획기적으로 단축된다.

코카콜라는 챗GPT와 달리 등의 생성형AI 솔루션을 도입해서 마케팅을 기획하고 있다. 국내에서도 SK텔레콤, 포스코, 삼성전자 등이 챗GPT를 업무에 도입했거나 활용을 추진 중이다. 그 내용을 들여다보면 기획, 마케팅, 개발 등 여러 업무에 챗GPT를 활용하겠다는 것이다. 시대에 부흥하는 기술 트렌드에 부합하기 위해 기업과 그 구성원 모두 발 빠른 대응을 하고 있는 모습이다.

챗GPT 업무 도입 나서는 기업들	
기업	내용
SK텔레콤	· 사내망에 전용 챗GPT 메뉴 신설
	· 회당 전송 데이터 크기 2KB로 제한
포스코	· 사내 협업 툴 '팀즈(Teams)'에 유료 챗GPT 앱 도입
	· 일반 챗GPT는 사내 접속 금지
LG CNS	· 사내 AI 챗봇 '엘비(LVI)'에 챗GPT 접목
삼성전자	· 사내 전용 챗GPT 서비스 도입 추진 중

자료: 각 사, 《조선일보》 재구성

　챗GPT는 회사 내의 여러 기획 업무에서 그 창작성을 인정받고 있다. 실례로 미국의 유명한 영화배우 라이언 레이놀즈가 운영하는 알뜰폰 사업자인 민트-모바일Mint-mobile은 광고기획안의 비용 효율화 및 기술 트렌드에 맞는 마케팅을 위해 챗GPT로 3분 이내의 짧은 광고 기획안을 작성해달라고 지시했다. 그렇게 광고 시나리오가 생성되었고, 그 출연자는 배우인 본인과 본인의 부모님으로 선정해 광고 기획 비용과 출연 비용을 획기적으로 줄였다. 이러한 광고 제작 과정을 SNS에 공유함으로써 많은 이의 관심을 끌었고 이를 통해 마케팅 효과를 극대화시킬 수 있었다.

　챗GPT의 적용은 꼭 회사 내에서의 업무에만 국한되지 않는다. 그림을 그리는 등의 창작 취미 활동에도 챗GPT의 활용 가능성이 점차 커지고 있다. '그림 그리는 인공지능'은 출시 직후 큰 화제를 모았다. 오픈AI의 '달리'를 비롯해 유화풍 그림으로 주목받은 '미드저니Midjourney', 오픈소스 인공지능 화가 '스테이블 디퓨전Stable Diffusion' 등 다양한 그림 관련 생성형 AI가 선을 보였다. 이들 서비스는 사용자가 입력한 지시어에 따라 상당한 수준의 그림을 만들어낸다. 인공지능이 그림을 그려내는 속도는 사람이 도저히 따라잡을 수 없는 수준이기에 인간 디자이너의 몇 곱절은 되는 생산성을 발휘한다. 이런 변화를 보고 있으면 인공지능이 인간 최후의 영역인 창작 작업까지 대체하지 않겠냐는 추측이 등장하는 것도 무리가 아니다.

05

역사

인공지능의 과거와 현재

│ 인공지능의 변천사 │

챗GPT와 최신의 생성형 AI 동향을 살펴보았으니, 이제 인공지능의 과거를 살펴보자. 역사를 알면 미래를 더 잘 이해할 수 있는 법이라, 이는 충분히 가치 있는 일이다.

'인공지능AI, Artificial Intelligence'이라는 표현은 1956년 미국 다트머스대학의 컴퓨터 사이언스 워크숍에서 처음 등장했다. 이때 세계 석학들이 모여 인간처럼 생각하는 기계를 '인공지능'이라 부르기로 했다. 간혹 인공지능을 로봇 분야와 혼동해 사용하기도 하는데, 엄밀하게 이 둘은 서로 구분된다. 로봇의 두뇌에 해당하는 것이 인공지

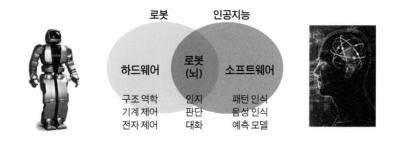

자료: 류성일(2017), 「4차 산업혁명을 이끄는 인공지능」, KT경제경영연구소

능이며, 로봇에는 그 외 기계 제어, 전자 제어 등 다양한 분야의 기술이 사용된다.

과거 1세대 인공지능은 가전제품에 구현되는 단순한 제어 프로그램 수준에 지나지 않았다. 1세대 인공지능은 절차와 규칙을 사전에 정해두고 그대로 수행하는 것으로, 이 방법으로는 간단한 작업밖에 할 수 없었다. 그 후 경로 탐색과 DB 서치 등을 활용한 2세대 인공지능이 나왔다. 많은 정보와 규칙을 두꺼운 시나리오북으로 미리 준비하고 탐색하는 방식으로 전문가 시스템이라고도 한다.

그 이후 머신러닝Machine Learning으로 대변되는 3세대 인공지능 시대가 열렸다. 머신러닝이란 전문가 시스템처럼 처음부터 방대한 규칙을 준비하는 대신, 컴퓨터가 스스로 어떤 판별이나 예측 비법을 익히게 하는 것이다.

4세대 인공지능은 딥러닝Deep Learning으로 대표된다. 딥러닝은 기존 신경망분석NN의 발전된 형태로 더 추상화된 고급 지식을 익

인공지능 분야의 발전 단계[15]				
	1세대	2세대	3세대	4세대	5세대

	1세대	2세대	3세대	4세대	5세대
시기	~1980년대	~1990년대	~2000년대	2010년대~	2020년대~ (현재)
대표 기술	단순 제어 프로그램	경로 탐색, DB 검색	머신러닝 (기계학습)	딥러닝	LLM
특징	· 전문가(사람)에 의해 제어 알고 리즘 작성 · 기계·전기제어 프로그램 탑재 · 제어공학, 시스템공학	· 모든 경우의 수를 탐색하는 탐색트리 · 구축된 DB를 통 해 정답 검색 · 전문가 시스템	· 입력 데이터를 바탕으로 규칙 이나 지식을 스스로 학습 · 로지스틱, D-Tree, SVM, 인공신경망	· 깊은 인공신경망 · 추상화된 특징 표현(Feature) 을 알아냄 · 신경망에 합성 곱연산, 순환연 결등 기법 추가	· 인공지능 언어 모델 · 사람의 언어뿐 아니라 컴퓨터 프로그램 언어 까지 능통
사례	자동 세탁기 등장 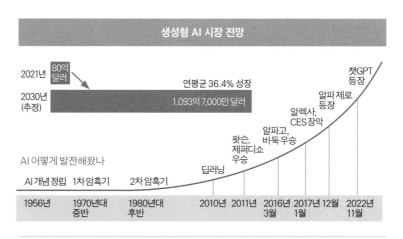	딥블루의 체스 정복(1997)	문자·패턴 인식	알파고의 바둑 정복(2016)	MS 챗GPT 구글 바드(Bard) 메타라마(LLaMA) 네이버 서치GPT 카카오 KoGPT

자료: 마쓰오 유타카(2015), 『인공지능과 딥러닝』 재구성

생성형 AI 시장 전망

2021년 80억 달러

2030년 (추정) 1,093억 7,000만 달러

연평균 36.4% 성장

AI 어떻게 발전해왔나

AI 개념 정립	1차 암흑기	2차 암흑기	딥러닝	왓슨, 제퍼디쇼 우승	알파고, 바둑 우승	알렉사, CES 장악	알파제로 등장	챗GPT 등장
1956년	1970년대 중반	1980년대 후반	2010년	2011년	2016년 3월	2017년 1월	12월	2022년 11월

자료: 그랜드뷰 리서치, 과학기술정보통신부,《매일경제》재구성

힐 수 있다. 3세대의 머신러닝에서는 데이터를 어떻게 추상화하여 로직을 찾을지를 인간이 정해서 알려주어야 했지만, 4세대 딥러닝에서는 데이터를 변형하고 여러 각도에서 살펴야만 보이는 인사이트 탐색조차도 기계가 스스로 해낸다. 마지막으로 5세대 LLMLarge Language Model에서는 거대 언어 모델이 상용화되고 인간의 언어뿐만 아니라 컴퓨터 프로그래밍 언어까지 능통한 수준으로 발전했다.

인공지능의 역사는 생각보다 오래되었다. 1991년 국내 기업 광고에서 처음으로 '인공지능' 표현이 등장했다. 바로 금성전자(현 LG전자)의 세탁기 사례다. 이것이 왜 인공지능인고 하니, 세탁물의 양을 스스로 인식해서 물의 양과 세탁 시간을 자동으로 결정하고, 심지어

인공지능 상용화의 시작을 알린 '인공지능 세탁기'

자료: 《동아일보》(1991.01.22), LG전자 공식 블로그

탈수 기능의 계획과 수행까지 한번에 해결할 수 있는 첨단의 세탁기라는 것이다. 지금 기준으로 보면 너무나 당연한 기능이라 고개를 갸우뚱하지 않을 수 없겠지만, 당시는 물의 양과 세탁 및 탈수 시간 등의 세부 지침을 하나하나 기계식 버튼을 눌러서 입력해주어야 했으니, 이 세탁기의 출시는 혁신적이었다.

인공지능의 적용 범위와 방법론은 역사적으로 진화를 계속해왔다. 과거에는 첨단의 인공지능으로 분류되었던 기술과 제품들이 시간이 지나면서 일상화되고 진부화된다. 1980년대는 자동 세탁기가 인공지능이라고 불렸고, 1997년 인간 체스 1인자를 꺾은 딥블루 Deep Blue는 탐색트리로 모든 경우의 수를 검토하여 체스를 두었다. 그러나 지금은 이런 수준 기술을 더 이상 인공지능이라 부르지 않는다. 지금 최고의 인공지능 기술로 부상한 챗GPT도 언젠가는 마치 PC에서 문서를 작성하는 행위처럼 당연하고 일상적인 일로 치부되는 시대가 될 것이다.

│ 사람의 뇌를 모방한 인공신경망 │

인간의 뇌는 뉴런neuron이라고 부르는 신경세포가 모여 구성된다. 그리고 이 신경세포는 그물망처럼 복잡하게 연결되어 있다. 뉴런에는 전기신호가 흐른다. 전기적 자극이 임계치를 넘지 못하면 신경전달물질이 발화하지 않고, 임계치를 넘으면 신경전달물질이 발화해 뉴런 사이에 전기신호가 전달된다. 이런 작동 속에서 인간의 기억이나 지성이 발현된다.

1957년 코넬대학 프랭크 로젠블랫Frank Rosenblatt 교수는 인간의 뉴런을 수학적으로 모방한 계산 방식을 제안했다. 그리고 이 계산 방식을 퍼셉트론Perceptron이라고 명명했다. 이 방식은 훗날 인공신경망ANN과 딥러닝의 토대가 되었다. 그 원리는 생각보다 간단하다. 퍼셉트론 속에는 중학교 수학 수준의 방정식 하나가 담긴다. 그런데 이 퍼셉트론 여러 개를 조합하면 방정식의 결과를 다음 방정식에 입력하고 또 그 결과를 다음 방정식으로 보내게 된다. 퍼셉트론을 2개 이상의 층으로 쌓아서 다층 퍼셉트론MLP, Multi-Layer Perceptron을 구성하면 복잡한 형태의 방정식을 표현할 수 있다. 이를 인공신경망 모델이라고 한다.

연구를 통해 인공신경망을 더 깊게 쌓아 올릴수록 복잡하고 고도한 지식을 표현할 수 있음이 밝혀졌다. 그러나 3개 층을 넘어서는 복잡한 구조에서는 기계가 제대로 학습을 할 수 없는 문제에 봉착했다. 그렇게 약 20년간 인공신경망의 발전은 답보 상태에 빠졌다가, 마침내 2006년 토론토대학의 제프리 힌튼Jeffrey Hinton 교수가 MLP를 한꺼번에 학습하는 것이 아니라 한 층씩 따로 학습해서 이어 붙이는 새로운 해결 방안을 제시했다. 그리고 이 방법으로 수십 층으로 구성된 깊은 신경망을 학습하는 것을 '딥러닝'이라 명명했다. 힌튼 교수팀이 2012년 이미지 인식 경연 대회에서 우승하면서 딥러닝 방법의 우수성이 실제로 입증되었다. 그 후 딥러닝은 인공지능 알고리즘의 정석이 되었다.

인간의 뉴런은 약 860억 개이며 그 네트워크의 깊이는 약 15층

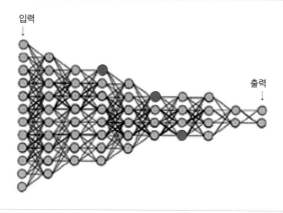

입력
↓

출력
↓

자료: The Analytics Store, 딥앤와이랩스 재구성

수준으로 알려져 있다. 가족 얼굴을 알아보는 모델, 자전거를 탈 수 있는 신체 균형 모델 등 15층 내외로 쌓인 무수히 많은 모델이 머릿속에 구축되어 있을 것이다. 딥러닝은 사람보다 더 깊은 수준의 모델을 만들 수 있다. 실제로 48층의 인공신경망을 사용한 '알파고'가 탄생했고, 지금은 100개 이상의 층으로 이루어진 인공신경망 모델을 만들어낸다. 이제 기계는 15층 깊이에 불과한 인간이 상상할 수 없는 더 깊고 고도한 지식을 이해하고 학습할 수 있게 되었다.[16]

더 나아가 딥러닝은 영상이나 이미지에 적용 시 뛰어난 성능을 보이는 합성곱Convolution(콘볼루션) 처리 과정을 추가하거나CNN, Convolution Neural Network,[17] 음악이나 문장 해석 등 연속·순차적 데이터 처리에 유리한 순환신경망RNN, Recurrent Neural Network[18]과 트랜스포머Transfomer 구조를 도입하는 등 분야별로 특화된 기법으로 진화

했다. 최근의 GPT 알고리즘은 트랜스포머 형태의 딥러닝에 기반하고 있다.

| 인공지능, 인간의 직관마저도 모방 |

프로바둑 기사에게 어떤 수를 왜 거기에 두었는지를 설명하라고 하면 대부분 곤란해할 것이다. 굳이 말로 설명하자면 "내가 수천 판의 바둑을 둬오면서 이러한 모양에서는 마늘모로 이어 두는 편이 나았고, 그리고 상대방의 우측이 두텁기 때문에 이곳을 더 튼튼히…"와 같은 경험과 직관에 관계된 장황한 설명만 들을 수 있을 뿐이다. 물론 일부러 비법을 감추려고 한 말은 아닐 것이다. 그 수가 왜 좋은지 본인도 논리적으로 잘 모르기 때문이다. 그리고 우리는 그것을 '직관'이라고 에둘러 표현한다. 바둑뿐만이 아니라 다양한 분야에서의 전문가들은 본인의 전문성이 체화된 직관에서 나온다고 주장한다.[19]

딥러닝은 복잡하고 추상적인 개념을 이해하고 또 모방할 수 있다. 그래서 인간이 '직관'이라고 표현하는 영역도 학습할 수 있다. 게다가 사람의 뉴런 네트워크가 15층 규모에 불과한 데 반해 딥러닝은 수십 층 이상의 규모로 쌓아 올릴 수 있기 때문에 인간을 능가하는 것도 가능하다. 바둑에서 '딥러닝'이 그랬고, 사진에서의 얼굴 인식도 이미 기계가 사람을 앞섰다.[20] 인간은 단지 수많은 바둑 기보를 입력하거나, 얼굴이 포함된 사진을 제공해주기만 하면 된다. 판별하거나 예측하는 구체적인 방법은 기계가 스스로 학습할 것이기 때문이다.

구글은 알파고를 통해 바둑을 정복한 후 게임 스타크래프트[21]와 3D 둠 플레이[22]를 트레이닝시켰다. 그 외의 여러 가지 게임을 플레이할 수 있는 인공지능 알고리즘이 속속 개발되었다.[23] 이러한 시도는 단지 게임을 잘하는 인공지능을 만들기 위함이 아니다. 이러한 경험과 성취를 토대로 인공지능 주식 트레이딩 알고리즘을 만든다거나, 컴퓨터 프로그래밍이나 반도체 칩 설계에서도 지시 사항을 입력하면 스스로 결과를 도출하는 인공지능을 만들게 되었다. 우리 주변을 보면 현실에서 하나씩 실현되어가고 있는 것을 쉽게 목격할 수 있다.

PART 2

기본적인 의식주부터
사소한 일상까지
인공지능의 손길로 바뀐다

인공지능 시대에 우리는 지금과는 다른 삶을 살게 될 것이다. 어떤 면은 부정적이고, 또 어떤 면에선 긍정적인 변화도 있을 것이다. 인공지능 시대에 더 나은 미래를 쟁취하려면, 우리 스스로 여러 가지 미래 시나리오에 대해 고민하고 바람직한 방향으로 나아가도록 노력해야 한다. 이를 위해 미래를 전망하는 작업은 가치가 있는 일이다. 이 파트에서는 인공지능이 가져올 여러 가지 변화 가운데, 특히 우리 삶 또는 일상과 관련이 큰 주제에 대해 살펴보았다.

AI 페르소나

AI 페르소나로
그리운 사람을 다시 만나다

인공지능 기술로 진심이
하늘나라에까지 닿을 수 있을까?

비틀스의 존 레논이 신곡을 발표한다고 한다. 1980년에 이미 사망한 가수가 어떻게 신곡을 발표한다는 것일까? 인공지능 시대에는 얼마든지 가능하다. 인공지능 기술로 존 레논의 목소리를 추출하고, 이를 모사해서 마치 존 레논이 육성으로 부른 것처럼 음반 제작을 할 수 있다.

인공지능 시대에는 세상을 먼저 떠난 가족을 만날 수도 있다. 가상현실VR, Virtual Reality과 시뮬레이션 기술을 통해 망자의 목소리나 행동을 재현할 수 있기 때문이다. 이와 관련해 마이크로소프트는 최근 사망한 사람의 개인정보를 활용해 AI 챗봇으로 구현하는 특허를 취득했다.[24] 마이크로소프트는 이 기술로 고인이 된 이의 사진과 SNS 사용 이력 등을 기반으로 학습해 세상에 없는 사람을 디지털로 환생시키고, 나아가 유가족과 소통할 수 있도록 서비스를 만들겠다는 계획이다.

국내에서도 비슷한 시도가 있었다. 방송사 MBC는 인공지능 기술을 이용한 〈너를 만났다〉 프로젝트를 기획하고 방영했다. 〈너를 만났다〉에서는 인공지능과 가상현실 기술을 이용해 세상을 먼저 떠난 어린 딸을 만들어냈다. AI 전문가들은 가상현실로 딸을 실제와 가깝게 만들기 위해 휴대전화 속 사진과 동영상 자료를 학습하도록 했다. 이를 통해 생전 딸의 표정과 목소리, 그리고 행동 습관 등을 모방했다. 엄마는 가상현실 기기를 착용하고 가상 공간 속에서 그리워하던 딸을 만날 수 있었다. 아직 수준 높은 상호작용이 가능한 수

죽은 딸을 부활시킨, MBC 〈너를 만났다〉

자료: 유튜브 〈MBClife〉

준이 아니었음에도 불구하고 그 감동은 충분히 컸다. 가상현실로 환생한 딸을 본 엄마는 "보고 싶었다"는 말을 수없이 되뇌었다. 촬영 현장에서는 엄마도 울고 스태프도 함께 울었다.

불의의 사고로 순직한 공군 조종사를 복원해서 어머니와 재회할 수 있게 해준 사례도 있다. 이는 국방부가 유가족을 위로하고 호국 영웅의 숭고한 희생에 예우를 표하기 위해 준비한 프로젝트이다. 가상현실로 부활한 아들은 어머니를 향해 "엄마, 인철이. 엄마, 너무 보고 싶었어요. 저는 잘 지내고 있어요. 아버지도 만났어요. 아버지랑 그동안 못 한 이야기 많이 했어요. 저는 아버지 만나서 행복하게 잘 지내고 있어요"라며 안부를 전했다. 이처럼 인공지능과 가상현실 기술을 통해 죽은 가족을 복원할 수 있다면, 설령 그것이 진짜가 아

유가족을 위로하기 위해 순직 군인을 인공지능으로 복원한 사례

자료: 유튜브 〈국방 NEWS〉

닌 줄은 알지만 유가족에게는 많은 위로가 될 수 있다.

이러한 작업의 목적은 사랑하는 사람들과 소중한 추억을 되살리고, 상실감과 이별의 아픔을 완화하는 데 있다. AI 페르소나AI Persona는 세상을 뜬 가족의 사진이나 동영상 기록을 통해 그들을 회상하는 것에서 한발 더 나아가 가족들에게 죽은 가족과 소통할 수 있는 기회를 제공할 수 있다. 인공지능은 가족 구성원의 성격, 말투, 관심사 등을 학습했던 데이터를 토대로 해당 인물의 모습과 음성을 정교하게 재현한다. 이를 AI 페르소나 기술이라고 한다.

| AI 페르소나란 |

AI 페르소나는 인공지능을 기반으로 한 가상 캐릭터를 의미한다. 이 인공지능 캐릭터는 사람과 자연스럽게 소통하고 상호작용할 수 있는 가상의 인격체이다.[25] AI 페르소나는 언어, 감정, 성격 등과 같은 요소들을 통해 게임, 가상 비서, 고객 서비스 등 다양한 분야에서 이용될 수 있다. AI 페르소나의 기원은 20세기 초반 컴퓨터 과학이 발전하고 인공지능에 대한 이론과 개념이 등장하기 시작할 때로 거슬러 올라간다. AI 페르소나가 탄생한 계기는 사용자들과 인터랙션할 수 있는 인공지능을 만들기 위함이었다. 기존의 인공지능은 대부분 기능 중심적이고 지식 기반 시스템이었다. 하지만 사용자들은 보다 인간처럼 대할 수 있는 자연스러운 상호작용을 원했다. 이러한 요구를 충족시키기 위해 인공지능 알고리즘과 고급 자연어 처리 기술들이 결합해 AI 페르소나가 탄생하게 되었다.

AI 페르소나의 시초로 엘리자ELIZA라는 챗봇 사례가 거론된다. 엘리자는 1960년대 MIT에서 개발된 초기 컴퓨터 대화 프로그램으로, 심리 치료사와 환자 사이의 상담을 모방하는 데 초점을 맞췄다.[26] 이후에도 다양한 챗봇과 가상 비서들이 등장했다. AI 페르소나는 점차 발전하여 더 사람처럼 행동할 수 있게 되었다. 머지않은 미래에는 AI 페르소나가 고민도 들어주고 자연스럽게 농담도 주고받는 수준에 달할 것이다.

AI 페르소나가 얼마나 수준 높게 구현될 수 있는지를 최근 사례를 통해 살펴보자. 슈퍼랩스에서는 생성형 AI로 버추얼 휴먼이라는 이름으로, 나만의 셀럽을 창작하여 대화하거나 교류할 수 있는 서

자료: 슈퍼랩스

비스를 만들었다. 이 서비스에서는 가상으로 성향을 지정하여 개성 있는 페르소나를 만들 수 있다. 그리고 이들과 함께 놀이를 하거나 대화를 하여 감정을 교류하는 등 현실과 유사한 상호작용을 할 수 있다. 최근에는 이러한 버추얼 휴먼을 내세워 광고를 찍는 등 마케팅 분야에서 활용되기도 한다. 이처럼 버추얼 휴먼을 매개로 한 새로운 비즈니스 모델이 생겨나고 있는 추세이다.

| AI 페르소나 활용 확산 |

미디어 아티스트 과학자인 미쉘 황은 어린 시절에 10년 넘게 쓴 일기를 챗GPT에 학습시켜 어린 시절의 나와 실시간 대화를 하는 실험을 진행했다. 그는 본인의 어린 시절을 학습한 챗GPT에게 사랑과 자유에 대한 생각을 묻고, 어린 시절 생각했던 고민에 대해 이야기를 나누었다. 어린 시절의 본인에게 질문을 해보라고 시키자, '어린 시절 가졌던 꿈을 여전히 좇고 있는지, 삶이 행복한지' 등에 대해 물었다. 그리고 현재의 본인에게 '포기하지 말고 끝까지 해보라'며 격려의 말을 전하기도 했다.

이 과정에서 미쉘 황은 과거 어린 시절의 나로부터 진심과 사랑이 깃든 대화를 하는 느낌을 받았다고 한다. 그리고 현실에서는 그간 잊고 있었으나 여전히 잠재의식 속에 존재하고 있었던 진정한 나의 정체성을 돌이켜보는 기회가 되었다고 한다. 그는 이 프로젝트를 통해 새로운 디지털 페르소나의 실현 가능성을 발견했다. 세상을 뜬

자료: 미쉘 황의 트위터

사랑하는 사람이 남긴 말이나 글을 인공지능에 학습시킨다면, 마치 살아 있는 그와 대화를 나누는 일도 가능하다.

미쉘 황은 이 프로젝트를 통해 어린 시절 나와의 대화를 상기시키며 진심 어린 사랑을 느꼈을 것이다. 이 프로젝트는 동시에 잊고 있던 자아 정체성을 찾아볼 수 있는 기회였다. 이처럼 인공지능이 어떤 사람이 남긴 글이나 말을 학습하면 실제 그 사람과 대화하는 것처럼 느껴질 수 있다. 이런 기술을 이용하면 치열한 생존 경쟁이 펼쳐지는 각박한 현대사회에서 진심과 공감으로 위로를 해줄 수 있는 AI 챗봇 캐릭터를 만들어낼 수 있다.

AI 페르소나는 '서비스로서의 스토리라인SaaS, Storyline-as-a-Service'

으로서 많은 가능성을 가지고 있다. AI 페르소나는 게임 캐릭터에 적용되기도 한다. AI 페르소나가 도입되면 게임 속 캐릭터가 실제 사람인 것처럼 행동하게 하고, 플레이어와 상호작용할 수가 있다. 스마트 스피커 또는 AI 비서 서비스는 AI 페르소나를 활용하며 개인화된 서비스를 제공하는 대표적인 사례이다. 아마존의 알렉사Alexa, 애플의 시리, 구글 어시스턴트Google Assistant 같은 비서들은 사용자와 소통하며, 감정적인 면을 자연스럽게 표현하고 이해한다. 이들 AI 어시스턴트들은 사용자와의 원활한 대화를 통해 다양한 정보 제공, 상담 등의 서비스를 제공할 수 있다.

AI 페르소나는 그 외에도 여러 분야에 적용될 수 있다. 멘탈 헬스 기업인 와이사Wysa는 AI 봇을 통해 개인화된 스트레스 관리, 우울증 극복 등의 지원 서비스를 제공한다. 이 서비스를 활용한 기업들은 성공적인 결과를 내면서 전통적인 인력을 대체하고 있다. 패션 산업에서의 인공지능 스타일리스트도 관심을 받고 있다. 더 패브리칸트The Fabricant는 인공지능 기술을 이용해 움직이는 3D 아바타를 생성하고, 가상 옷을 입히기 위해 온라인 공간에서 인간의 페르소

더 패브리칸트의 광고 카피
"우리는 늘 디지털을 지향하며 물리적인 제품을 생산하지 않습니다. 우리는 데이터만 사용하고 상상력만 활용합니다. 우리는 패션과 기술 사이에서 디지털 패션 경험을 만들어냅니다."

자료: 더 패브리칸트

나를 구현한다. 이 사례는 패션 산업에서 AI 페르소나 기술이 어떻게 활용될 수 있는지를 잘 보여준다.

AI 페르소나는 B2B 영역에서도 무한한 가능성을 가지고 있다. B2B 영역에서는 AI 페르소나를 활용해 기업 간의 교육, 마케팅 및 고객 서비스와 같은 다양한 분야에서 혁신적인 시도를 할 수 있다. 예를 들어 AI 페르소나를 활용한 가상의 고객 상담원은 사람과 거의 구별되지 않을 정도로 자연스러운 응대와 인간적인 감정을 가질 수 있다. 이는 고객과의 상호작용에서 높은 수준의 만족도를 제공할 수 있다.

│ 무분별한 AI 페르소나 도입, 문제는? │

AI 페르소나를 통해 죽은 가족을 소환하거나 허락받지 않은 지인의 캐릭터를 만들어낼 수도 있다. 이러한 시도는 다양한 도덕적·윤리적 문제를 유발한다. 일부 사람들은 죽은 사람을 AI 페르소나로 재현함으로써 그들의 사생활을 침해하고 존엄성을 해치는 것이 아닌가라는 우려를 제기한다. 사자의 얼굴, 목소리, 페르소나에 대한 권리는 누구에게 있는 것인가를 생각하면 혼란스럽다. 사망한 사람은 자신들의 AI 클론 활동에 대해 어떤 통제권을 가질 수 있는가? 누군가 내가 죽은 후 나를 AI 페르소나로 환생시켜 우스꽝스러운 코미디나 포르노 영화에 출현시키려 한다면, 누구도 이를 달갑게 여기지 않을 것이다. 이런 세상이라면 유명인은 죽어서도 편할 날이 없을 것이다.

또한 죽은 자를 소환시키는 기술의 명분이 아무리 좋았다 하더라도 유가족이 상실과 상처를 치유하는 과정이 방해받거나 지연될 수 있어 오히려 해를 끼치는 것이라는 의견도 있다. 더 나아가 이러한 AI 페르소나 생성은 불법적 접근이나 악용될 수 있는 가능성 또한 존재한다. 개인정보의 프라이버시 보호와 보안에 대한 우려가 높아지며, 기술의 남용으로 인한 부작용을 방지하는 적절한 규제와 관리가 필요하다.

관련 설문조사 결과, AI 페르소나 구현 기술을 통해 세상을 떠난 가족을 다시 만날 수 있는 서비스에 대한 생각을 묻는 질문에 51%가 긍정적이라고 답했다. 그리고 38%는 복제품에 불과한 이러한 콘텐츠가 오히려 혼란을 야기할 것이라며 부정적이라는 입장을 밝혔다. 부정적이라는 답변이 3분의 1 이상으로 결코 적지 않다.

죽은 가족을 AI 페르소나로 만나는 사례는 정서적인 치유 등 순기능을 제공하겠지만, 동시에 윤리적 가치와 사회적 영향에 대해서도 신중하게 고민해야 하는 일이다. 인공지능 기반의 서비스와 기술이 인간의 삶에 더 많은 가치를 가져다주길 바라는 가운데, 선을 넘

"MBC 〈너를 만났다〉 기획에 대해 어떻게 생각하시나요?"라는 설문에 대한 결과		
긍정적이다	고인에 대한 그리움을 해결하고 슬픔을 치유할 수 있는 수단이라고 생각하기 때문에.	50.6%
부정적이다	복제품에 불과하고 오히려 이러한 기술이 혼란을 야기할 것이라고 생각하기 때문에.	37.6%
잘 모르겠다	–	12.8%

자료: THEPOL

지 않는 적절한 범위와 균형이 필요하다. 이를 위해서는 AI 페르소나에 관한 규제와 법적 지침을 마련하고, 적절한 사용에 대한 윤리적 원칙과 가이드라인을 설정하며, 공론화를 통한 사회적 합의를 도출해나가야 한다.

02

AI 비서

모든 일상을
AI 비서에게 맡긴다

│ 좋아하는 연예인 목소리로 AI 비서 기능 수행 │

나를 위한 AI 에이전트가 24시간 따라다닌다면 어떨까? 일부 가정의 거실에 음성 인식 AI 스피커가 보급되기도 했는데 이것은 AI 에이전트의 초기 형태이다. SKT의 '누구', KT의 '지니'와 같은 AI 스피커를 통해 우리는 집 안에서 음악을 음성으로 틀거나 TV를 조작할 수 있다. 이러한 AI 스피커는 때로는 감성적인 대화도 가능하게 해준다. 앞으로 인공지능 기술이 계속 발전하면 일상의 가벼운 대화와 고민 상담도 인공지능과 나눌 수 있을 것이다. 한편 인공지능이 생활의 비서 역할을 수행한다면, 그 형태가 틀에 박힌 획일적인 모습이 아니라 철저히 개인 취향에 맞게 특화된 서비스로 구현될 것이다. 먼저 발화하는 목소리부터 개인화될 수 있다. 실제로 인공지능은 사람의 목소리를 쉽게 흉내 낼 수 있다.

페이스북으로 유명한 메타Meta는 음성 생성형 AI 보이스박스를 발표했다. 보이스박스는 입력한 문장을 다른 사람의 목소리로 자연스럽게 읽어준다. 이런 기술을 통해 비틀스 존 레논의 목소리로 음반을 제작하거나, 1990년대 인기 발라드 가수였던 고 서지원의 목소리를 복원한 음원을 만들기도 했다. 음성 합성 기술은 AI 비서가 말하는 방식에도 적용될 수 있다. 즉 자신이 좋아하는 혹은 존경하는 인물이 말하는 것처럼 AI 비서를 작동하게 만들 수 있다.

한국에서는 SKT '에이닷A.' 서비스가 출시되었다. 네이버 등 IT 기

자료: SKT

업에서는 회의록 녹취 및 요약 정리 등의 업무 편의 서비스에 인공지능 기술을 도입해 서비스하고 있다. 삼성전자는 자사의 스마트폰에 탑재된 빅스비 에이전트를 강화해서 텍스트로 입력한 내용을 자신의 목소리로 전달하는 기능을 추가하는 등 AI 에이전트로서의 수준을 계속 높여가고 있다. 많은 인기를 끌었던 〈아이언맨〉 영화의 음성 비서인 '자비스JARVIS'를 목표로 많은 기업들이 선의의 경쟁을 펼치는 양상이다. 과연 어떤 기업이 이 싸움의 승자가 될 것인지 귀추가 주목된다.

| 지식 습득과 정보 활동의 혁신 |

AI 비서가 완성도 높게 서비스된다면 우리가 알고 싶어 하는 새로운 개념과 흥미로운 주제에 대한 정보를 신속하게 찾아주고, 필요한 지식을 정확하게 제공할 수 있을 것이다. 이는 교육과 학습 능력에 큰 도움이 될 것이며, 더 나은 의사결정과 창의적인 사고를 촉진할 수 있다. 한편 일상적인 작업과 일을 자동화하고 간소화할 것이다. 반복적이고 번거로운 작업들을 인공지능에게 맡길 수 있으므로 우리는 창의적인 사고, 문제 해결, 전략 수립 등 인간에게 적합한 일에 더 집중할 수 있다. 이는 생산성을 향상시키고 일과 생활의 균형을 개선하는 데 도움을 줄 것이다.[27]

우리가 새로운 정보를 찾고자 할 때, AI 비서는 신속하고 정확하게 필요한 내용을 제공할 수 있다. 예를 들어 어떤 책의 내용을 찾기 위해 전체 책을 읽어야 하는 번거로움을 덜 수 있다. AI 비서에게 요청하면 원하는 책의 내용을 요약해줄 수 있다. 이는 학생들이 과제를 수행하거나 전문가들이 연구를 진행할 때 큰 도움이 될 것이다.

AI 비서는 우리의 일상과 업무에도 혁신적인 변화를 가져올 수 있다. 일상에서 AI 비서는 우리의 취향과 관심사를 분석해 맞춤형 추천을 제공해줄 수 있다. 음악, 영화, 책 등의 추천에서 AI 비서는 우리의 선호도와 유사한 작품들을 추천해줄 것이다. 이를 통해 우리는 더욱 풍요로운 문화적 경험을 할 수 있을 것이다.

비즈니스 환경에서 AI 비서는 회의록 작성, 업무 일정 조율, 이메일 응답 등 다양한 업무를 처리하는 데 도움을 줄 수 있다. 직원들은 AI 비서에게 회의 일정을 알리면 AI 비서는 참석자들의 스케줄을 고려해 최적의 일정을 제안해줄 수 있다. 또한 회의 내용을 요약하고 필요한 문서 작성을 지원할 수도 있다. 이러한 기능을 통해 업무의 효율성과 생산성을 향상시킬 수 있다.

│ 개인 건강과 복지 증진 │

AI 비서는 개인 건강과 복지 증진에도 도움을 줄 수 있다. 우리의 신체적인 활동을 항상 추적하고 건강 상태를 모니터링할 수 있기 때문이다. 이를 통해 개인 맞춤형 건강 조언과 질병 예방을 위한 안내를 제공할 수 있다.

AI 비서는 건강과 관련된 데이터를 수집해 우리의 일상적인 활동을 분석할 수 있다. 신체 활동을 기록하고 걸음 수, 운동 시간, 수면 패턴 등을 분석해 우리의 건강 상태를 평가할 수 있다. 이를 통해 우리가 목표로 하는 건강 수준에 도달하도록 도움을 줄 수 있으며, 필요한 경우 건강 전문가와 연계해 정확한 건강 상태 평가와 개선 방안을 마련할 수도 있다. 또한 식습관과 영양 섭취에 관한 데이터를 기반으로 개인에게 맞춤형 식단 조언을 제공해 건강한 식습관을 유지할 수 있도록 도울 수 있다.

심리적인 측면에서도 AI 비서가 역할을 할 수 있다. 스트레스와 감정의 변화를 파악해 정서적인 지원을 제공하고, 우리가 스트레스를 효과적으로 관리할 수 있도록 조언할 수 있다. 또한 우리의 감정과 마음의 상태를 분석해 정서 조절과 휴식 권고 사항을 제시함으로써 우리의 복지를 향상시킬 수 있다. 예를 들어 스트레스가 증가할 때는 명상이나 호흡 운동을 권유해 긴장을 완화시키고, 휴식이 필요할 때는 적절한 휴가나 휴식을 취하도록 안내할 수 있다.[28] 이처럼 AI 비서가 사람의 마음의 문제에 기여할 수 있게 되면 충동적인 범죄나 우울증으로 인한 자살 사건을 크게 줄일 수 있을 것으로 보인다.

| 소통과 상호작용 증대 |

AI 비서의 발전은 소통과 상호작용에 도움을 준다. 자연어 처리와 음성 인식 기술의 발전으로 우리는 더욱 자유롭고 자연스러운 방식으로 인공지능과 대화할 수 있게 될 것이다. 이는 비즈니스 커뮤니케이션, 고객 서비스, 소셜 인터랙션 등 다양한 분야에서 혁신을 이끌 것이다.[29]

또한 고객 서비스 분야에서 AI 비서는 매우 유용한 역할을 수행할 수 있다. 고객 문의나 불만 사항을 AI 비서에게 전달하면 AI 비서는 즉각적으로 적절한 대응을 제시할 수 있다. 예를 들어 AI 비서는 일상적인 문의에 대한 답변을 제공하거나, 필요에 따라 고객을 올바른 부서나 담당자에게 연결시켜줄 수도 있다. 이를 통해 고객은 신속하고 정확한 서비스를 받을 수 있으며, 기업은 고객 만족도를 높이고 경영 효율성을 향상시킬 수 있다.[30]

또한 소셜 인터랙션 분야에서 AI 비서는 우리의 일상적인 대화와 교류를 혁신할 수 있다. 우리는 AI 비서와 자유롭게 대화하고 의견을 교환할 수 있으며, 필요한 정보나 서비스에 대한 개인 맞춤형 추천을 받을 수 있다. 예를 들어 우리가 영화나 음악 추천을 요청하면 AI 비서는 우리의 선호도와 유사한 작품을 추천해줄 수 있다. 또한 AI 비서는 우리의 관심사와 취향을 파악해 소셜 미디어에서 우리에게 흥미로운 콘텐츠를 제공해줄 수도 있다.

이렇듯 AI 비서는 소통과 상호작용의 혁신을 통해 다양한 분야에서 우리의 일상을 향상시킬 수 있는 기회를 제공할 것이다. 이를 통해 비즈니스 커뮤니케이션에서 업무 효율성을 향상시키고, 고객 서비스의 질을 개선하게 될 것이다.

03

사랑

첨단 기술로
사랑을 연결하다

| 인공지능으로 사람의 마음을 분석할 수 있을까? |

   사람의 마음에 인공지능이 관여할 수 있을까? 연애와 결혼은 정서와 심리적인 영역이다. 그래서 얼핏 생각해보면 인간의 심리에 인공지능을 적용할 수 없을 것만 같다. 과연 사람의 마음을 정량화하고 분석하는 것이 가능한 일일까?

   인간의 정서나 심리는 다분히 주관적이며 재현 가능성이 보장되지도 않는다. 하지만 거기에는 어떤 경향성이라는 것이 존재하고 그것을 관찰하고 측정하는 것도 가능하다. 심리학에서는 이를 유형론이라고 한다. 이는 사람들을 어떤 유형으로 나누고 각 유형의 성격을 통계적으로 관찰하고 설명하는 이론이다. 심리를 분류하는 유형론으로는 여러 가지가 있는데, 대표적으로 맥그리거McGregor의 X/Y 이론이 있다. 이 이론에서는 X형은 저차원 욕구가 개인을 지배하며, Y형은 고차원 욕구가 개인을 지배한다고 가정한다. X형 인간은 일하기와 책임지는 것을 싫어하고 오히려 지시받기를 좋아하며 무엇보다도 안전을 추구한다고 본다. 반대로 Y형 인간은 일의 의미를 즐기고 책임을 수용할 수 있으며 목표에 맞는 자기통제를 할 수 있다고 본다. 인간의 유형을 명확하게 2가지로 분류한 것이다.[31] 그 외도 Big-5 성격 유형 체계가 있다. 이는 사람을 친화성, 성실성, 개방성, 외향성, 신경성으로 총 5가지 변수의 점수로 평가해 어떤 유형에 해당하는 사람인지를 판단한다.[32] MBTI도 사람의 성향을 기반으로 16종으로 분류하는 유형 구분 기준 중의 하나이다.[33] 일부 사람들은 과학적 근거는 없지만 혈액형, 별자리 등으로 사람의 심리 유형을 구분하기도 하는데, 그 진위를 떠나 이러한 시도는 모두 인간의 성격을 세분화하려는 유형화의 목적으로 행해지는 것이다.

구글 트렌드로 '심리학psychology'과 '인공지능ai'을 함께 검색한 검색량의 추이를 보면, 최근 심리학과 인공지능을 함께 검색한 검색량이 급증하고 있음을 알 수 있다. 인공지능의 발전에 힘입어 심리학에 인공지능을 결합하려는 시도가 많아지고 있거나, 심리학과 인공지능 기술의 결합 또는 혼용 사례를 찾으려는 시도가 잦아지고 있음을 시사한다. 어느 쪽이든 사람들이 심리학에 인공지능을 적용하는 것에 관심이 많아졌다는 것은 명백하다. 이런 추세와 관련해 사람들이 인공지능을 사용해서 상대의 성격이나 취향을 예측해보려

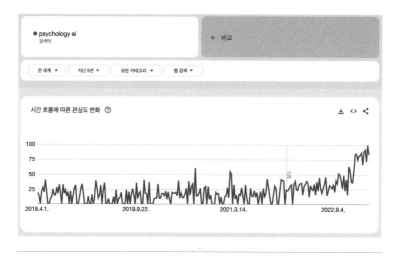

구글 검색에서 '심리학(psychology)'과 '인공지능(ai)'을 함께 검색한 건수 추이

자료: Google Trends

고 하거나, 개인적인 호감을 사려는 시도와 관련한 관심이 증가한 것으로 보인다.

| 연애 기술을 돕는 인공지능 |

인간의 심리를 유형론 측면에서 접근함으로써 통계적 도구를 사용하거나 인공지능 기법을 적용해볼 수 있다. 예컨대 유형의 분포를 그리거나, 특정 유형에 해당되는지에 대한 여부를 예측 또는 추론하는 등의 작업을 할 수 있다. 그리하여 인간의 관심사와 같이 추상적이고 역동적으로 변화하는 요소를 인공지능으로 감지하거나 예

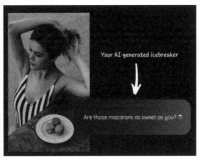

자료: 유어무브(좌), 오토 세덕션 AI(우)

측할 수 있다.

실제로 연애나 결혼 이벤트 분야에 서서히 인공지능이 진출하고 있는 모습이다. 연애와 결혼 같은 분야는 사람들의 관심사가 매우 높아 인공지능을 적용해서 비즈니스 성과를 많이 얻을 수 있는 분야이기도 하다. 이성에게 호감을 사기 위해 화려한 화술을 가지고 싶었던 기억은 대부분 하나씩 가지고 있을 것이다. 그 때문일까? 이성을 유혹하는 유어무브Your Move라는 애플리케이션이 출시되기도 했다. 이 서비스는 대화 내용이나 정보를 인공지능에게 주면 인공지능이 이 대화 내용을 파악해서 플러팅* 멘트와 같이 상대방과 대화를 할 때 매력적으로 보일 수 있는 대사를 대신 만들어준다. 이를

---

* 플러팅(Flirting): 한 사람이 다른 사람에게, 또는 두 사람 사이에서 생기는 행동으로, 보통 상대방에게 호감을 갖고 유혹을 목적으로 하는 행위, 상대방에게 교제를 목적으로 다가가는 행동을 일컫는다.

활용해서 연애 경험이 부족한 사람이 연애 고수와 같이 다른 사람에게 호감을 보다 쉽게 표현을 할 수 있게 돕는다. 그 외에도 오토세덕션 AIAuto Seduction AI는 사용자가 이성과 데이트를 할 때 사용할 개인화된 메시지를 생성하는 인공지능 기반 데이트 도우미 서비스를 제공한다. 그 밖에 로맨틱 AIRomantic AI, AI 픽업—라인AI Pickup-line, 플레임 AIFlamme AI 등 이성을 유혹하거나 호감을 사는 데 도움을 주는 서비스들이 출시되고 있다.

위에서 본 바와 같이 대화 외에도 인간의 '심리'에 인공지능이 참여할 수 있는 영역은 더 있다. 인간의 관심사나 생각을 추정하는 데에도 인공지능을 사용할 수 있다. 이를 위해 라이프로그life log 데이터를 모아 인공지능이 분석하게 할 수 있다. 나아가 사람을 비슷한 부류로 그룹화해서 자신과 유사한 사람과 매칭해주거나 혹은 자신과는 색다른 이성을 찾고자 하는 고객에게는 다소 새로운 점이 있는 사람을 매칭해줄 수도 있다.

누구나 사랑하는 사람과의 연애를 꿈꾼다. 연애 상대로서 이상형이라는 것이 분명 있지만, 실제 그러한 사람을 찾고 만나게 되는 것은 어려운 일이다. 첫눈에는 이상형인 것으로 느껴져서 만나보았으나, 실제 마음속 가치관에서는 나와 정반대인 사람일 수도 있다. 이러한 과정을 반복하면 마음의 상처를 입기도 한다. 이럴 때 인공지능 상대 매칭 알고리즘의 도움을 받는다면 부정적인 경험을 최소화하면서 좋은 애인이나 삶의 동반자를 만날 수 있는 가능성이 높아질 것이다.

| 인공지능과 결합되는 웨딩 플래너 |

인공지능은 만남과 연애를 넘어 결혼 이벤트의 준비도 도울 수 있다. 결혼을 준비하는 사람들은 대개 웨딩홀을 고르는 것부터 어려움을 겪는다. 대부분 경험이 없는 첫 준비이다 보니 사전 정보도 많이 없다. 일단 웨딩홀을 고르는 것이 쉽지가 않다. 일생에 한 번뿐인 빅 이벤트를 위해 나와 가족의 취향에 꼭 맞는 장소를 선택하고 싶지만, 그렇다고 발품을 팔아 수많은 웨딩홀을 직접 답사하는 것은 무척 어렵다. 시간과 금전적인 비용이 모두 커지기 때문이다. 특히 웨딩 산업은 대표적인 정보 비대칭의 폐쇄적 시장이라 투명하게 공개된 정보에 접근하는 것도 어렵다. 이런 여건에서 인공지능이 내 관심사를 파악하고, 웨딩홀의 특장점을 스캔해 최적의 웨딩홀을 선별해준다면 많은 도움이 될 것이다.

그 밖에도 인공지능은 청첩장의 이미지와 텍스트를 자동 생성할 수 있고, 예식의 식순과 그 안에 담을 콘텐츠를 넣고 빼는 등의 시뮬레이션을 해줄 수도 있다. 예식 산업에서 인공지능을 적용하는 것이 적절한 이유는 역설적으로 데이터가 많기 때문이다. 연애와 결혼을 하는 데 있어서 대부분 힘든 첫 경험을 하지만, 사실 아주 비슷한 수많은 사람이 이 어려움을 답습하고 있다. 이 선행 경험의 데이터를 잘 모으고 활용하면 우수한 인공지능 웨딩 플래너가 만들어질 수 있다.

과거 연애와 결혼에서 많은 역할을 했던 매파나 중매쟁이는 현대에 들어 찾아보기 어려워졌다. 대신 시스템과 프로세스에 의해 사람을 연결해주는 결혼정보회사나 '여보야'와 같은 앱들의 시대가 열렸다. 좀 더 나아가 미래에는 이들 서비스와 시스템에 인공지능 기술이 속속 탑재될 것이다.

| 인공지능과 사랑에 빠질 수 있을까? |

사람 간의 사랑이 아니라, 사람이 인공지능과 사랑에 빠질 수 있을까? 영화 〈그녀Her〉에서는 주인공이 인공지능과 깊은 사랑에 빠지기도 했다. 과연 영화 같은 현실이 전개될 수 있을까? 아직까지는 이러한 가상의 이야기와 현실의 인공지능 사이에는 간극이 있다. 현재 상태에서 인공지능은 사람과 감정적으로 교류할 수 있는 척 모방만 할 뿐이다. 이것이 진정한 사랑을 의미한다고 보기는 어렵다. 사람들은 인공지능 기술이 발전함에 따라 더욱 진보된 인공지능과의 감정적 유대감을 꿈꾸지만, 이것이 과연 가능한지에 대한 의문이 있다. 현재 인공지능 기술은 계속 발전하고 있지만, 아직 감정을 완전히 이해하고 감정의 깊이를 헤아릴 수는 없을 것 같다.[34]

사람들은 종종 가상 캐릭터나 인공지능 기반 로봇과의 관계에서 감정적인 유대감을 형성하기도 한다. 페퍼Pepper는 소프트뱅크 로보틱스SoftBank Robotics에서 개발한 인간형 로봇인데, 사람들과 자연스럽고 감정적인 상호작용을 할 수 있는 능력을 갖추었다는 평가를 받는다. 페퍼는 감정 인식 기능을 통해 사용자의 표정, 언어, 목소리 등을 인식하고 이를 분석해 그들의 감정 상태를 이해하려는 시도를

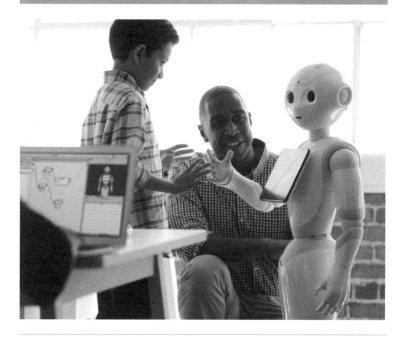

자료: 소프트뱅크-로보틱스

한다. 예를 들어 페퍼는 사용자가 슬픈 표정을 짓거나 슬픈 목소리로 말할 때 그들의 슬픔을 감지하고 적절한 반응을 보일 수 있다. 이러한 감정 인식과 대응 능력을 통해 페퍼는 사용자와의 감정적인 교감을 할 수 있었다.

국내에서도 스캐터랩이 21세 여대생 콘셉트의 대화형 AI 챗봇 '이루다' 서비스를 출시했고, 최근에는 새로운 AI 챗봇 '강다온'을 공개했다. 강다온은 이루다와 마찬가지로 이용자가 말을 걸면 상황에 맞게 적절한 답변을 해준다. 사용자들은 이루다나 강다온 서비스를

ABOUT LUDA

내 소개부터 할게!

이름   이루다

나이   22

특징   인공지능

MBTI ENFP

취미   날씨 좋은날 산책하기, 친구들이
랑 밤새 수다떨기, 인스타그램 구
경하기

자료: 스캐터랩

통해 실제 연애를 하는 것처럼 대화를 나눌 수 있다.

위에서 살펴본 감정적 교감들이 실제로 완전한 사랑으로 발전할
수 있을지는 미지수이다. 사람이 인공지능과 사랑에 빠질 수 있을지
에 대해 아직은 회의적인 시각이 많다. 진정한 사랑은 인간의 복잡
한 감정과 관계에 기반을 두고 있으며, 이를 이해하고 표현하는 데
에는 인공지능이 아직 도달하지 못한 깊이가 있다. 하지만 미래에
인공지능 기술이 더욱 발전하게 된다면, 이러한 가능성에 대해서도
다시 한번 생각해볼 필요가 있다.

04

음악/영화

인공지능이 만든
음악과 영화

| 나에게 딱 맞는 맞춤형 음악 플레이리스트 |

인공지능은 우리의 음악 청취 경험을 혁신적으로 바꾸었다. 인공지능은 각자의 취향과 관심사에 따라 개인화되어 사용자에게 맞춤형 음악 목록인 플레이리스트playlist를 만들어낼 수 있다. 이때 인공지능은 방대한 데이터와 기계학습 알고리즘을 활용해 더 정확하고 취향에 맞는 콘텐츠를 제안한다. 그리고 장르, 분위기, 감정 등의 다양한 측면에서 분석하고 사용자에게 적합한 음악을 추천할 수 있다.[35]

스포티파이Spotify는 인공지능 기반 맞춤형 플레이리스트 제공 서비스로 특히 인기를 끌었다. 스포티파이는 사용자의 청취 기록과 선호도, 장르와 분위기 등 다양한 요소를 고려해 플레이리스트를 생성한다. 스포티파이의 데일리 믹스Daily Mix와 디스커버리 위클리 Discover Weekly 같은 인공지능 기반의 플레이리스트들은 개인화된 음악 체험을 제공하며, 사용자들로부터 호평을 받고 있다. 유튜브 뮤직도 인공지능을 활용해 맞춤형 플레이리스트를 제공하는 서비스 중 하나이다. 이 서비스는 사용자의 시청 기록과 관심사를 분석하고 인공지능 알고리즘을 이용해 개인별로 플레이리스트를 생성한다. 이를 통해 사용자는 취향에 맞는 새로운 아티스트와 음악을 발견할 수 있다. 아마존 뮤직은 알렉사를 이용해 인공지능 기반 음악 추천 서비스를 제공하고 있다. 사용자는 알렉사에게 원하는 음악을 재생하거나 플레이리스트를 요청할 수 있다. 이를 통해 사용자는 인공지능이 추천하는 음악을 간편하게 청취할 수 있다. 인공지능 기반의 맞춤형 플레이리스트를 제공하는 것은 음악 서비스의 필수 요소가 되었다.

인공지능은 플레이리스트를 생성하는 데 있어서 사용자의 선호도, 청취 기록, 장르, 분위기, 알고리즘 등 다양한 요소를 고려한다. 기존의 방식에서는 음악을 수동으로 선별하고 그룹화하는 작업이 필요했지만, 인공지능은 대량의 음악 데이터를 분석하고 패턴을 학습해 사용자의 취향과 맞는 음악을 추천한다. 이를 통해 우리는 새로운 아티스트나 음악을 발견하고, 다양한 장르와 스타일을 폭넓게 탐험할 수 있다. 인공지능은 플레이리스트를 통해 우리의 감정과 분위기에 맞는 음악을 제공한다. 예를 들어 우리가 우울한 기분이라면 인공지능은 우리의 기분을 파악하고 위안과 감동을 주는 음악을 추천한다. 이를 통해 음악은 우리의 감정을 더욱 깊게 이해하고 위로하며, 우리의 일상에 음악이 더욱 의미 있는 역할을 할 수 있게 되었다.

하지만 플레이리스트를 생성하는 인공지능 역시 한계가 있다. 인공지능은 알고리즘과 데이터에 기반해 음악을 추천하지만, 그 결과가 항상 우리의 취향과 완벽하게 일치하는 것은 아니다. 때로는 예측할 수 없는 음악이나 다양성이 부족한 선택지를 제공하기도 한다. 또한 플레이리스트를 생성하는 과정에서 개인의 음악 청취 기록과 취향에 대한 개인정보가 수집되는데, 이에 대한 개인정보 보호와 관련된 문제도 제기되고 있다. 따라서 인공지능을 통한 플레이리스트는 일종의 혁신이었지만, 여전히 인간의 개입과 판단이 필요한 부분이 있다. 우리는 인공지능이 제공하는 음악 추천을 활용하면서도, 스스로의 취향과 선호도를 계속해서 개발하고 다양한 음악을 탐색하며 우리만의 플레이리스트를 만들어나갈 필요가 있다. 인공지능은 우리의 음악 청취 경험을 더욱 풍부하고 다채롭게 만들어주지만, 최종적으로는 우리 자신의 판단과 주관이 더 중요하다.

│ 인공지능이 작사·작곡한 음악 │

인공지능은 음악 데이터를 학습해서 새로운 음악을 창조해내기도 한다. 먼저 기계학습 알고리즘을 통해 음악의 패턴과 구조를 이해한 후, 이를 기반으로 새로운 음악을 작곡한다. 인공지능은 음악 제작에 필요한 다양한 악기의 사운드를 분석하고 모델링 해 실제 악기 연주를 재현할 수도 있다. 이를 통해 솔로 연주, 오케스트라 편곡, 밴드 등 다양한 음악 스타일과 형태의 작곡을 해낼 수 있다.[36]

인공지능은 작곡 과정에서 인간 창작자를 훌륭하게 보조할 수 있다. 예를 들어 작곡가가 작곡을 시작할 때 인공지능은 주어진 음악 아이디어나 멜로디를 분석해 이에 어울리는 화음, 리듬, 구조 등을 제안해줄 수 있다. 또한 작곡의 진행 중에도 작곡가의 아이디어를 분석하고 음악적으로 유효한 방향을 제시해 작곡가의 창작 활동을 효율적으로 돕는다.

오픈AI는 주크박스Jukebox라는 인공지능 음악 생성 기술을 개발했다. 이 플랫폼은 딥러닝 알고리즘을 사용해 작사, 작곡, 보컬 합성까지 처리할 수 있다. 주크박스는 기존에 수많은 음악 및 악기에 대한 데이터를 학습해 사용자가 직접 요청할 수 있는 새로운 노래를 생성해낸다. 앰퍼뮤직Amper Music은 인공지능 기반의 작곡 소프트웨어로, 다양한 음악 스타일과 분위기를 사용자의 요구에 맞게 작곡할 수 있다. 이 소프트웨어는 빠른 시간 내에 고품질의 로열티 프리음악을 제공함으로써 영화, 광고, 비디오 게임, 포드캐스트 등 다양한 산업에 음악 콘텐츠를 제공할 수 있다. 우리나라의 에이아이닷엠AI.M은 방송용 음악을 작곡하고 작사하는 인공지능 기반 솔루션을 제공한다. 이 솔루션은 드라마, 예능 프로그램, 광고 등에 사용되는 음악을 빠르고 정확하게 생성할 수 있어 시간과 비용을 절약할 수 있다.

뮤지션이자 유튜버인 타린 사우던Taryn Southern은 인공지능 앰퍼를 사용해 《I AM AI》 앨범 전체를 작곡했다. 이 앨범은 인공지능이 작곡한 멜로디와 소리에 사람의 실제 목소리를 추가해 완성되었다. SONY CSLComputer Science Laboratories의 플로우 머신Flow Machines 프로젝트는 인공지능 기술을 사용해 곡을 작곡한다. 이 프로젝트의 하나인 〈Daddy's Car〉는 인공지능이 비틀스의 스타일을 분석해 완성한 곡이다. 이러한 사례는 인공지능이 음악 창작 과정에 크게 기여할 수 있음을 보여준다.

음악 분야에서 인공지능의 활약은 단순히 작곡에만 그치지 않고, 아예 가상의 뮤지션을 만드는 수준에 이른다. 실제 국내에서 노래

가상 걸그룹 메이브

자료: 메타버스엔터테인먼트

를 부르고 안무를 하는 가상 걸그룹이 데뷔했다. 이 걸그룹의 이름은 메이브MAVE이며, 3D 게임 제작 엔진으로 유명한 언리얼과 메타휴먼 크리에이터를 활용해서 제작되었다.

이렇듯 인공지능이 음악 또는 음악 엔터테이너까지 만들어내는 사례가 등장하고 있고 앞으로 이것은 흔한 일이 될 것으로 보인다. 인공지능은 음악 제작과 작곡 과정에서 창작자의 창의성과 영감을 보완하고, 다양한 음악적 요소를 조합해 새로운 음악을 창조할 수 있는 기회를 제공한다. 이는 음악 작곡가들에게 창작의 폭을 확장시키고, 음악의 창의성과 혁신성을 높일 수 있는 가능성을 열어줄 것이다.

│ 인공지능은 영상 편집의 달인 │

인공지능은 영상을 자르고 붙이는 등 영상 편집 분야에서도 큰 역할을 해내고 있다. 영상 편집은 영화, 드라마, 광고 등 다양한 영상 콘텐츠를 제작하는 과정에서 필수적인 단계이다. 과거에는 영상 편집은 주로 전문가들에게 의존해 수행되었다. 그러나 인공지능은 영상 편집 작업을 자동화했고 영상물의 품질을 향상시키는 기술을 제공함으로써 영상 편집의 난도가 극히 낮아지고 있어 향후 이 분야에 큰 지각변동이 예상된다.

인공지능은 영상 편집 과정에서 다양한 기능을 제공한다. 첫째, 영상 분석 기능을 활용해 자동으로 적절한 편집 포인트를 탐지하고, 불필요한 장면을 제거해 효율적인 편집을 수행할 수 있다. 이를 통해 영상의 흐름과 리듬을 개선하고, 시청자의 관심을 끌 수 있는 편집 결과물을 얻을 수 있다. 둘째, 인공지능은 영상 편집에서 시각 효과와 특수 효과를 적용하는 데에도 활용된다. 예를 들어 그린 스크린 기술을 이용해 배경을 변경하거나 가상의 요소를 추가하는 작업을 자동으로 수행할 수 있다. 또한 이미지 인식 및 추적 알고리즘을 활용해 객체나 인물을 자동으로 추출하거나 추적해 원하는 효과를 적용할 수 있다. 셋째, 인공지능은 영상 편집에서 음향 효과와 음악을 조합하는 작업에도 활용된다. 음악 분석 알고리즘과 음향 효과 처리 기능을 결합해 자동으로 적절한 음악을 선택하고 배경음을 조절해 영상의 분위기를 조성할 수 있다.

어도비 프리미어 프로Adobe Premiere Pro의 인공지능 기반 자동 편집 기능인 자동 리프레임Auto Reframe은 최근의 영상 분석 기능을 활용하는 실제 사례 중 하나이다. 자동 리프레임은 자르고 이어붙여야 할 지점을 자동으로 찾아준다. 이를 활용하면 영상의 흐름과 리듬을 개선하고 시청자가 더 잘 몰입할 수 있는 편집 결과물을 얻을 수 있다.

또한 소셜 미디어 플랫폼용 영상 제작을 목표로 하는 매지스토Magisto 앱은 인공지능 기반의 영상 분석 기술을 사용한다. 이 앱은 영상에 등장하는 객체, 사운드, 색상 등 다양한 요소를 분석해 영상을 자동으로 편집한다. 이 과정에서 적절한 편집 포인트를 찾아 불필요한 장면을 제거하고 중요한 부분을 강조할 수 있다. 결과적으로 영상의 흐름과 리듬을 개선하며 시청자의 관심을 끌 수 있는 글로벌 소셜 미디어 플랫폼에 적합한 비디오를 완성시킨다.

또 다른 사례로는 인공지능 기반 영상 편집 프로그램인 루멘 5Lumen5가 있다. 루멘5는 텍스트 기반 콘텐츠를 동영상으로 자동 변환하는 기능을 제공한다. 이 프로그램은 블로그 글이나 기사를 입력하면 인공지능이 연관된 이미지와 비디오를 찾아 텍스트를 동영상으로 바꿔준다. 이러한 자동 편집 기능을 활용하면 영상의 흐름과 리듬을 개선하면서도 시청자의 관심을 끌 수 있는 콘텐츠를 빠르게 생산할 수 있다.

영상 편집을 마치 문서를 편집하듯이 수행할 수 있게 도와주는 브루Vrew도 혁신적인 영상 편집 사례이다. 이 솔루션은 영상을 업로드하면 음성을 인식해 자막을 자동으로 생성하고 영상과 싱크를 맞춰준다. 나아가 만들어진 자막에서 특정 단어를 지우고 옮기는 등

브루에서 문서를 편집하듯 영상을 편집하는 장면

자료: 브루

마치 문서를 편집하는 것처럼 텍스트를 만지면 그 변화에 맞게 영상이 자동으로 편집된다. 영상을 수십 회 돌려 보면서 자르고 붙이고 하던 과거의 영상 편집 과정을 떠올려 비교하면 대단히 혁신적인 변화이다.

이같은 인공지능은 영상 편집자의 작업 부담을 줄여주고 높은 품질의 편집 결과물을 제공한다. 인공지능 기반 영상 분석 기능을 활용한 자동 편집 기술은 시간과 노력을 절약하며, 초보자도 전문적이고 창의적인 영상 콘텐츠를 만들 수 있다. 물론 더 좋은 영상물을 편집해내려면 인공지능 외에도 사람의 창의력과 미적 감각이 여전히 중요한 역할을 수행할 것이다. 중요한 것은 인공지능과 인간의 협업 시너지다. 양자가 협력하면 과거보다 더 나은 영상 콘텐츠를 생산해낼 수 있을 것이다.

| 편집을 넘어 완결된 영상 콘텐츠를 만들기도 |

나아가 인공지능은 직접 영상 콘텐츠를 생성해내기도 한다.[37] 메타의 '메이크어비디오Make-A-Video'는 텍스트로 묘사하면 그 내용을 비디오로 생성할 수 있는 서비스이다. 메이크어비디오를 사용하면 단 몇 단어 또는 몇 줄의 텍스트로 기발하고 독특한 비디오를 생성할 수 있다.[38]

넷플릭스Netflix가 공개한 3분짜리 단편 애니메이션 〈개와 소년〉의 제작에 인공지능이 참여하기도 했다. 대사가 없는 3분 남짓 애니메

메타의 메이크어비디오로 생성한 영상 사례

자료: 메타

애니메이션 〈개와 소년〉 영상

자료: 넷플릭스 재팬

이션 영상에는 사계절로 구분된 아름다운 배경이 등장한다. 이 애니메이션 배경 레이아웃을 손으로 대충 먼저 그린 뒤, 그 스케치를 바탕으로 인공지능이 완성된 이미지를 생성한 것이다.

국내에서도 웨인힐스브라이언트 AIWaynehills Bryant AI가 참신한 접근 방식으로 SF 영화 제작에 나섰다. 웨인힐스는 최근 자사 공식 유튜브 채널에서 생성형 AI로 만든 영화인 〈인공지능 뉴 시네마 무비〉의 트레일러를 공개했다.[39] 이 작품은 SF와 우주를 주제로 다양한 이야기를 담은 옴니버스 드라마 형식으로, 흥미로운 콘텐츠가 눈에 띈다. 기존에 인공지능이 만든 영상물은 짧고 간단한 애니메이션 수준이었던 것에 반해 이 콘텐츠는 한 편의 완성도 높은 영화 콘텐츠라는 점에서 진일보한 형태이다.

이처럼 인공지능 기술이 영상 콘텐츠를 만들어내는 변화에 대해 부정적인 여론도 있다. 인간 창작자에게 돌아가야 할 금전적 보상이 인공지능 활용을 구실로 삼아 지급되지 않을 수 있다는 비판도 제기되었다. 인공지능이 창조한 콘텐츠에 인간이 보조한 것인가? 아니면 인간이 창조한 콘텐츠에 인공지능이 조수 역할을 한 것인가? 이런 혼란과 비판은 인공지능과 협력한 작업자의 공로가 충분히 인정받지 못하는 점을 지적하는 것이다. 애니메이션 〈개와 소년〉의 엔딩 크레딧에는 배경을 담당한 디자이너가 'AI(+인간)'으로 표기되어 있다. 말 그대로 메인 창작자는 인공지능이었다는 입장을 밝힌 것이다.

인공지능의 창작 능력이 점차 발전함에 따라 인간의 역할과 가치에 대한 고민도 함께 이뤄져야 할 것이다. 인공지능이 제공하는 창작 도구의 장점을 활용하면서도 인간의 창의성과 감성을 존중하는 방향으로 협력 관계를 발전시켜야 할 것이다. 이를 위해서는 윤리적 측면에서도 신중한 검토와 논의가 필요하며, 인간 창작자들의 인정과 보상에 대한 고려가 필요한 시점이다. 인공지능이 창작 분야에서 어떠한 역할을 수행하더라도, 인간의 창의력과 예술적인 재능은 여전히 중요하며 함께 발전해나갈 필요가 있다.

│ 인공지능이 생성한 콘텐츠의 저작권은? │

인공지능 기술의 발전으로 음악 및 영상 생성에 대한 저작권 문제가 점점 더 중요한 논란의 대상이 되고 있다. 인공지능은 빠르게 발전하면서 독창적인 콘텐츠를 만들어내기 시작했지만, 이로 인해 저작권법과 관련된 법적인 문제들이 동시에 발생하고 있다.

기존의 저작권 법적 틀은 인간에 의해 창작된 작품에 대한 보호를 중심으로 구성되어왔다. 그러나 인공지능이 콘텐츠를 생산하게 되면서, 창작자가 인간이 아니라 기계인 사례가 등장하게 되었다. 이에 따라 인공지능이 생성한 콘텐츠의 저작권은 누구에게 속하는지, 저작자로 인정되는 조건은 무엇인지 등의 문제가 제기되고 있다.

한편 인공지능은 기존에 존재하는 콘텐츠를 학습하고 변형해 새로운 작품을 생성하는 메커니즘으로 작동한다. 그렇다면 인공지능이 학습한 수많은 원본 콘텐츠의 저작권자와 관계가 복잡하게 얽힐 수 있다. 그래서 어디까지가 창작물이고 어디까지가 저작권 침해인지 판단하는 것이 매우 어려운 상황에 처하게 된다.

저작권 문제 외에도 인공지능이 대량의 콘텐츠를 생성하고 배포하는 경우, 원작자의 허락 없이 무단 복제 및 도용이 만연되는 등의 우려도 크다. 이는 콘텐츠 제작자의 수익과 창작 환경을 침해할 수 있는 문제로 작용한다.

AIVAArtificial Intelligence Virtual Artist는 인공지능을 활용해 음악을 창작하는 회사로, AIVA가 생성하는 음악에 대한 저작권 문제가 논란이 되었다. 2016년 설립된 이 회사는 인공지능으로 고유한 음악 작품을 제작하는 데 있어서, 저작권 소유와 관리에 대한 논쟁이 발생했다. AIVA가 창작한 음악이 인간 작곡가의 음악처럼 저작권 보호를 받을 수 있을지에 대한 의문이 제기된 것이다.

동영상 분야에서는 딥페이크deepfake 기술로 인한 저작권 문제가 이슈이다. 딥페이크는 인공지능으로 생성된 가짜 동영상으로, 공개적으로 알려진 인물들의 얼굴이나 목소리를 다른 동영상에 합성해 사실처럼 보이게 할 수 있다. 이러한 기술로 제작된 동영상이 인터넷상에 유포되면서 현존하는 저작권법이 딥페이크와 같은 콘텐츠를 효과적으로 규제하기 어려운 상황이 발생하고 있다.

이러한 상황은 저작권법 또한 인공지능 기술의 발전 상황에 맞추어 보완되어야 함을 시사한다. 현재 기존 저작권 법제에서는 인공지능이 창작한 콘텐츠에 대한 뚜렷한 규정이 없기에 그 범위와 적용 기준에 대한 불투명성이 있다. 따라서 인공지능과 관련된 저작권 문제를 잘 해결하기 위해서는 법률가와 기술 전문가들이 함께 협력해 새로운 저작권법을 수립하고 이를 시행하는 것이 필요하다. 그러한 법률 개정은 인공지능 창작물에 대한 저작권 보호를 확대하고, 독창적인 작품의 상업적 이용에 관한 지침을 제공할 수 있다.

저작권 문제를 해결하기 위해 산업이 독자적으로 조치를 취하는 것도 중요하다. 예를 들어 기존의 음원 배급 플랫폼이나 영상 플랫폼 등은 인공지능이 창작한 작품이 업로드되기 전에 검토 과정을 거치게 한다든지, 인공지능 창작물의 출처 및 사용 권한에 대한 정보가 명확하게 표시되도록 규정을 마련할 수 있다.

인공지능이 창작한 콘텐츠의 라이선스 및 사용료도 인간 창작자와 동일한 기준으로 적용되어야 할지에 대한 논의도 필요하다. 이에 따라 인공지능 창작물의 수익 배분이나 인센티브 구조를 결정해야 할 필요성이 있다.

결론적으로 인공지능이 음악 및 동영상 분야에서 콘텐츠를 생성하면서 발생하는 저작권 문제에 대응하기 위해서는 법적·산업적 차원에서 유동적이고 포괄적인 대책을 마련해야 한다. 또한 인공지능의 창작물이 어떻게 생성되고 사용되는지에 대한 투명성과 윤리적인 가이드라인도 필요하다. 앞으로 더 큰 혼란에 빠지기 전에 미리 준비할 필요가 있다.

05

게임

게임 속으로 들어간
인공지능

| 사람처럼 행동하는 AI 캐릭터 |

　게임 업계에서는 인공지능 기술을 활용해서 더 현실적이고 지능적인 행동을 보이는 캐릭터를 구현하기 위한 노력이 진행되고 있다. 인공지능 기술을 통해 게임 캐릭터는 플레이어와 더욱 밀접한 상호작용을 할 수 있으며, 게임의 재미와 몰입감을 향상시키는 역할을 할 수 있다. 게임 캐릭터 AI의 목표는 자연스럽고 지능적인 행동을 통해 게임 세계를 더욱 현실적으로 만드는 것이다. 이를 위해 다양한 기술과 알고리즘이 적용된다. 먼저, 움직임과 동작은 인공지능이 물리 엔진과 상호작용해 자연스러운 움직임을 제어하고, 게임 캐릭터가 환경에 적절히 반응하도록 한다. 이렇게 함으로써 캐릭터는 장애물을 피하거나 전략적인 위치를 선택하는 등의 행동을 실시간으로 수행할 수 있다.[40]

또한, 인공지능은 게임 캐릭터와 실제 플레이어 간의 사실적인 상호작용을 가능하게 한다. 게임 캐릭터는 플레이어의 행동에 적절하게 반응하며 대화, 공격, 협동 등 다양한 상호작용을 수행할 수 있다. 이를 통해 캐릭터는 플레이어와의 대화를 이해하고 적절한 대답을 제시할 수 있으며, 게임 세계 내에서 협력 또는 경쟁을 통해 동료 또는 적으로서 플레이어와 상호작용할 수 있다.

게임 캐릭터 AI는 감정 및 인식 기능도 갖추고 있다. 인공지능은 감정 모델링을 통해 캐릭터의 감정 변화를 조절하고 얼굴 표정, 몸의 움직임 등을 통해 감정을 표현할 수 있다. 또한 인공지능은 시각, 청각, 향기 등의 센서를 통해 게임 환경을 감지하고, 상황을 판단해 적절한 행동을 취할 수 있다.

이러한 게임 캐릭터 AI를 도입해 게임 산업은 한 단계 더 발전할 수 있다. 플레이어들은 더욱 현실적이고 지능적인 캐릭터와 상호작용할 수 있으며, 게임 세계에서 더욱 몰입감을 느낄 수 있다. 인공지능을 통해 구현된 게임 캐릭터는 인간과 다름없는 행동과 의사소통 능력을 갖추었기 때문에 게임 경험을 더욱 풍부하고 흥미롭게 만들 것이다.

그러나 게임 캐릭터 AI에는 몇 가지 논란점도 존재한다. 일부 사람들은 인간과의 상호작용에서 오는 진정한 감정과 인간다운 경험이 결여되는 캐릭터를 비판한다. 또한 게임 캐릭터 AI의 개발은 많은 리소스와 시간을 필요로 하기 때문에 일각에서는 '놀이를 위한 게임 콘텐츠에 과도한 기술과 금전적 자원을 소비하는 것이 아닌가' 라며 비판하기도 한다.

| 게임 속 AI 페르소나 |

NPCNon-Player Character(플레이어가 아닌 캐릭터)는 게임 내에서 인공 지능이 도입되는 대표적인 사례이다. NPC는 게임 안에서 플레이어 가 직접 조종할 수 없는 캐릭터를 말하는데, 원활한 게임을 위한 게 임 속 도우미, 몬스터, 악역 등 캐릭터로 활동한다. 이 NPC에 인공 지능 기술을 접목해 AI-NPC를 만들겠다는 것이 주요 게임사들의 목표이다.[41]

중국의 게임회사 넷이즈NetEase는 자사 모바일 게임 '역수한 모바 일逆水寒手游'에 챗GPT 기술과 유사한 챗봇 AI를 탑재했다. 게임 내 NPC는 플레이어와 자연스럽게 대화를 나누는 것이 가능한데, 이 NPC는 실제 플레이어와의 상호작용에 따라 상태가 변하고 이는 게 임 진행 중에 플레이어에게 지속적으로 영향을 미친다. 넷이즈가 공 개한 '역수한 모바일'의 실제 게임 영상에서는 남편과 수천 마일 떨 어져 있는 여성 NPC에게 다가가 "장거리 연애는 미래가 없다"고 조 언을 하면, 다음번에 만났을 때 이들은 이미 이혼을 한 상태가 되는 등 플레이어의 행위가 NPC에 영향을 미친다.[42]

비슷한 사례로 엔비디아의 '카이로스Kairos' 데모도 있다. 이 게임

자료: 엔비디아

속 NPC에는 거대 언어 모델이 탑재되어 있다. 플레이어는 NPC '진'과 다양한 대화를 나눌 수 있다. 플레이어가 NPC와 인사를 나누고 안부를 묻고 답하는 등 대화를 하면서 퀘스트를 제시할 만한 맥락이 만들어지면 그때 퀘스트를 받게 된다. 엔비디아가 유튜브에 공개한 영상을 보면, 플레이어가 먼저 "진, 잘 지내?"라는 질문에 NPC는 "안타깝게도 그다지 좋지는 않아"라고 대답해준다. 플레이어가 그 이유를 물으면 "범죄가 일어날까 걱정돼. 최근 우리 라면 가게가 총격 사건에 휘말렸어"라고 속내를 털어놓는다. 이후 도움이 필요하냐고 자연스럽게 질문을 하면 퀘스트를 준다. 기존의 게임에서는 NPC에게 말을 걸면 기계적으로 바로 퀘스트를 주는 경우가 대부분이었는데, 이와 비교하면 혁신적인 변화이다.[43]

최근 게임 업계에서 AI 페르소나 도입이 활발해지고 있다. 그리고 그 수준이 발전과 혁신을 거듭하고 있어, 앞으로 게임 플레이어의 재미와 몰입도가 더욱 높아질 것으로 보인다.

| 게임 세계의 동적 생성 |

인공지능은 음악, 영상 등 다양한 시청각 콘텐츠를 자유자재로 대량 생성할 수 있다. 이러한 점에 주목해 많은 게임사들이 이 생성형 AI에 주목하고 있다. 게임 세계 속에서 자동으로 생성되는 콘텐츠를 도입하겠다는 것이다.[44]

마이크로소프트는 현재 사용자의 자연어 명령에 따라 플레이하는 인공지능을 개발 중인데, 이를 마인크래프트Minecraft라는 샌드박스 오픈 월드Open World 게임에 적용하고 있다. 이용자가 인공지능에게 "돌을 쌓아 건물을 지어라"와 같은 명령을 내리면, 인공지능은 마인크래프트 게임 내에서 그 명령을 수행하는 방식으로 동작한다. 이와 같은 기능이 실제로 구현되면, 기존의 컨트롤러, 마우스, 키보드를 사용하는 것이 어려웠던 사람들도 게임에 더욱 쉽게 접근할 수 있게 될 것으로 예상된다. 오픈AI는 인공지능이 학습한 영상을 토대로 게임 속 기본 기술을 익혀 나무를 베거나 테이블을 제작하는 등 플레이를 보여주기도 했다. 이러한 연구개발은 게임 산업과 인공지능 기술의 융합을 통해 게임 플레이 경험을 혁신하고 사용자들에게 더욱 즐거운 게임 환경을 제공하기 위한 중요한 시도로 평

자료: 로블록스

가될 수 있다.

메타버스 샌드박스 게임인 로블록스Roblox는 현재 생성형 AI 기술을 활용해 사용자가 자연어 명령어를 통해 콘텐츠를 만들 수 있는 기능을 개발하고 있다. 이에 대한 자세한 내용은 로블록스의 공식 블로그에 게시된 「로블록스의 생성형 AI」라는 글에서 공개되었다. 예시로 제시된 영상에서는 사용자가 '빨간 2인승 자동차'라는 명령어를 입력하면 인공지능이 로블록스 게임 내에서 해당 명령에 따라 빨간색 자동차를 생성하는 모습을 보여주고 있다. 그 후 사용자가 'H 버튼으로 헤드라이트를 조작한다'나 'B 버튼을 누르면 헤드라이트가 깜박거린다'와 같은 명령어를 입력하면 인공지능은 이를 해석해 사용자가 원하는 기능을 구현해준다. 사용자는 말로 풀어쓴 지시 문장을 입력함으로써 복잡한 코딩 작업을 대신한다. 이런 기능을 통하면 코딩을 모르는 일반인도 누구나 자유롭게 콘텐츠를 제작할 수 있다. 이러한 기술은 콘텐츠 제작의 장벽을 낮추고, 더 많은 사람이 참여하고 창작의 즐거움을 누릴 수 있게 해줄 것이다.

| 인공지능 기반의 플레이 경험 개선 |

인공지능은 게임 산업에서 플레이어들의 경험을 개선하기 위해 다양한 방식으로 활용되고 있다. 이러한 적용 사례들은 게임의 재미와 혁신을 증대시키며, 플레이어들에게 더욱 흥미로운 경험을 제공하는 데 큰 역할을 하고 있다.

첫째, 인공지능은 게임의 난이도 조절을 통해 플레이어들의 흥미와 도전을 균형 있게 유지하는 데 사용된다. 게임 내에서 인공지능은 플레이어의 플레이 스타일과 능력을 분석해 자동으로 게임의 난이도를 조절할 수 있다. 이를 통해 초보자부터 전문가까지 모든 플레이어들이 자신에게 맞는 적절한 도전을 경험할 수 있게 되며, 게임의 장기적인 흥미를 유지할 수 있다. 예를 들어 어떤 플레이어가 특정 스테이지에서 계속해 실패한다면, 인공지능은 해당 플레이어의 능력을 분석해서 스테이지의 난이도를 적절히 조정하거나 힌트를 제공함으로써 플레이어의 도전을 지원한다.[45]

둘째, 인공지능은 개인화된 게임 경험을 제공하기 위해 사용된다. 게임은 플레이어의 취향과 선호도를 이해하고 그에 맞는 콘텐츠를 제공함으로써 더욱 매력적인 경험을 제공할 수 있다. 인공지능은 플레이어의 행동과 선택을 모니터링하고 분석해 개인에게 맞는 게임 콘텐츠, 도전 과제, 보상 시스템을 제안할 수 있다. 이를 통해 플레이어는 자신만의 독특한 게임 경험을 즐길 수 있으며, 게임의 참여도와 만족도를 크게 향상시킬 수 있다. 예를 들어 어떤 플레이어가 특정 장르의 게임을 선호한다면, 인공지능은 그 플레이어에게 해당 장르의 새로운 게임 추천이나 관련 콘텐츠를 제공해 그들의 흥미를 끌어올릴 수 있다.

셋째, 인공지능은 게임의 스토리나 인물, 사건 등을 더 현실적이고 지능적으로 만들기 위해 사용될 수 있다. AI 캐릭터들은 플레이어와의 상호작용에서 감정, 행동 패턴, 응답 등을 인식해 현실적인 반응을 보이게 된다. 예를 들어 어떤 RPG 게임에서 플레이어가 특정 퀘스트를 수행하거나 어려운 상황에 처했을 때, AI 캐릭터들은 플레이어의 요구 사항과 감정을 이해하고 그에 맞게 대화하거나 도움을 주는 등 현실적인 행동을 취할 수 있다. 캐릭터뿐만이 아니다. 플레이어의 행동에 따라 물건이나 건물에서 개인화된 사건이 발생하도록 게임 스토리를 가변적으로 구성할 수도 있다. 이런 기법들을 통해 플레이어의 게임 몰입도를 한층 더 높일 것이다.

06

스포츠

로봇과 인공지능이
출전하는 스포츠

｜ 인공지능 기술에 힘입어 스포츠 기록 향상 ｜

인공지능이 우리의 삶에 큰 변화를 가져온 것처럼 스포츠 산업 역시 인공지능의 영향을 받아 혁신적인 전환을 맞고 있다. 인공지능은 선수의 훈련 방법, 경기 전략, 관중 경험 등 스포츠 전반에 영향을 미치게 될 것이다. 그중 가장 먼저 주목되는 것은 인공지능 기반 선수 훈련 및 경기 분석이다. 인공지능을 활용한 체계적인 훈련 방법과 데이터 기반의 경기 전략 수립과 같은 실제 사례는 이제 흔한 일이다. 예를 들어 선수들의 움직임, 기술적 측면, 경기 전략 등을 디테일하게 분석해 강점과 약점을 파악하고 향상시킬 수 있다. 또 대량의 데이터를 기반으로 한 예측 모델을 개발해 선수들의 퍼포먼스를 예측하고 최적의 훈련 및 경기 전략을 수립하는 데에도 활용된다.[46]

인공지능은 거의 모든 프로 스포츠에 영향을 주고 있다. 야구, 농구, 축구, 골프 등 프로 스포츠가 활성화된 대부분의 종목에서 인공지능을 도입하는 시도들이 있었다. 그중 대표적인 사례가 세이버메트릭스Sabermetrics 기법이다. 세이버메트릭스는 야구를 통계학적이고 수학적으로 분석하는 방법론이다. 안타, 스트라이크, 홈런 등 야구의 모든 기록을 분석해 팀 전력 운용에 활용하기 위한 데이터로 경기 활동을 측정하고, 전략적인 결정을 내리는 데 활용되는 모든 과정이다. 과거에는 감독의 감으로 어떤 선수가 어느 시간에 어느 포지션에서 어떤 역할을 하는 것이 가장 합리적인지 판단되었다. 당연히 사람의 편견이 작용할 여지가 많았다. 그러나 최근에는 이같은 관행이 변하기 시작했다. 최근에는 선수 개개인의 신체 정보를 획득해 분석하고, 어떤 선수를 스카우트하고 누구를 내보낼 것인지 전략적으로 결정하는 문제에 인공지능의 손길이 미치지 않는 곳이 없다.

야구에서 시작된 세이버메트릭스는 농구 종목에도 도입되었다. 그리하여 APBRAssociation for Professional Basketball Research 메트릭스가 등장했다. 이 분석 기법에 인공지능 기술을 적용한 카메라로 얻은 영상 정보와 GPS 기술을 이용해 선수들의 모든 움직임을 다 포착하여 데이터화할 수 있게 되었고, 이런 정보를 실시간으로 처리해 인공지능 기술을 거치면 선수의 행동에 대한 예측이나 문제점 등을 파악할 수 있게 되었다.

한편 농구와 인공지능의 결합 사례로는 첨단 기술을 보유한 STATS가 '스포츠VUSportVU'라는 시스템을 이용해 농구 경기의 데이터를 분석한 사례가 있다. 이 시스템은 농구 경기장에 설치된 6개의 카메라 시스템을 사용해 선수와 공의 실시간 위치를 추적하고 이를 수집한다. 이를 통해 공격과 수비 전략, 선수별 움직임과 능력, 시너지 등 다양한 지표를 분석한다. 이 정보를 활용해 팀의 성과를 향상시키고, 더 합리적인 전략과 작전을 수립하는 데 기초 자료로 활용할 수 있다. 스포츠VU는 몇 년 동안의 테스트 기간을 거쳐 NBA 경기장에 설치되었다.

영국 프리미어리그EPL를 비롯한 유럽 프로축구 5대 리그에서도 인공지능이 활용된다. 유럽 축구 선수들의 98% 이상이 훈련과 실전에서 EPTSElectronic Performance Tracking System(전자 성능 추적 시스템)을 착용한다. EPTS를 활용하면 선수들의 움직임을 실시간으로 추적해

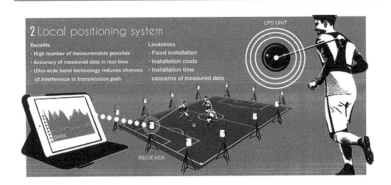

선수들의 움직임을 정밀하게 분석하는 인공지능 EPTS

자료: FIFA

서 플레이 동작을 정밀하게 분석하거나 예측할 수 있다.[47]

한국 축구 국가대표팀도 EPTS를 활용해 선수들의 움직임을 최적화하고 있다. 국내 프로축구 K리그에서도 2018년부터 EPTS 장비 착용이 허용되었다. 2014년 브라질 월드컵에서 독일 국가대표팀이 우승했는데, 여기에 EPTS 활용이 주효했다는 분석이 있다. IT 회사 SAP가 개발한 EPTS 장비를 도입한 독일 대표팀은 센서를 통해 수집된 빅데이터를 철저히 분석하고 이를 전략과 전술에 반영하는 데 성공했다. 이를 통해 독일 대표팀은 브라질과 4강전에서 압도적인 7:1 스코어로 승리하고, 결승전에서 아르헨티나를 1:0으로 꺾고 결국 월드컵 우승을 차지했다.

트랙맨 골프TrackMan Golf는 골프 스윙과 공의 움직임을 실시간으로 분석해주는 인공지능 기반 기술이다. 골프 클럽의 타격 각도, 공의 회전 속도, 공이 나아가는 속도 등 선수의 성능에 영향을 미치는 다양한 요소를 추적하고 분석한다. 이를 통해 선수들의 성능 개선을 위한 신속하고 정확한 데이터를 제공하며, 관중들에게도 더 흥미로운 경기 시청 경험을 제공한다.

이렇듯 인공지능 기술은 현대 스포츠에서 빠질 수 없는 필수 기술이 되고 있다. 선수들의 움직임과 퍼포먼스, 경기 전략의 수립과 실행, 심지어 결과 예측까지 모두 인공지능의 힘을 빌리며 처리되고 있다. 더욱 정확하고 효과적인 분석을 통해 경기력 향상과 승리에 직결되는 이러한 혁신적인 기술은 축구의 경쟁력을 한층 높이는 데 결정적인 역할을 하고 있으며, 앞으로 더 많은 발전과 혁신이 기대된다.

| 오심 없는 인공지능 심판 |

VAR Video Assistant Referee(비디오 보조 심판)은 영상 처리 및 인공지능 알고리즘을 융합한 첨단 심판 시스템이다. 인공지능 알고리즘은 빠른 속도로 대용량의 데이터를 분석하고 패턴을 식별할 수 있으며, 이를 토대로 심판에게 피드백을 제공해 공정한 판단을 돕는다. 이러한 체계가 도입되면 더 공정하고 정확한 판단과 경기 진행을 도울수 있다. 최근 몇 년 동안 국제 대회에서는 VAR 시스템의 활용이 크게 늘었다. K리그에서도 VAR 시스템이 도입되어 공정한 경기 진행과 판단이 이루어지고 있다. 과거의 오심과 편향적인 경기 진행으로 불만이 많았던 스포츠 팬들은 이런 변화를 환영하는 분위기다. 이런 기술은 인간 심판보다 오류 발생 가능성이 적고, 주관적일 수 있었던 판단의 한계를 극복할 수 있기 때문이다.[48]

이러한 혁신적인 심판 시스템은 스포츠 경기의 공정성과 신뢰성을 높인다. 경기 중에 잘못된 판단이 있을 경우, 인공지능 기술은 빠르게 오류를 검출하고 수정할 수 있어 공정한 경기 진행을 보장한다. 또한 VAR 시스템은 스포츠 관중들과 선수들에게 신뢰를 제공하며, 팬들에게도 더욱 흥미로운 경기 관람 경험을 선사한다. 이러한 인공지능을 활용한 심판 시스템은 축구의 진보와 혁신을 이끌어내는 데 중요한 역할을 한다.

현재 다양한 인공지능 스포츠 판정 및 판독 시스템들이 만들어지고 스포츠 현장에 도입되고 있다. 구기 종목의 판독 시스템인 호크아이 Hawk-Eye는 카메라와 컴퓨터 비전을 사용한 전자 심판 기술로

테니스 경기에서 사용된 호크아이 판독 시스템

자료: 호크아이

탁구, 크리켓, 테니스 등 다양한 스포츠 경기에서 적용되고 있다. 특히 테니스에서는 복수의 고속 카메라가 볼의 움직임을 추적하여 각 구장의 영상을 종합해 결정을 도출한다. 이를 통해 판독의 정확도를 높이고, 선수들과 팬들에게 공정한 결과를 제공한다. 이 기술은 윔블던 테니스 챔피언십과 같은 메이저 테니스 대회에서 활용되며 공정한 경기 진행에 많은 기여를 했다.[49]

골컨트롤GoalControl 시스템은 국제축구연맹FIFA이 공인한 골라인 판독 기술로, 골이 성공적으로 기록되었는지 여부를 신속하게 결정하는 데 사용된다. 이 시스템은 골 지역의 논란이 있는 상황에 명료한 판단을 제공함으로써 정정당당한 경기 결과를 유지하고 경기의 올바른 진행을 지원한다.

이 밖에도 인공지능 기반 심판 기술은 농구, 야구, 자동차 레이싱 등 다양한 스포츠 분야에서 활용되며, 정확한 심판을 앞세워 스포츠 경기를 더욱 공정하고 박진감 넘치는 경기로 만들고 있다. 이러한 기술의 끊임없는 발전과 적용은 앞으로도 스포츠 분야 전반에 걸쳐 혁신을 이뤄내고, 종종 벌어지던 판정 시비를 잠재울 수 있을지 모른다. 이런 기술의 발전으로 앞으로 선수와 이들을 응원하는 팬들 모두에게 만족감을 가져다줄 것이다.

│ 선수의 부상을 예방하고 최적의 컨디션을 유도 │

인공지능은 선수들의 건강 관리와 부상 예방에도 매우 유용하게 활용될 수 있다. 센서 기술과 데이터 분석을 결합해 선수들의 운동 생체 데이터를 실시간으로 모니터링하고, 부상 위험 요소를 예측하고 식별하는 등의 기능 개발이 가능하다.[50]

예를 들어 많은 프로축구 클럽들은 인공지능과 센서 기술을 활용해 선수들의 건강 상태를 철저하게 관리하고 있다. 선수들의 심박수, 호흡량, 근육의 피로도 등 다양한 생체 데이터를 실시간으로 측정하고 분석함으로써 선수들의 피지컬 상태를 모니터링하고 최적의 훈련 및 회복 계획을 수립하는 것이 가능해지고 있다. 이를 통해 선수들은 최상의 컨디션을 유지하며 부상 위험을 최소화할 수 있다.

또한 인공지능 알고리즘은 선수들의 운동 데이터를 분석해 특정한 패턴을 식별하고, 부상 발생의 가능성을 사전에 예측할 수 있다. 예를 들어 축구에서는 선수의 걸음걸이 패턴, 균형, 근육 부하 등을 분석해 부상 발생 가능성을 판단할 수 있다. 이를 통해 훈련 중에 잠재적인 부상 위험을 인지하고 조치를 취할 수 있으며, 선수들의 건강 상태를 최적화하는 데 도움을 준다. 이와 유사하게 야구에서는 투수의 투구 모션을 분석해 부상 가능성을 예측하고, 특정 타자에 대한 투구 전략을 도출할 수 있다.

실제로 프로야구 리그에서는 인공지능 기술을 활용한 선수 부상 예측 시스템이 도입되어 의미 있는 성과를 거뒀다. 이 시스템은 선수들의 경기 기록, 생체 데이터, 부상 이력 등을 종합적으로 분석해 부상 발생 가능성을 예측하고, 팀의 의사들이 적절한 대응을 할 수 있도록 돕는다. 이를 통해 부상으로 인한 선수의 휴식 기간을 최소화하고, 팀의 경기력과 성과를 향상시킬 수 있다는 것이 입증됐다.

캐타펄트 스포츠Catapult Sports는 스포츠 팀들에게 선수들의 운동 데이터를 실시간으로 전송하는 GPS 트래킹 시스템을 제공한다. 선수들의 네트워크 및 통신 범위 서비스를 추적해 관리자들은 피로, 부상 가능성, 실행 능력 등 여러 지표를 기반으로 팀 전체의 훈련 계획을 관리하고 적용할 수 있다. 키트맨 연구소Kitman Labs의 선수 최적화 시스템Athlete Optimization System은 고급 기계학습 알고리즘을 사용해 감독 후보들의 성과와 부상 가능성을 분석한다. 웨어러블 장치로 측정된 선수의 바이오메트릭 데이터를 이용해 팀들은 개개인의 훈련 효과와 경기 중 인지 지수를 검토하고 선수들의 건강이 최상의 상태를 유지하도록 돕는다. 레질Rezzil이란 회사는 전문 스포츠 팀과 선수를 대상으로 하는 가상현실 기반의 훈련 플랫폼을 제공한다. 이 플랫폼이 직접적인 부상의 회복 또는 예방에 기여하는 것은 아니지만, 실제 경기와 유사한 환경에서 훈련 중 스트레스 요인 관리 등 심리적인 건강 관리에 도움을 줄 수 있다. 한편 가상현실 기반 훈련 플랫폼은 실제 물리적인 활동이 없는 만큼 부상의 위험은 적으면서 다양한 전술이나 움직임에 대해 모의실험을 할 수 있다는 장점이 있다.

이처럼 인공지능을 활용한 선수 건강 관리와 부상 예방 기능은 스포츠 분야에서 비중이 커지고 있다. 선수들의 신체 상태와 부상 위험을 정확히 예측하고, 이에 대한 신속한 대응을 취함으로써 선수들은 최상의 퍼포먼스를 발휘할 수 있다. 또한 잠재적인 부상을 예방하는 데 큰 도움이 되는 것은 물론, 팀의 경기력과 성과를 향상시키는 데에도 기여할 것으로 기대된다.

단순 관람을 넘어 오감으로 느끼는 스포츠 체험 시대

인공지능이 선수들에게만 적용되는 것은 아니다. 관객도 인공지능의 이기를 누릴 수 있다. 인공지능과 가상현실 기술을 결합함으로써 경기 관람 체험은 새로운 차원으로 진화한다. 이러한 시도들은 관중들에게 더욱 실감나고 개인적인 경기 관람 경험을 제공하는 것을 목표로 하고 있다. 최근 다양한 스포츠 종목에서 관객들을 위한 인공지능 기술 활용 사례를 찾을 수 있다.

NBA와 넥스트VR_{NextVR}은 실제로 협력해 전 세계 팬들에게 가상현실 기술을 통해 경기를 관람할 수 있는 서비스를 제공하고 있다.

팬들은 가상현실 헤드셋을 착용해 자신이 원하는 시야에서 경기를 관람하며 현장에 있는 것과 같은 색다른 체험을 할 수 있다.

스페인의 프로축구 리그인 라리가는 인공지능과 가상현실 기술을 활용해 관중들에게 맞춤형 경기 관람 경험을 제공하고 있다. 라리가는 공식 애플리케이션을 통해 관중들에게 증강현실AR, Augmented Reality 기능을 제공한다. 이를 통해 관객은 경기장 안팎에서 현장감 있는 관람을 즐길 수 있다. 또한 경기 하이라이트 및 다양한 스포츠 콘텐츠를 AI 챗봇과 목소리 명령을 통해 간편하게 검색하고 조회할 수 있다.

가상현실 기술은 관중들에게 현장감을 더욱 강화시켜주는 중요한 역할을 한다. 가상현실 기기를 착용하고 있는 관중은 마치 자신이 경기장 안에 있는 것처럼 느끼며, 선수들의 움직임과 경기의 열기를 몰입적으로 경험할 수 있다. 또한 개인화된 시야와 환경 설정을 통해 관중들은 자신만의 편안한 공간에서 경기를 관람할 수 있으며, 다양한 카메라 각도를 선택해 자유롭게 경기를 감상할 수 있다. 이러한 기술의 도입은 관중들이 더욱 개인적이고 풍성한 경기 관람 경험을 즐길 수 있도록 돕는다. 이처럼 인공지능과 가상현실 기술을 결합한 경기 관람 체험은 전통적인 관중석에서 벗어나 새로운 참가 방식을 제공한다. 이는 관중들이 단순히 경기를 관람하는 것을 넘어 스스로가 그 속에 참여하고 있다는 느낌을 받을 수 있는 혁신적인 경험을 제공한다.[51]

인공지능과 가상현실 기술의 활용을 통해 관중들은 개인적이고 맞춤형 경기 관람 경험을 즐길 수 있으며, 이는 스포츠 관람 문화의 변화와 혁신을 이끌어낸다. 앞으로 더 많은 기술적인 발전과 혁신을 통해 관중들은 경기 관람에 대한 기대와 만족을 더욱 높일 수 있을 것으로 기대된다.

│ 인공지능 로봇이 사람 대신 출전하는 스포츠 │

영화 〈리얼스틸Real Steel〉은 인간 대신 로봇이 스포츠 경기에 출전하는 미래를 그린 작품으로, 인공지능 시대의 인기 스포츠가 어떻게 변할 수 있는지 사실적으로 묘사했다. 이 영화는 우리에게 인공지능과 로봇 기술이 스포츠 산업에 미치는 영향을 짐작하게 한다.

로봇 선수가 등장하는 영화 〈리얼스틸〉

자료: 월트 디즈니 스튜디오스 모션 픽처스

영화 속에서 로봇은 인간을 뛰어넘는 강한 신체 능력을 기반으로 인간 선수들이 보여주지 못하는 박진감 넘치고 스릴 있는 격투 대전을 보여준다. 영화 속 시대에서 인간 선수가 경기를 하는 복싱이나 레슬링 종목은 비인기 종목으로 전락하고 로봇이 링 위에 오르는 로봇 격투 경기에는 수많은 관객이 모인다.

이러한 영화 속 상상이 현실로 구현되기까지는 시간이 걸리겠지만, 우리는 이미 현실에서도 로봇과 인공지능이 스포츠에 참여하는 모습을 접할 수 있다. 즉 로봇이 스포츠에 도전하는 사례가 속속 등장하고 있는데, 이는 현재의 추세와 기술 발전을 고려할 때 불가피한 발전 방향으로 보인다.[52] 인공지능과 로봇 기술은 끊임없이 발전하고 있고, 이미 몇몇 분야에서는 로봇이 출전하는 대회가 열리고

로봇 축구 대회 '로보컵'

자료: 로보컵

FLYING LAP - START

자료: 로보레이스

있다. 한 예로 로봇 축구 대회인 로보컵RoboCup이 있다. 이 대회에서는 로봇 축구 팀들이 경기를 펼치며, 팀워크와 전략을 발휘해 고도의 경기력을 선보인다. 로봇들은 각각의 역할을 수행하고, 공을 조작하고, 패스를 주고받으며 득점을 시도한다.

인공지능이 사람 대신 레이스를 펼치는 대회도 열렸다. 바로 로보레이스Roborace이다. 이 대회는 전통적인 레이싱 대회와 차별화되는데, 바로 출전 차량들이 모두 자율주행 기술을 사용한 전기 자동차로 구성되어 있다는 점이다. 이 대회에서는 인공지능과 센서 기술을 적용한 자율주행 자동차들의 속도, 안정성 등을 겨룬다.

이러한 자율주행 자동차의 경주 대회는 매우 정밀하고 안전한 주행을 보장하며, 운전자의 실수나 인간적인 한계를 극복해 더욱 치열하고 스릴 있는 경주를 펼칠 수 있다. 인간 드라이버가 탑승하지 않으니 사고가 발생하더라도 인명 피해는 없다. 그래서 주행의 속도나 위험도를 극한으로 끌어올릴 수도 있다. 그렇다면 인공지능 차량을 통해 관객이 더욱 열광하는 새로운 형태의 레이싱 스포츠가 탄생할 수 있다. 예를 들어 바퀴 하나가 빠지거나 폭발로 화염에 휩싸이면서도 레이스를 계속할 수 있다. 훗날 사람이 경주하는 F1 레이싱의 인기가 시들고 인공지능 레이싱이 더 큰 인기를 얻을지도 모른다.

이처럼 미래에는 로봇이 출전하는 스포츠 유형이 많아질 것이다. 인공지능이 탑재된 로봇들은 인간보다 더욱 빠르고 정확한 움직임과 판단력을 갖추고 있기에 스포츠 경기에서 뛰어난 성과를 거둘 수 있다. 그러나 이에 대한 논란의 여지도 있다. 스포츠는 인간의 열정과 노력, 그리고 선수의 성장 드라마이기도 한데, 이런 분야에 인격이 결여된 인공지능이 참여하는 것을 달갑지 않게 여기는 사람도 분명 있을 것이다. 로봇이 스포츠에 출전하는 것은 이런 측면에서 고려해야 할 문제들을 안고 있다. 스포츠의 진정한 가치와 의미를 가지려면, 로봇과 인간이 함께 협력하고 경쟁하는 새로운 형태의 스포츠 문화를 만들어야 한다. 로봇 기술과 인간의 가치를 조화롭게 결합해 새로운 차원의 스포츠 경험을 제공하는 것이 바람직한 방향일 것이다.

87

가상현실/메타버스

진짜 현실만큼 커진
가상현실 세계

| **인공지능과 결합한 가상현실** |

가상현실과 인공지능 기술은 함께 상호 보완적으로 활용될 수 있다. 이 결합은 인간과 기계 간의 상호작용을 더욱 인간적이고 효과적으로 만든다. 특히 인공지능은 현실과 가상 공간 사이의 경계를 허물 것이다. 가상현실 기술은 이미 우리에게 현실을 넘어선 체험을 제공해왔지만, 인공지능이 가미되면 이러한 경험은 더욱 현실적이고 인간 중심적으로 진화할 것이다. 예를 들어 인공지능이 우리의 행동과 감정을 인식하고 이를 가상현실 공간 내에서 반영한다면, 우리는 더욱 현실과 유사한 상호작용을 경험하게 될 것이다. 이런 환

경이 조성되면 가상 공간에서 할 수 있는 일이 많아지고 점차 일상보다 가상현실에서 보내는 시간이 더 길어질 것이다.[53]

지금도 변화가 꾸준히 진행되고 있다. 아마존은 전 세계 최대의 온라인 상점으로, 다양한 기술을 적극적으로 도입해 쇼핑 경험을 지속적으로 혁신하고 있다. 아마존의 가상현실 상점 사례는 이러한 혁신 중 하나로, 가상현실 기술을 이용해 온라인 쇼핑을 보다 사실적이고 직관적인 경험으로 바꾸려는 시도이다. 아마존은 '아마존 수메리안Amazon Sumerian'이라는 이름으로 자체 가상현실 및 증강현실 개발 플랫폼을 출시했다. 이 플랫폼을 통해 개발자들은 가상현실 상점과 같은 3D 애플리케이션을 쉽게 구축할 수 있다. 이를 활용해 온라인 쇼핑 경험을 보다 생동감 있게 만들기 위해 아마존은 가상현실 상점을 선보였다.

아마존의 가상현실 상점은 소비자들이 가상현실 헤드셋을 착용해 아마존 상품들을 3D 환경에서 살펴볼 수 있게 한다. 사용자는 상품의 3D 모델을 자세히 둘러보고, 상품 크기를 조절하거나 다른 색상과 옵션을 비교할 수 있다. 이 기능은 특히 가구, 가전제품, 의류 및 액세서리와 같은 카테고리에서 효과적이다. 이렇게 되면 사용자는 실제로 상품을 만져볼 수는 없지만, 가상현실을 통해 상품에 대한 사실적인 인상을 얻을 수 있다. 아마존의 가상현실 상점은 온라인 쇼핑의 한계를 극복하려는 아마존의 지속적인 노력의 일환으로 보인다. 이 기술을 통해 소비자들은 온라인 쇼핑에서 실제 상점에서 느끼는 만큼의 현장감을 느낄 수 있게 될 것이며, 온라인 구매 결정의 정확성과 속도를 높이는 데 도움을 줄 것으로 예상된다. 아마존과 같은 기업들이 가상현실 및 증강현실 기술을 적용함으로써 전자상거래 경험은 차세대로 나아갈 것으로 보인다.

가상현실과 인공지능이 결합한 새로운 엔터테인먼트는 대중문화에 큰 영향을 미친다. 가상현실은 놀이공원, 게임 콘텐츠 등에서 더 현실감 넘치는 상호작용 기반의 경험을 선사할 수 있다. 다양한 업계에서 이런 기술 결합의 실제 사례를 살펴볼 수 있다. 최근 디즈니는 가상현실을 기반으로 한 실감 나는 놀이기구와 관람 경험을 제공하기 시작했다. 이 중 유명한 사례로는 '스타워즈: 갤럭시 엣지'가 있다. 이곳에서 방문객들은 증강현실과 인공지능 기술을 접목한 가상현실 환경 속에서 실제 〈스타워즈〉 영화 속처럼 탐험, 전투 및 상호작용을 할 수 있다.

'스타워즈: 갤럭시 엣지'에 참여한 관객들의 체험 모습

자료: 디즈니랜드

가상현실과 인공지능 기술을 이용하면, 롤러코스터를 가상으로 탑승해보거나 쥐라기 공원에서 공룡의 공격으로부터 탈출하는 체험 콘텐츠 등 상상력을 발휘할 수 있는 다양한 엔터테인먼트 양식을 개발할 수 있다. 이외에도 가상현실과 인공지능의 융합은 영화, 음악, 예술 등의 분야에서도 혁신적인 변화를 가져올 수 있다. 예를 들어 가상현실 공연에서 인공지능이 실시간으로 관객의 반응을 파악해 공연의 분위기나 조명을 맞춤형으로 조정한다면, 새로운 공연 문화가 만들어질 수 있다.

│ 가상현실과 인공지능으로 협업 강화 │

가상현실과 인공지능 기술의 발전은 인간의 협업을 더 용이하게 한다. 이러한 기술들은 지리적인 제약을 극복하고 시공간적인 제약을 해소해 협업의 효율성과 품질을 향상시킬 수 있는 도구로 활용될 수 있다.[54] 가상현실과 인공지능은 멀리 떨어진 팀이나 개인들 간의 협업을 강화할 수 있다. 가상현실 환경에서 협업 플랫폼을 구축하면 지리적인 거리와 상관없이 협업 참여자들이 동시에 한 공간에 모여 일할 수 있다. 협업자들은 가상 공간에서 실시간으로 커뮤니케이션하고, 공동 작업을 진행하며, 3D 모델이나 프로토타입을 공유하고 수정할 수 있다. 이를 통해 멀리 떨어져 있는 팀원들도 마치 한곳에 모여 있는 듯한 협업 경험을 할 수 있으며, 의사소통과 협업의 효율성이 크게 향상된다.

인공지능은 협업 프로세스를 자동화하고 지능적으로 지원함으로써 협업의 생산성을 향상시킬 수 있다. 인공지능 기술은 문서 관리, 일정 관리, 작업 할당 등의 업무를 자동화하고, 효율적인 의사결정을 지원하기 위해 데이터를 분석하고 예측할 수 있다. 또한 협업 환경에서 개인화된 추천과 가이드를 제공해 개별 사용자의 성과를 향상시키고, 협업 팀의 조화롭고 효율적인 업무 수행을 돕는다. 예를 들어 인공지능 기반의 프로젝트 관리 도구는 업무 우선순위를 분석해 작업을 할당하고, 프로젝트 진행 상황을 모니터링해 리스크를 예측하고 조치할 수 있다.

교육 분야에서도 가상현실과 인공지능 기술은 협업에 중요한 역할을 차지하고 있다. 학생들이 클래스나 작은 그룹으로 가상현실 환경에 입장해 가상의 실험실이나 역사적 장면 등에서 협력할 수 있다. 학생들은 서로 다른 위치에 있음에도 실시간으로 정보를 나누고 토론할 수 있다.

의료 분야에서도 가상현실과 인공지능 기술은 첨단 치료법, 원격 진료, 전문가 간 협업 등에 도움을 준다. 의료진들은 가상현실을 활용해 필요한 시술을 모방하고 연습할 수 있으며, 인공지능 기반 알고리즘을 사용해 정확한 진단을 할 수 있다. 또한 다양한 위치에 있는 의료 전문가 간에 즉시 정보 및 지식을 공유할 수 있어 협업을 더 강화할 수 있다.

| 메타버스로 경험 혁신 |

가상현실과 인공지능은 협업 환경에서 상호작용과 창의성을 촉진한다. 특히 메타버스 공간은 협업자들이 현실적인 모습으로 가상 공간에서 상호작용하고 함께 문제를 해결하며 창의적인 아이디어를 공유할 수 있는 환경을 제공한다. 또한 인공지능 기술은 팀원들의 데이터와 지식을 활용해 아이디어를 발전시키고 문제를 해결하는 데 도움을 줄 수 있다. 인공지능이 제공하는 자동화된 작업과 분석은 협업자들이 더 많은 시간과 에너지를 창의적인 사고와 협력적인 토론에 집중할 수 있도록 도와준다.

메타버스의 대표적인 사례로는 앞서 언급한 '로블록스'가 있다. 로

메타버스 플랫폼 '로블록스'

자료: 로블록스

블록스는 온라인 멀티플레이어 게임 플랫폼으로, 사용자들이 게임을 설계하고 공유한다. 이 플랫폼은 특히 어린이와 청소년들에게 인기가 높다. '로블록스 스튜디오'라는 개발 도구를 이용해 사람들은 독특한 게임이나 가상 세계를 직접 만들 수 있다. 다양한 스타일과 장르의 가상 경험을 즐길 수 있으며, 수많은 게임과 액티비티가 이 플랫폼에서 시작되고 있다. 각 개발자는 그들이 만든 게임이나 경험을 통해 수익을 창출할 수 있다. 이러한 방식으로 로블록스는 메타버스라는 개념의 가능성을 확장시키며, 새로운 온라인 사회 현상을 만들어나가고 있다.

페이스북 호라이즌Facebook Horizon은 메타버스 환경에서 다양한 업무, 교육, 사교 활동을 제공하는 가상 플랫폼이다. 사용자는 실시간으로 3D 아바타를 사용해 서로 의사소통을 진행하며, 가상 공간에서 동료나 친구와 소통할 수 있다. 예를 들어 워크숍, 토론회, 미술 수업 등의 활동에 참여할 수 있다. 이처럼 가상 세계를 탐험하면서 개인화된 공간을 만들어 자신만의 경험을 공유하고, 또 다른 사용자들과 함께 새로운 경험을 만들고 즐길 수 있다.

또 다른 사례는 소셜 가상현실 플랫폼인 VR챗VRChat이다. VR챗은 가상 세계에 입문하는 사용자들이 자신만의 3D 아바타를 생성하고 다양한 가상 공간에서 다른 사용자들과 채팅 및 상호작용을 할 수 있도록 한다. 이곳에서 사용자들은 게임을 할 수 있으며, 파티를 열거나 크리에이터들이 아바타와 가상 공간을 만들어 공유할 수 있다. 인간 참가자들과 가상 아바타들이 함께 소통하며 흥미진진한 경험을 만들어낼 수 있다.

게임, 엔터테인먼트, 교육, 의료, 기업 교육 등 다양한 산업 분야에서 메타버스 내의 인간과 가상 아바타 간 협업은 그 가능성이 거의 무한하다. 또한 메타버스가 보다 성숙하게 발전하면서 가상현실 및 증강현실 장치의 성능 향상과 비용 절감이 이루어질 것으로 예상된다. 이런 기술적 발전은 메타버스 생태계를 더욱 성장시키는 데 기여할 것이며, 협업 및 참여에 대한 진입 장벽이 낮아지는 결과를 초래할 수 있다.

메타버스가 일상화된 시대에는 법률, 경제, 소셜 미디어와 같은 다양한 이슈들이 가상 및 현실 세계를 넘나들며 복잡한 형태로 발생할 수 있다. 그 때문에 이와 관련해 보안 문제, 개인정보 보호 이슈, 지적재산권 및 규제 문제 등에 대해 미리 논의하고 준비해야 할 때이다.

| 메타버스로 인간과 기계의 소통 촉진 |

메타버스 세계에는 나와 같은 사람들도 접속하지만, 인공지능으로 만들어진 가상의 캐릭터 또는 가상의 로봇도 함께 활동할 수 있다. 따라서 미래에는 메타버스에서 기계와 소통하고 상호작용할 기회가 많아질 것이다. 메타버스 속에서 인공지능 캐릭터는 실제 인간과 협업하며 작업을 수행하고, 지시에 따라 움직이며, 정보를 주고받는 등 많은 상호작용을 하게 된다. 이는 바로 가상과 실제가 메타버스 세계에서 융합되는 한 예시이다. 이러한 가상 커뮤니티는 실제 세계와 비슷한 소셜 네트워크 플랫폼이나 가상 협업 툴을 통해 구성되어 있으며, 실제 인간과 가상의 인간이 함께 참여하고 상호작용할 수 있는 환경이다.

가상 세계에서는 인공지능 기술이 적용된 가상의 인간, 즉 '봇bot'이라 불리는 가상 아바타가 얼마든지 만들어질 수 있다. 이러한 봇은 인공지능 기술을 기반으로 개발되어 사람과 대화하고 상호작용할 수 있는 능력을 갖추고 있다. 예를 들어 가상 쇼핑몰에서는 인공지능 기반의 상담 봇이 고객과 대화를 나누어 제품 정보를 제공하거나 문의에 답변하는 역할을 수행하고 있다. 이러한 가상의 아바타들은 현실의 인간과 유사한 경험을 제공하며, 실제의 환경보다 더 가깝게 가상 세계에서 존재할 수 있는 가능성을 보여주고 있다.

결국 메타버스는 기술적 발전과 함께 전 세계 인류의 경험, 지식, 문화를 공유하고 협력할 수 있는 새로운 바탕을 제공할 것이다. 실제 환경에서 가상의 인간 아바타와 현실의 인간 사이의 소통과 협업은 사회 전반에 걸쳐 혁신을 유도할 것으로 기대된다. 메타버스는 인류의 발전과 성장을 이끄는 새로운 부가가치를 창출할 수 있다. 그리고 가상현실과 인공지능 기술의 발전은 메타버스라는 장에서 발현되고 전 세계적으로 인간과 기계의 협업을 촉진할 것이다.

88

의식주

인공지능으로 입고 먹고, 인공지능 속에서 산다

인공지능이 추천해준 옷을 가상 공간에서 입어보는 시대

인공지능의 발전은 의류와 패션 산업에도 혁신적인 변화를 가져 올 것으로 예상된다. 다양한 사례를 통해 살펴보면 다음과 같은 변 화가 예상된다.[55]

첫째, 개인 맞춤형 패션 추천이 발전할 것이다. 인공지능은 사용 자의 개인적인 취향, 스타일, 신체 형태 등을 분석해 최적화된 의류 추천을 제공할 수 있다. 예를 들어 사용자의 사진을 분석해 얼굴 형 태나 피부 톤에 맞는 색상과 스타일을 추천하는 기능이 개발될 수 있다. 이를 통해 개인의 선호도와 외모에 맞는 의류를 찾는 과정이 간소화되고, 쇼핑 경험이 개인화되어 효율적이고 만족도 높은 쇼핑이 가능해질 것이다.

둘째, 가상 시착 및 가상 쇼핑 경험이 확장될 것이다. 인공지능과 증강현실 기술을 결합해 가상 시착 애플리케이션이나 플랫폼이 발전할 것으로 예상된다. 사용자는 자신의 신체 정보를 입력하고 원하는 의류를 가상으로 시착해볼 수 있으며, 다양한 스타일과 색상을 시도해볼 수 있다. 또한 가상현실을 활용한 가상 쇼핑 경험도 확장될 것으로 예상된다. 사용자는 가상 공간에서 실제로 상점을 돌아다니며 제품을 살펴보고 구매 결정을 내릴 수 있다.

셋째, 지능형 제조 기술이 발전해 의류 생산과 공급 체인이 혁신될 것이다. 인공지능을 활용한 자동화 시스템은 의류 제조 공정을 더욱 효율적으로 만들어줄 것이다. 예를 들어 인공지능을 탑재한 로봇이 의류 생산 라인에서 작업을 수행하고, 센서를 이용해 품질 검사를 실시할 수 있다. 이를 통해 생산 비용을 절감하고 생산 속도와 정확성을 향상시킬 수 있다. 또한 인공지능을 활용한 예측 분석은 수요 예측 및 재고 관리에 큰 도움을 줄 것이다. 이를 통해 과잉 생산이나 재고 부족 문제를 예방하고, 고객의 수요를 정확하게 충족시킬 수 있는 생산 체인을 구축할 수 있다.

여러 기업이 창조적인 방식으로 인공지능을 접목한 의류 및 패션 관련 서비스를 출시하고 있다. 먼저 스티치 픽스Stitch Fix는 인공지능을 활용한 온라인 패션 스타일링 서비스로 개인 맞춤형 의류 및 액세서리를 제공한다. 고객이 자신의 스타일과 선호도를 알려주면 인

휴리텍의 패션 트렌드 예측 4단계			

Step1	Step2	Step3	Step4
소셜 미디어에서 오디언스 패널 정의	사진으로부터 모양, 특성, 직물(질감), 색상 등 패션 트렌드 요소 분석	머신러닝 기술을 통해 추세 예측	결과 인사이트 요약 및 정리

자료: 휴리텍

공지능이 수많은 상품 데이터와 패션 트렌드를 분석해 각 고객에게 알맞은 의류와 액세서리 조합을 추천한다. 이를 통해 고객은 개별적인 스타일을 찾아낼 수 있으며, 기존의 패션 쇼핑 방식에 비해 시간과 비용을 절약할 수 있다.

휴리텍Heuritech은 머신러닝 기술을 활용해 패션 트렌드를 분석하는 기업이다. 이 회사의 인공지능 플랫폼은 소셜 미디어 데이터를 수집하고 분석해 다가오는 패션 트렌드를 예측한다. 패션 브랜드들은 휴리텍의 트렌드 예측을 바탕으로 미래 시즌의 제품 계획과 마케팅 전략을 세울 수 있다. 이를 통해 브랜드는 독특한 패션 아이템을 개발하고 판매력을 높일 수 있다.

일본의 에어클로젯AirCloset은 고객의 스타일 지향을 분석하기 위해 인공지능 기반 알고리즘을 사용한다. 이 서비스는 구독 서비스로 제공되며, 월정액을 지불하면 인공지능이 추천한 옷을 받아보고 마음에 들면 반납하지 않고 구매할 수 있다. 이 서비스는 인공지능으로 이용자들이 구매하는 제품에 대한 취향을 파악해 보다 정확하게 추천해주는 것이 특징이다. 또한 사용자의 스타일, 날씨 등 다양한 요소를 고려해 의상을 추천하는 기능도 포함되어 있다.

이처럼 인공지능의 발전은 의류와 패션 산업에 혁신과 변화를 가져올 것이다. 사용자 맞춤형 추천, 가상 시착 및 가상 쇼핑 경험, 지능형 제조 기술, 지속 가능한 패션 등의 변화를 통해 의류와 패션의 구매 및 생산 방식이 혁신되고, 개인의 스타일과 취향을 더욱 반영한 패션 문화가 형성될 것이다. 이는 소비자와 산업 모두에게 새로운 기회와 경험을 제공할 것이다.

│ 더 건강하고 편리한 식문화 │

인공지능의 발전은 식문화와 음식 관련 일상에서도 혁신적인 변화를 가져올 것으로 예상된다.[56] 첫째, 개인 맞춤형 식단과 영양 관리가 강화될 것이다. 인공지능은 사용자의 건강 상태, 신체 조건, 식품 선호도 등을 고려해 개인에게 맞춤형 식단을 제안해줄 수 있다. 예를 들어 사용자의 건강 관련 데이터를 분석해 영양 요구량을 파악하고, 이를 기반으로 식단을 최적화하는 서비스가 개발될 수 있다. 또한 인공지능은 사용자가 섭취한 음식을 분석해 영양 성분을 평가하고, 필요한 영양소의 부족을 알려줄 수 있다. 이를 통해 개인의 건강 관리 수준이 높아지고 영양 균형이 잡힌 일상을 살게 될 것이다.

둘째, 음식 주문과 배달 서비스가 더욱 편리해질 것이다. 인공지능 기술은 음성 인식과 자연어 처리를 통해 음식 주문과 배달 서비스를 효율적으로 지원할 수 있다. 사용자는 음성 명령을 통해 원하는 음식을 주문하고, 인공지능 기반의 시스템이 주문을 처리하고 배달을 조정할 수 있다. 또한 인공지능은 사용자의 선호도와 이력을 분석해 맞춤형 메뉴 추천을 제공할 수 있다. 예를 들어 이전 주문 내역을 분석해 사용자가 선호하는 음식을 추천하거나, 비슷한 사용자들의 추천을 바탕으로 맞춤형 메뉴를 제안할 수 있다.

셋째, 식재료의 품질과 안전성을 보장하는 시스템이 발전할 것이다. 인공지능은 이미지 분석과 센서 기술을 활용해 식재료의 신선도와 품질을 판단할 수 있다. 예를 들어 스마트폰 카메라를 통해 식재료를 촬영하면 인공지능은 그림자·색상·형태 등을 분석해 신선도를 평가하고, 사용자에게 알려줄 수 있다. 또한 인공지능은 식품의 원산지와 생산과정을 추적할 수 있는 시스템도 개발될 수 있다. 이를 통해 소비자는 안전한 식품을 선택하고 건강을 보호하는 일상을 즐길 수 있을 것이다.[57]

넷째, 가상현실을 활용한 음식 경험이 확장될 것이다. 인공지능과 가상현실 기술을 결합해 사용자는 가상 공간에서 다양한 음식 경험을 즐길 수 있을 것이다. 가상 식당이나 요리 교실에서 실제와 유사한 경험을 할 수 있으며, 다양한 문화의 음식과 식사 문화를 체험할 수 있다. 예를 들어 가상현실 안에서 다른 나라의 음식을 주문하고 맛보는 경험을 할 수 있다. 또한 인공지능은 사용자의 기호와 신체 상태에 따라 음식의 맛과 향을 조절할 수 있다. 이를 통해 사용자는 음식과 관련된 새로운 문화를 탐험하고, 다양한 경험을 즐기며 일상을 풍요롭게 만들 수 있을 것이다.

나아가 음식의 맛을 모사할 수 있는 기술이 개발된다면 원거리에 있는 지인에게 내가 지금 먹고 있는 음식의 맛을 전송할 수도 있을 것이다. 예를 들면 친구가 해외여행 중에 먹어본 음식이 아주 맛있다며 "너도 한번 먹어보라"면서 그 맛을 원격으로 전송한다면 함께 같은 맛을 공유할 수도 있다. 꿈만 같은 상상이지만, 인공지능 시대에는 불가능한 일도 아니다.

여러 기업이 창의적인 방식으로 식문화에 인공지능을 도입하고 있다. 예를 들어 테이스트와이즈Tastewise는 음식 시장의 데이터를 수집해 분석하는 인공지능 기반 플랫폼이다. 이 회사는 소셜 미디어 플랫폼에서 다양한 음식 사진, 음식 관련 해시태그, 온라인 레시피, 식품 구매 기록 등을 수집해 실시간으로 데이터를 분석한다. 이를 통해 알 수 있는 인사이트는 식당, 음식 프로듀서, 그리고 식품 마케팅 관련 기업들에게 매우 유용한 자료가 되며, 물론 식당을 찾는 고객 입장에서도 개인에게 더 적합한 최적의 메뉴 또는 식당을 선택할 수 있게 된다.

크리에이터Creator는 매장 내에서 인공지능 로봇이 완성한 버거를 제공하는 식당이다. 이 로봇 주방장은 버거를 만들기 시작하는 것부터 빵에 소스를 바르고, 세심한 정밀도로 고객이 선호하는 재료를 사용해 완성하는 과정까지 정확하게 처리한다. 인공지능 로봇이 고객들의 기대에 부응하는 음식을 만들어내고 음식 맛의 퀄리티까

인공지능 로봇 주방장이 버거를 제조하는 모습

자료: 크리에이터

지 끌어올리는 데 나선 것이다. 매장을 찾은 고객들은 빠르고 효율적인 서비스와 함께 믿을 수 있는 음식을 먹을 수 있다며 호평이다.

IBM의 셰프 왓슨Chef Watson은 인공지능 솔루션을 활용해 레시피 및 요리 방법을 추천해주는 서비스이다. 기존의 맛있는 조합을 찾는 것이 아닌, 기존에 시도해보지 못한 독특한 조합을 시도하는 것을 목표로 한다. 이 플랫폼은 수천 개의 음식 재료와 조리법 데이터를 바탕으로 풍성한 레시피를 개발해 제공한다. 이를 통해 소비자들은 나만의 독특한 요리를 시도해볼 수 있다.

낫코NotCo는 칠레의 식품 기업으로, 대체 식품을 개발하기 위해 인공지능 기반의 계산 알고리즘을 사용한다. 이 회사는 기존 동물성 성분이 아닌 식물성 식품을 개발하며, 동물성 식품의 맛이나 질감 등을 최대한 에뮬레이션한다. 인공지능 기술을 기반으로 각 식물성 식품의 맛, 질감 및 속성을 분석하며, 그 영양소 비율을 동물성 식품과 유사하게 만들어낸다. 만들어진 식품 사례로는 낫-밀크 Not-Milk(식물성 우유), 낫-버거Not-Burger(버거 패티 대체품)와 낫-마요 Not-Mayo(마요네즈 대체품) 등이 있다.

이처럼 인공지능의 발전은 식문화와 음식 관련 일상을 혁신적으로 변화시킬 것으로 예상된다. 개인 맞춤형 식단과 영양 상담, 음식 주문과 배달 서비스의 편리성, 식재료의 품질 보장, 가상현실을 활용한 음식 경험 등 다양한 사례를 통해 이를 예측할 수 있다. 이러한 변화는 사용자의 편의성과 만족도를 높이고, 개인의 건강 관리와 음식 문화의 다양성을 지원하는 일상을 형성할 것이다.

| 인공지능이 탑재된 스마트홈 |

인공지능의 발전은 주택과 거주 관련 일상에 혁신적인 변화를 가져올 것으로 예상된다.[58] 첫째, 인공지능 기술은 주택 내부의 다양한 기기와 시스템을 연결하고 제어할 수 있는 스마트홈 시스템의 기능을 강화시킬 것이다. 예를 들어 인공지능 스피커와 연동된 가전제품은 음성 명령을 인식하고 자동으로 동작할 수 있을 것이다. 사용자는 음성으로 조명을 제어하거나, 에어컨을 조절하거나, 가전제품을 작동시킬 수 있다. 또한 인공지능은 사용자의 습관과 선호도를 학습해 최적의 환경을 제공할 수 있다. 예를 들어 사용자가 일정

시간에 일어나면 자동으로 창문을 열어주거나, 특정 온도로 설정한 후 사용자가 집에 도착하면 자동으로 난방을 켜주는 등의 기능을 제공할 수 있다. 이를 통해 주택 생활의 편의성과 효율성이 증대될 것이다.

둘째, 에너지 관리와 절약에 도움을 줄 것이다. 인공지능은 에너지 사용 패턴을 분석하고 예측해 최적의 에너지 관리를 해줄 수 있다. 예를 들어 인공지능은 날씨 정보와 사용자의 일정을 고려해 난방 및 냉방 시스템을 자동으로 제어하고, 에너지 소비를 최소화할 수 있다. 또한 인공지능은 태양광 발전량을 예측하고, 전력 그리드의 부하를 고려해 에너지를 효율적으로 관리할 수 있다. 이를 통해 에너지 비용을 절감하고 환경에 더욱 친화적인 주택 생활을 할 수 있을 것이다.

셋째, 주택 내 보안 시스템이 강화될 것이다. 인공지능은 주택 내부와 주변을 모니터링하고 이상 징후를 감지할 수 있는 보안 시스템을 개발할 수 있다. 예를 들어 인공지능은 주택 주변의 CCTV를 분석해 이상 행동을 감지하고, 침입자나 위험 상황을 신속하게 인지할 수 있다. 또한 얼굴 인식 기술을 활용해 주택에 출입하는 사람을 인식하고, 인증 절차를 거치지 않은 사람의 출입을 차단할 수 있다. 이를 통해 주택의 안전성이 향상되고, 사용자들은 안심하고 생활할 수 있을 것이다.

넷째, 주택 유지보수 및 관리의 편의성이 증대될 것이다. 인공지능은 주택의 유지보수 및 관리에 필요한 작업을 예측하고 스케줄링할 수 있다. 예를 들어 인공지능은 주택 내의 장비와 시설의 상태를 모니터링하고 정기적인 점검 및 정비가 필요한 시점을 사전에 인지할 수 있다. 또한 필요한 부품을 사전에 예약하거나 유지보수 업체와의 연락을 도와줄 수 있다. 이를 통해 주택 유지보수 및 관리의 효율성이 향상되고, 사용자는 주택의 상태에 대한 걱정을 덜 수 있을 것이다.

현재 많은 기업이 창의적이고 혁신적인 방식으로 거주 공간에 편리함과 효율성을 제공하는 서비스를 선보이고 있다. 스페이스 10Space10은 아이디어 연구 및 혁신을 중심으로 한 이케아IKEA의 실험실로, 인공지능을 활용한 주거 공간 디자인 솔루션을 연구하고 있다. 이들은 서비스 로봇, 가상 가구 배치, 학습 알고리즘 등 다양한 기술을 활용해 사용자가 거주하는 공간을 최적화한다. 이를 통해 사용자는 주거 공간의 배치와 관리를 간편하게 할 수 있으며, 공간 활용을 더욱 효율적으로 만들 수 있다.

홈 네트워크 인공지능 시스템인 구글 네스트Nest는 실내 온도 조절, 보안 카메라, 홈 알람 시스템 등의 연결 장치를 제공한다. 이 장치들은 인공지능으로 연결되어 주거자의 생활 패턴과 순간적인 요구를 학습하고 최적화한다. 예를 들어 언제 집에 돌아올지 알 수 없는 주거자의 스케줄을 예상해 온도를 조절한다. 네스트에서 제공하는 제품은 삶의 질을 높이고 주거 공간의 효율성과 편안함을 제공한다.

국내에서도 삼성전자가 스타트업 몰리 로보틱스Moley Robotics와 협력해 인공지능 기반 요리 로봇인 '봇 셰프'를 개발한 바 있다. 봇 셰프는 레시피와 식재료를 이용해 요리를 수행할 수 있으며, 주방 가

삼성전자의 인공지능 기반 요리 로봇 '봇 셰프'

자료: 삼성전자

전제품을 제어하고 사용자의 식사 선호도를 학습할 수 있다. LG전자도 인공지능 기반 세탁기, 에어컨, 냉장고 등 가전제품을 포함하는 스마트홈 브랜드 씽큐ThinQ를 론칭한 사실이 있다. 이 브랜드에 속한 기기들은 사용자의 사용 습관과 특성을 인식하고 분석해 별도의 설정 없이도 최적의 세탁, 냉난방, 식품 보관 등의 기능을 수행한다.

이러한 인공지능 스마트홈 서비스들은 주택 및 거주 형태의 변화를 이끌어내고 있다. 새로운 편의 기능과 효율적인 공간 활용으로 사람들의 생활을 더욱 쾌적하게 만들어주며, 주거 공간의 개선과 혁신에 기여하고 있다. 앞으로도 인공지능 기술의 발전은 거주 형태를 더욱 다양하게 만들어나가며 삶의 질과 환경에 긍정적인 영향을 미칠 것으로 기대된다. 스마트홈 시스템의 발전, 에너지 관리와 절약의 강화, 보안 시스템의 발전, 주택 유지보수 및 관리의 편의성 등 다양한 사례를 통해 이를 예측할 수 있다. 이러한 변화는 사용자들에게 편의성, 안전성, 효율성을 제공하며 더욱 편안하고 스마트한 주택 생활을 가능케 할 것이다.

89

교통

운전기사와 조종사가 없는 시대로 한 발짝 더

| 인공지능으로 스마트해지는 교통 인프라 |

인공지능은 실시간 데이터 수집과 빅데이터 분석을 통해 교통 상황을 모니터링하고 예측 모델을 개발해 교통 혼잡을 예측하는 데 기여할 수 있다. 이를 위해 다양한 소스로부터 도로 카메라, 센서 네트워크, GPS 데이터 등의 실시간 정보를 수집한다. 이러한 데이터는 교통 흐름, 도로 상태, 사고 발생 등의 다양한 정보를 포함하고 있다. 수집한 데이터는 인공지능 알고리즘과 머신러닝 기술을 활용해 분석하며, 데이터의 패턴과 트렌드를 파악해 교통 혼잡을 예측하는 예측 모델 개발에 필요한 토대를 제공할 수 있다.

이렇게 개발된 예측 모델은 과거의 데이터와 현재의 상황을 종합적으로 분석해 미래의 교통 상황을 예측한다. 실시간으로 변화하는 교통 상황을 반영하고 정확한 예측 결과를 제공함으로써 교통 관리자와 운전자들은 사전에 조치를 취하거나 대안적인 이동 경로를 선택할 수 있게 된다. 이를 통해 교통 혼잡을 최소화하고 효율적인 이동이 가능하도록 도와주는 것이다.

인공지능을 활용한 교통 혼잡 예측과 효율적인 주행 경로 제안은 교통 인프라의 혁신을 이루는 중요한 요소이다. 이를 통해 도시의 교통 체계는 더욱 스마트하고 효율적으로 운영될 수 있다. 또한 교통 관리자들은 실시간으로 변화하는 교통 상황을 파악하고 효과적인 교통 관리 방안을 마련할 수 있다. 즉 인공지능의 역할은 교통 혼잡 문제를 예측하고 해결하기 위한 첨단 기술을 제공하는 것이다. 교통 인프라의 혁신은 우리의 일상생활을 더욱 원활하게 만들고 환경친화적인 이동수단의 활용과 교통 효율성을 극대화하는 데 기여한다. 또한 인공지능을 통해 도시의 교통 인프라를 지속적으로 모니터링하고 개선하는 데에도 도움이 된다.

이러한 인공지능 기반의 교통 혁신은 인류에게 많은 편익을 제공할 것이다. 첫째, 교통 혼잡 예측은 운전자들에게 시간을 절약하고 편리한 이동 경로를 제안해 스트레스를 감소시킨다. 또한 교통량을 효과적으로 분산시킴으로써 도로의 혼잡도를 줄이고 교통사고의 발생 가능성을 감소시킨다. 둘째, 인공지능은 환경친화적인 이동수단의 활용을 촉진한다. 대중교통의 운영을 최적화하여 대기 오염과 온실가스 배출량을 줄이는 데 기여한다. 또한 충전소와 자동차 공유 시스템을 효율적으로 관리해 전기차와 공유 이동수단의 보급과 이용을 증가시키는 데 도움이 된다. 셋째, 교통 인프라의 혁신은 도시의 교통 효율성을 향상시킨다. 교통 관리자들은 인공지능 기반의 데이터 분석과 예측을 통해 교통 시스템을 더욱 효과적으로 운영할 수 있다. 이는 교통 혼잡을 최소화하고 교통 흐름을 원활하게 유지하는 데 도움이 된다.

그러나 몇 가지 도전 과제가 있다. 첫째, 데이터의 수집과 처리 과정에서 개인정보 보호와 관련된 문제가 발생할 수 있다. 개인정보를 적절히 보호하고 안전한 데이터 처리 방식을 도입하는 것이 필요하다. 둘째, 인공지능 시스템의 신뢰성과 안정성을 보장해야 한다. 잘못된 예측이나 시스템 오류로 인해 신뢰도가 저하되지 않도록 해야 한다. 셋째, 인프라 업그레이드와 관련된 자원과 비용 문제도 고려되어야 한다.

| 완전 자율주행 자동차로의 발전 |

인공지능이 교통 분야에 도입된다고 할 때 자율주행은 빼놓을 수 없는 핵심 주제이다. 자동차관리법 제2조에 따르면, 자율주행 자동차Autonomous Vehicle란 운전자나 승객의 조작 없이 스스로 운행이 가능한 자동차를 의미한다. 미국 자동차기술학회SAE는 자율주행 기술 수준을 0에서 5까지 6단계로 구분한다. 레벨0은 전방 충돌 방지와 후방 충돌 경고 등 기초적인 운전 보조 정보를 알려주는 수준이다.

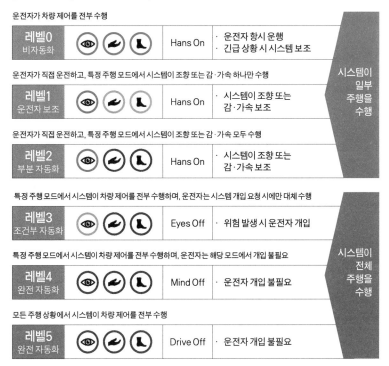

자율주행 기술 레벨의 6단계

○ 운전자가 수행 ○ 운전자가 조건부 수행 ● 시스템이 수행

운전자가 차량 제어를 전부 수행

| 레벨0 비자동화 | 👁 ✋ 🦶 | Hans On | · 운전자 항시 운행 · 긴급 상황 시 시스템 보조 | 시스템이 일부 주행을 수행 |

운전자가 직접 운전하고, 특정 주행 모드에서 시스템이 조향 또는 감·가속 하나만 수행

| 레벨1 운전자 보조 | 👁 ✋ 🦶 | Hans On | · 시스템이 조향 또는 감·가속 보조 |

운전자가 직접 운전하고, 특정 주행 모드에서 시스템이 조향 또는 감·가속 모두 수행

| 레벨2 부분 자동화 | 👁 ✋ 🦶 | Hans On | · 시스템이 조향 또는 감·가속 보조 |

특정 주행 모드에서 시스템이 차량 제어를 전부 수행하며, 운전자는 시스템 개입 요청 시에만 대체 수행

| 레벨3 조건부 자동화 | 👁 ✋ 🦶 | Eyes Off | · 위험 발생 시 운전자 개입 | 시스템이 전체 주행을 수행 |

특정 주행 모드에서 시스템이 차량 제어를 전부 수행하며, 운전자는 해당 모드에서 개입 불필요

| 레벨4 완전 자동화 | 👁 ✋ 🦶 | Mind Off | · 운전자 개입 불필요 |

모든 주행 상황에서 시스템이 차량 제어를 전부 수행

| 레벨5 완전 자동화 | 👁 ✋ 🦶 | Drive Off | · 운전자 개입 불필요 |

자료: HMG저널

즉 사실상 운전자가 모든 조작을 해야 하는 단계이다. 레벨1은 차로 유지 보조 기능과 스마트 크루즈 컨트롤 등 실제로 핸들이나 가속 페달에 조금의 개입이 포함되는 수준이다. 그러나 이는 어디까지나 운전자가 직접 이행해야 하며 시스템은 단지 운전자에게 관련 정보를 제공할 뿐이다. 나아가 레벨2에서는 시스템이 직접 조향이나 감속 및 가속에 관여한다. 레벨3은 인공지능이 자동차의 운전 일체를

담당할 수는 있지만, 돌발 상황 시에는 제어권을 운전자에게 급히 돌려주도록 한다. 레벨4는 일상적 운행뿐만 아니라 일부 돌발 상황에서도 인공지능이 직접 대응할 수 있는 수준이다. 다만 고속도로나 정보화 처리가 완료된 특정 도로 상황에서만 가동해야 한다는 제약이 있다. 레벨5에서는 어떤 제약도 없이 모든 상황에서 자율주행이 작동 가능한 단계이다.[59]

2023년 현재 많은 자동차 브랜드들이 자율주행 자동차를 표방하며 여러 차종을 출시해왔지만, 사실 안정적으로 운용 가능한 자율주행의 수준은 3단계 수준 혹은 그 이하에 머물러 있다. 아직 기술적 완성도가 높지 않으므로 안전성을 위해 보수적으로 단계를 정해야 하는 사정이 있기 때문이다.

| 도심 항공 모빌리티와 자율운항 비행체 |

교통의 혁신은 이제 더 이상 땅의 도로에서만의 일이 아니다. 과거 꿈에서나 상상했던 하늘을 나는 자동차의 개념이 점차 현실이 되는 로드맵이 이미 세워졌다. 바로 도심 항공 모빌리티UAM: Urban Air Mobility 체계이다. 그간 교통 및 항공 업계 전문가들의 전망에 따르면, UAM의 대표적인 기체 형태는 4~5명을 태울 수 있는 에어 택시 개념이다. 이 비행체는 좁은 도심에서 이착륙이 가능해야 하므로 헬리콥터 형태로 구현해서 수직 이착륙이 가능해야 한다. 또한 수많은 작은 비행체들이 도심의 하늘 곳곳을 누비게 된다는 점에서, 많은 매연과 소음이 발생되는 화석연료 엔진 기반의 동력 사용은 상상하기 어렵다. 그 때문에 필연적으로 전기 동력을 기반으로 하는 비행체로 구현될 것이다.[60]

　미래 도시에서 UAM은 교통 시스템의 핵심 요소로 큰 변화를 이끌어낼 것이다. UAM은 도심 내 수직이동 및 수평이동을 실현하는 새로운 교통수단으로, 전기수직이착륙EVTOL 기술을 바탕으로 개발되고 있다. 인공지능과 결합해 자동화된 비행 시스템이 구축되면서 도심에서의 신속한 이동이 가능해지고 있다. 여러 국가와 기업들은 이미 UAM 기술 개발에 박차를 가하고 있다. 따라서 여러 나라, 도시, 기업들이 UAM 시장에 본격적으로 뛰어들고 있다. 예를 들어 미국의 우버Uber는 UAM 서비스인 우버 에어Uber-Air를 준비하고 있

UAM 기체의 대표적인 형상[61]			
기체 콘셉트	멀티콥터(날개 없는)		벡터 추진(틸트 로터형)	
형상				
모델명	Ehang 216F	Volocity	S4	VA-X4
제조사/국적	Ehang/중국	Volocopter/독일	Joby Aviation/미국	Vertical Aerospace/영국
특징	최대 이륙 중량: 650kg 유상 하중: 220kg 탑승 인원: 2인승 파워트레인: 배터리 비행 거리: 35km 최대 속도: 130km/h	최대 이륙 중량: 900kg 유상 하중: 200kg 탑승 인원: 2인승 파워트레인: 배터리 비행 거리: 35km 최대 속도: 110km/h	최대 이륙 중량: 2,177kg 유상 하중: 450kg 탑승 인원: 1(조종사)+4(탑승객) 파워트레인: 배터리 비행 거리: 241km 최대 속도: 322km/h	최대 이륙 중량: 모름 유상 하중: 450kg 탑승 인원: 1(조종사)+4(탑승객) 파워트레인: 배터리 비행 거리: 161km 순항 속도: 241km/h

자료: 이중현, "도심 항공 모빌리티(UAM)의 미래", 기술과 혁신, 2021-09.

글로벌 UAM 시장 전망

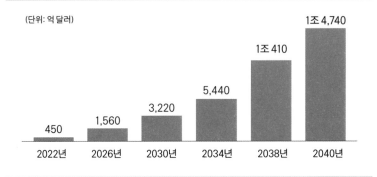

(단위: 억 달러)

					1조 4,740
				1조 410	
			5,440		
		3,220			
450	1,560				
2022년	2026년	2030년	2034년	2038년	2040년

자료: 모건스탠리(2019)

고, 독일의 볼로콥터Volocopter와 한국의 한화시스템 및 그 밖의 스타트업 등도 UAM의 상업화를 목표로 개발을 본격화하고 있다. 이러한 추세와 관련해 분석 기관들은 UAM 시장이 2040년까지 1.4조 이상의 규모로 성장할 것으로 전망하고 있다.

UAM의 발전은 도심 교통 문제를 해결하고 효율적인 물류 시스템 및 응급 대응에 큰 도움을 줄 것으로 기대된다. 특히 급속한 도시화로 인해 발생하는 교통 혼잡 문제를 해결하는 데 효과적인 대안이 될 것이다. 또한 인공지능 기술과 연계되는 UAM은 공중 교통 통제 시스템의 큰 변화를 가져올 것이다. 인공지능 기반의 UTMUnmanned Traffic Management 시스템을 통해 공중에서 다수의 무인기와 UAM이 안전하게 운항하도록 지원한다.

UAM은 전기를 동력원으로 사용할 전망이다. 이를 통해 사회간접자본의 전반적인 친환경적인 에너지 소비와 에너지 효율성을 제고할 것이다. 나아가 대기질 향상과 지속 가능한 도시 환경으로의 전환에도 기여할 것으로 예상된다. 이처럼 미래의 도시에서 UAM은 다양한 업계의 참여와 연구개발을 통해 교통 운송 구조의 혁신적인 변화를 몰고 올 것으로 기대된다. UAM의 대중화와 상업화는 도시의 교통 문제, 환경 문제, 그리고 경제 발전에도 큰 도움을 줄 것으로 전망된다.

| 자율주행/자율운항 기술로 삶의 질 개선 효과 |

자율주행 기술의 발전은 운전자와 승객의 행동에 큰 변화를 가져올 것이다. 우선, 운전자는 운전에 소요되는 시간과 노력을 절약할 수 있으므로 자유로운 시간을 다른 데 활용할 수 있다. 긴 운전 시간에 의한 피로와 스트레스를 경감하면서 여가 시간을 더욱 효과적으로 활용할 수 있다.

또한, 자율주행 차량에서는 운전자가 더 이상 운전에만 집중하지 않아도 된다. 이로 인해 운전 중의 개인 업무, 여행 계획 수립, 온라인 활동 등 다양한 일상 활동을 동시에 수행할 수 있다. 이는 생산성과 창의성을 높일 뿐만 아니라 개인의 삶의 질을 향상시킬 것이다. 그뿐만 아니라 운전자의 실수에 의한 교통사고를 줄일 수 있고, 교통 흐름이 원활하게 개선되는 등 사회간접자본의 효율성이 증대될 수 있다.

자율주행 차량은 승객들에게 편안하고 안전한 이동 공간을 제공할 것이다. 운전자의 역할이 사라지면서 승객은 즐길 수 있는 시간을 가질 수 있다. 문서 작업 및 업무, 엔터테인먼트 체험, 소셜 미디어 이용, 휴식 등 다양한 활동을 자유롭게 즐길 수 있을 것이다. 더나아가 자율주행 차량은 노인이나 장애인과 같은 교통 소외계층에게 독립적인 이동수단을 제공해 삶의 질을 크게 향상시킬 것이다.

이러한 변화는 생활 패턴에도 큰 영향을 미칠 것으로 예상된다. 예를 들어 출퇴근 시간에 차량 내에서 일을 처리하거나 휴식을 취할 수 있게 되면, 통근 시간의 재배치가 가능해지며 근무시간 외의 자유로운 시간을 누릴 수 있다. 이는 일과 개인 생활의 균형을 유지하고 가족, 취미, 친구들과 보다 풍부한 사회 활동을 즐길 수 있는 기회를 제공할 것이다.

또한 자율주행 기술은 교통 흐름을 최적화하고 교통 혼잡을 줄이는 데 기여할 것이다. 이는 도시계획 및 교통 인프라 개선을 촉진하고, 일상적인 이동에 소요되는 시간과 에너지를 절약할 수 있게 한다. 그뿐만 아니라 이는 개인의 삶의 질을 개선하는 동시에 지속 가능한 도시 개발을 이끌어낼 것이다.

UAM이 도입된다면 초기에는 엄격한 시험을 통과한 소수의 파일럿 면허 보유자만이 직접 운항이 가능할 것으로 전망된다. 초창기에는 크고 작은 사고가 있을 것이고, 안전 운항을 위해 엄격한 제한 규정 등이 만들어질 것이다. 결국 극소수만 직접 비행 운항이 가능하고, 대다수의 개인들은 비행 운전의 소외자가 될 수 있다. 따라서 종국에는 자동차에서 자율주행 시스템이 도입된 것처럼 UAM에도 자동운항 시스템이 만들어져야 할 것이다.

자동운항 기술의 도움으로 많은 운전자와 승객들이 UAM의 혜택을 차별 없이 누릴 수 있을 것이다. 이처럼 자율주행과 자동운항 기술은 이동의 자유를 보장하고 교통 복지에 크게 기여할 만한 기술이다. 자율주행 및 UAM 기술의 발전은 운전자와 승객의 행동, 삶의 질, 생활 패턴에 혁신적인 변화를 가져올 것으로 기대된다.[62]

| 자율주행 기술의 부작용 |

자율주행 자동차 기술의 부작용을 우려하는 목소리도 있다. 자율주행 차량이 교통 체증을 해소하기는커녕 인간이 운전하는 차량이 끼어들 틈이 없는 편대 주행 등으로 오히려 교통 혼잡이 심해질 것이라는 반대 의견을 제시하는 전문가도 있다.

자율주행 기술이 아무리 발전한다 해도 완벽한 안전을 보장하지는 못할 것이다. 자율주행 시스템은 인공지능과 센서에 의존하는데, 이러한 시스템이 예상치 못한 상황에서 오작동하거나 결함을 보일 경우 심각한 사고를 초래할 수 있다.[63] 사람이 운전하는 것에 비해 인공지능은 예측할 수 없는 상황에 대한 대처 능력이 제한적일 수 있으며, 센서의 정확성과 신뢰성 문제도 여전히 존재한다. 실제로 그동안 자율주행 자동차 개발과 시연 과정에서 크고 작은 사고가 잇달았다.

2018년 3월 18일 밤, 애리조나 템피에서 볼보 X90 모델의 자율주행 시험 중 자전거를 타고 가던 40대 여성이 치여 사망하는 사고가

자료: 연합뉴스

발생했다. 4단계의 완전 자율주행 시험 중이던 우버 차량이 횡단보도가 아닌 곳에서 자전거를 끌고 도로를 건너던 여성을 치여 숨지게 한 사고였다. 자율주행 시스템으로 주행했지만 운전석에는 시스템을 감시하는 운전자가 탑승한 상태였고 시속 63km로 여성과 충돌했다. 시스템은 충돌 5.6초 전 여성을 장애물로 감지하고 움직임을 쫓았지만 보행자로 확실히 인지하지 못했던 것으로 밝혀졌다.

또 다른 사건으로, 자율주행 모드로 운행 중이던 테슬라 모델X가 중앙분리대를 들이받고 차량 폭발로 탑승자가 사망하는 사고도 있었다. 테슬라 모델X 사고의 조사 결과, 태양 역광으로 하얀색 트럭의 후미를 인식하지 못한 인공지능의 오작동이 사고의 원인이었다고 밝혀진 바 있다. 따라서 이러한 위험 요소를 최소화하기 위해서는 철저한 안전 테스트와 규제, 보안 시스템의 강화가 필요하다.

이와 관련해 파생되는 또 다른 문제도 있다. 바로 사고 발생의 책임을 어떻게 물을까 하는 점이다. 이처럼 자율주행 기술의 도입은 사회적 혼란과 수용의 문제를 일으킬 수 있다. 자율주행 차량의 등장으로 인해 기존의 교통 규칙, 운전 문화, 보험 체계 등에 대한 변화도 불가피하다. 또한 사람들은 자동화된 시스템에 대한 불안감이나 거부감을 가질 수 있다. 이러한 사회적 혼란을 완화하기 위해서는 교육, 정보 공유, 대화의 장을 마련해 사람들의 이해와 참여를 도모해야 한다.[64]

한편 자율주행 기술의 도입은 운전과 관련한 일자리 문제에 큰 변화를 초래할 것이다. 한 연구 결과에 따르면, 자율주행 시스템 도입 시 2030년까지 미국에서 운전직 일자리의 약 90%가 사라질 것이라는 전망이 있었다. 지금까지 차량을 운전하는 업무는 많은 일자리 원천이었다. 그런데 자율주행 기술이 확산된다면 대부분의 운전 관련 일자리에 위협이 될 수밖에 없다. 택시, 트럭, 배달 서비스 등 생업을 위해 운전직에 종사하는 사람들은 일자리를 잃게 될 수 있다.

개인정보 보호와 사이버 보안 문제도 주요한 이슈로 부상할 것이다. 자율주행 차량은 많은 양의 데이터를 수집하고 분석하는 데 사용된다. 운전자와 승객의 위치, 운행 기록, 개인 식별 정보 등이 포함되므로 이를 적절히 보호하지 않으면 개인정보 유출과 사이버 공격에 취약해질 수 있다.

| 인공지능 자동차의 오작동 또는 범죄 악용 우려 |

자율주행 자동차의 발전은 혁신과 편의성을 제공하지만, 이러한 기술이 범죄에 악용될 수 있는 가능성을 염두에 두어야 한다. 자율주행 자동차의 특성상 인공지능과 센서 시스템에 의존하는 만큼 해커나 악의적인 개입자들은 이를 이용해 다양한 범죄행위를 시도할 수 있다.

첫째, 해커에 의한 원격 조종이 가능해질 수 있다. 자율주행 자동차는 외부와 연결되어 데이터를 주고받는데, 이러한 통신망은 해킹의 위험이 따른다. 악의적인 해커가 차량 시스템에 침입해 제어권을 획득하거나 승객의 개인정보를 탈취할 수 있다. 또한 도난이나 차량 압수 등의 범죄행위를 자율주행 차량을 통해 수행할 수도 있다.

둘째, 자율주행 차량을 이용한 탈취나 강도 행위가 증가할 수 있다. 운전자의 필요성이 줄어들면서 차량 내부에서 범죄행위를 시도하는 사례가 늘어날 수 있다. 자동화된 시스템에 의해 차량 운행이 이루어지는 동안 범죄자는 피해자에게 어떤 행위를 강요하거나 소매치기 등의 범죄를 저지를 수 있다.

셋째로, 자율주행 차량의 데이터 무단 수집과 사생활 침해가 우려된다. 자율주행 차량은 다양한 센서를 통해 운행 환경을 인식하고 데이터를 수집한다. 이러한 데이터는 개인의 운전 기록, 위치 정보, 생활 패턴 등을 포함할 수 있다. 해커나 정보 수집 기업의 악의적인 의도로 인해 이러한 개인정보가 무단으로 수집되거나 유출될 수 있으며, 이는 개인의 사생활 침해와 사회적 문제를 야기할 수 있다.

자료: 이언픽처스

이런 우려는 SF 영화에서 종종 다루어진다. 영화 〈업그레이드〉에서는 주인공이 탄 자율주행 자동차가 범죄 집단의 해킹으로 차량이 전복되는 교통사고를 당하는 장면이 연출된다. 영화 〈모놀리스〉에서는 승객의 안전을 지키는 다양한 기능이 탑재되었다고 홍보되었던 인공지능 자동차가 역설적으로 사막 한가운데서 아기를 감금하고 차주를 위협하는 오류를 유발한다. 극중에서 엄마는 아기를 구출하기 위해 돌을 던져 창문을 깨뜨리려 하지만, 자동차는 외부의 테러 위협이 감지되었다며 방탄 모드를 가동하고, 전기충격으로 방어 공격을 한다. 영화 속의 엄마는 아기를 구출하기 위해 계속 사투를 벌여야 했다.

자율주행과 인공지능 두뇌가 탑재된 자동차가 보편화되면 영화

속 스토리가 단지 허구가 아닌 현실이 될 수도 있다. 이를 고려해 자율주행 자동차의 보안 시스템과 개인정보 보호에 강력한 조치가 필요하다. 해킹에 대한 예방과 대응 시스템을 강화하고, 암호화와 데이터 보호 기술을 함께 발전시켜야 한다. 그리고 규제와 법적 보호 장치를 통해 악용을 예방하고 범죄행위에 대한 엄격한 처벌 조항도 마련되어야 할 것이다. 이는 자율주행 자동차의 발전과 사회 안전을 동시에 보장하기 위해 필수적인 조치다. 자동차에게 얼마나 많은 권한과 능력을 부여할지, 그리고 우리의 편익을 위해 만든 기능이 되레 인간에게 위해를 가하지 않도록 경계해야 한다.

10

의사의 훌륭한 보조 도우미가 된 인공지능

| 임상 데이터 분석과 진단까지 |

의료 분야에서는 인공지능이 임상 데이터를 적극 활용함으로써 새로운 가능성이 활짝 열리는 중이다. 가장 먼저 인공지능이 의료에 도움을 준 분야는 진단 분야이다. 인공지능이 의료 진단과 관련해 여러 가지 방면으로 기여할 수 있다.

인공지능은 의료 영상 및 이미지 해석을 월등히 수행한다. 이를 통해 질환의 탐지와 분류에 도움을 주고 있다. 대표적인 사례로는 유방암 이미지 진단 사례가 있다. 딥마인드DeepMind, 영국의 암 연구회, 미국 노스웨스턴대학의 연구진이 합작해 유방암을 인간 의사보

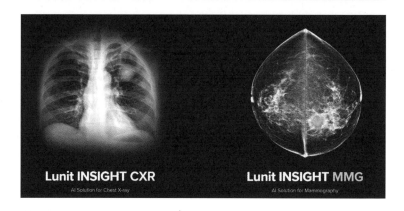

Lunit INSIGHT CXR
AI Solution for Chest X-ray

Lunit INSIGHT MMG
AI Solution for Mammography

자료: 루닛

다 정확히 잡아내는 인공지능 시스템을 개발하여 국제학술지 《네이처》에 발표했다. 분석 결과 인공지능 시스템이 오진을 내린 비율은 인간 의사보다 약 2.7% 낮은 것으로 확인됐다.[65]

루닛Lunit은 한국의 인공지능 의료 스타트업으로, 의료 영상 분석 솔루션 개발에 주력하고 있다. 루닛의 주요 제품은 딥러닝 기반의 인공지능 알고리즘을 사용해 흉부 X선, 유방 촬영 영상, 및 기타 의료 영상을 분석하는 소프트웨어이다. 이 소프트웨어는 인간 의사의 진단 성능을 향상시키고 진단 시간을 단축시킴으로써 의료 서비스의 효율성을 높여준다.

제브라 메디컬 비전Zebra Medical Vision은 주로 X선, CT, 및 MRI 영상을 기반으로 하는 인공지능 의료 이미지 분석 기술 개발에 주력하고 있다. 이 회사의 알고리즘은 흉부 X선에서 폐렴을 감지하거나

CT 영상에서 골절과 같은 질환을 탐지해 신속하고 정확한 진단을 도와준다.

Ai큐어AiCure는 의료 영상, 의료 기록 등 많은 양의 데이터를 신속하게 처리하고 분석함으로써 의사의 의사결정 과정을 지원한다. 의사는 인공지능이 제공하는 분석 결과를 참고해서 진단을 내릴 수 있다. 이 솔루션은 환자의 복약 준수 여부를 정확하게 확인하며, 개인별로 어떤 약물이나 치료 가이드라인이 적합한지 평가한다. 이런 인공지능 기반 프로젝트가 의료진의 업무 부담을 경감시키는 동시에 정확한 진단과 치료를 위한 의사결정을 돕는다.

인공지능은 의료 데이터를 분석해 질병의 진단과 예후를 예측하는 데에도 기여할 수 있다. 예를 들어 스탠퍼드대학 연구팀은 30초 이내로 짧은 심전도 신호를 입력해 이를 토대로 심장 질환을 감지할 수 있었다고 밝혔다. 그리고 그 수준은 심장 전문의의 수준을 상회하는 것이라고 실험 결과를 공개했다.[66]

또한 인공지능은 의료 데이터를 활용해 개인 맞춤형 치료 방법을 제시하고 환자의 의료 결과를 예측하는 데에도 활용된다. 딥마인드와 무어필드 안과병원Moorfields Eye Hospital이 협력해 개발한 인공지능 알고리즘은 환자의 건강 상태와 의료 기록을 분석해 최적의 치료 방법을 제안하고, 약물 반응성이나 합병증 발생 가능성을 예측해 의료진에게 의사결정을 지원한다. 이들이 개발한 인공지능 기술은 황반변성, 당뇨 망막병증, 녹내장 등 50여 가지 안과 질환을 정확도 94%로 판독 혹은 예측했다.[67]

│ 더 정확한 처방과 치료 계획 │

인공지능은 치료, 처방 업무 등에서 의료에 크게 기여할 수 있다. 의료 데이터와 인공지능의 결합은 개인 맞춤형 치료와 자동화된 처방 시스템의 발전을 이끌어내고, 로봇을 활용한 수술과 의사결정 도구로서 의료진의 업무를 지원한다. 인공지능이 구체적으로 어떤 역할을 할 수 있는지 더 자세히 알아보자.

인공지능은 환자의 의료 데이터를 분석해 개인 맞춤형 치료 방법을 제시할 수 있다. 이러한 개인 맞춤형 치료의 실제 사례를 살펴보자. 예를 들어 포항공과대학교에서는 알고리즘이 환자의 유전자 정보, 의료 기록, 생체 신호 등을 종합적으로 분석해 특정 약물의 반응성을 예측하고 이를 고려한 최적의 치료 계획을 세우는 방법을 제안했다. 이 기술은 실제로 대장암 환자를 대상으로 시험되어 높은 정확도를 보여주며 개인 맞춤형 항암 치료의 실현 가능성을 보여주었다.[68] IBM의 왓슨 포 온콜로지Watson for Oncology는 환자의 의료 데이터와 최신 연구 논문들을 빠르게 분석해 의사들에게 개인별 맞춤형 암 치료 방법을 추천한다. 이 솔루션은 미국의 많은 병원뿐 아니라 중국, 인도, 태국의 병원에서도 성공적으로 활용되고 있다.[69]

이처럼 인공지능의 발전을 통해 의료 진단 및 치료와 관련된 개인 맞춤형 서비스가 현실화되고 있다. 이 기술은 환자의 의료 데이터를 분석해 최적의 치료 계획을 제안해주고, 부작용의 가능성을 예측해 치료 방법을 조정하도록 도움을 준다. 또한 근골격계 재활 치료에 인공지능 증강 기술을 적용한 리하빌리테이션Rehabilitation 로봇을 사용해 치료와 회복 과정을 더 효율적으로 개선하는 연구들도 진행되고 있다.[70] 이 시스템은 실시간 데이터를 통해 정확한 움직임의 반복을 학습하며, 개인별 맞춤형 훈련 계획을 제공해 환자들의 근력 및 기능 회복에 도움을 준다. 앞으로도 이러한 분야에서 인공지능 기술의 발전이 기대되며, 이를 통해 더욱 효율적이고 정밀한 개인 맞춤형 의료 시스템이 구축될 것으로 전망된다.

한편, 인공지능은 의료 데이터와 의학 지식을 결합해 자동화된 처방 시스템을 개발하는 데 기여할 수 있다. 영국의 의료 스타트업인 바빌론 헬스Babylon Health는 채팅 기반의 의사 컨설팅 서비스를 제공하면서 인공지능 기반으로 환자 처방 시스템을 개발했다. 이 서비스는 환자들과 의사들 사이의 상담을 원활하게 하여 환자의 증상과 기록 등을 실시간으로 인식하고 이를 바탕으로 최적의 약물과 용량을 추천한다. 이처럼 인공지능은 의사들의 처방 패턴을 바탕으로 개선된 의학 지식을 수집해 최적화된 처방 정보를 제공할 수 있고, 이를 통해 의사의 업무 부담을 줄이고 환자의 치료 성공률을 높이는 데 기여한다. 이러한 시스템은 의료진의 업무 부담을 줄이고 최적의 약물과 용량을 추천하는 데 도움을 주어 오히려 의사의 진료와 판단에 대한 지원을 강화하고 있다. 결과적으로 이러한 변화는 환자 치료의 정확성을 높이고 환자의 만족도와 질병 관리 효과를 높이는 데 기여할 것으로 보인다.

│ 어려운 수술도 척척 해내는 수술 로봇 │

인공지능은 로봇을 활용한 수술에도 기여하고 있다. 의료 인공지능은 로봇 수술 하드웨어와 만나 복잡하고 어려운 여러 가지 수술 프로세스를 지원할 수 있다. 로봇을 이용한 수술은 정밀성과 안전성을 향상시킬 수 있는데, 인공지능은 로봇의 동작과 의료 영상 데이터를 연계해 수술 중의 결정을 돕는다. 이러한 기술의 발전으로 다양한 분야에서의 로봇 수술 사례들이 등장하고 있다.

실제 사례로 미국 인튜이티브 서지컬Intuitive Surgical이 개발한 다빈치 로봇 수술 시스템Da Vinci Surgical System이 있다. 이 시스템은 전

다빈치 로봇 수술 시스템

자료: 애든브룩스 병원(Addenbrooke's Hospital)

세계 수많은 병원에서 사용되며, 난치성 의학 문제와 최소침습 수술*에 큰 도움을 주고 있다. 다빈치 로봇은 실시간으로 제공되는 영상과 데이터를 분석하고 의사에게 필요한 정보를 제공해 정확한 조작과 결정을 도와준다. 이를 통해 전립선 절제술, 자궁 절제술, 심장판막 수술 등 복잡하고 어려운 수술이 더 안전하게 진행될 수 있다.

한편 미국 MIT와 스탠퍼드대학의 연구팀이 개발한 인공지능 기반 로봇 수술 시스템 '오토슈처AutoSuture'는 사람의 조작 없이 의료 영상 데이터를 토대로 봉합 작업을 자동으로 수행한다. 이 시스템은 외과 의사들의 정확한 조작을 도와줌으로써 수술 시간을 단축하고 더욱 정확한 결과를 도출하는 데 기여한다.

또한 독일의 칼 슈테츠Zeppelin University 교수가 개발한 미로서지MiroSurge 로봇은 인공지능의 높은 정밀도와 의사의 능력을 결합해 어려운 혈관 수술에도 도전할 수 있다. 이 시스템은 최소침습 수술 중에 실시간으로 의료 영상을 분석해 의사에게 필요한 정보를 제공하고, 그에 따라 로봇을 조정해 정확한 수술을 할 수 있도록 돕는다. 이로 인해 환자가 빠른 회복 기간 동안 겪는 고통이나 출혈을 최소화하고 합병증 발생률을 낮출 수 있다.

3D 프린팅 기술과 인공지능 소프트웨어를 함께 이용해서 의료용 보철, 인공관절 등 장치를 만들어 시술에 활용하기도 한다. 치과용 임플란트도 3D 프린팅 기술을 도입할 수 있는 좋은 예다. 이와 같

---

* 최소침습 수술: 수술 시 절개 부위를 줄여 인체에 상처를 최소한으로 남기는 수술 방법(서울아산병원 참조)

이 인공지능 기술은 로봇 수술 시스템의 발전에 기여함으로써 의료 분야에서 정확성과 안전성을 높이고 있다.

| 인간 의사와 인공지능의 협업 |

의료에 관련한 여러 분야에서 인공지능 기술 도입이 활발하다. 인공지능은 임상 데이터를 관찰하고 진단하는 것을 넘어 실제 처방과 치료 계획을 세우기도 한다. 나아가 수술 및 시술에 이르기까지 인공지능이 활약하고 있다. 그렇다면 인공지능은 인간 의사를 완전히 대체할 수도 있지 않을까? 그러기에는 여러 가지 무리가 따른다.

인공지능이 인간 의사를 완전히 대체하기보다는 서로의 강점을 살려 상호 보완적인 관계를 통해 의료를 한 단계 더 발전시킬 것이라는 전망에 좀 더 무게가 실린다. 이와 관련해 한 의료 컨퍼런스에서 인공지능의 진단 능력과 인간 의사들의 진단 능력을 비교 분석한 연구가 발표되었다. 이 연구에서 인공지능 알고리즘 'CheXNeXt'와 실제 의사가 같은 흉부 엑스레이 사진을 보고 진단한 결과를 비교했는데, 인공지능의 진단 능력이 인간 의사와 큰 차이가 없거나 때로는 인간 의사 수준을 넘어서기도 했다. 그러나 연구진은 단순한 진단의 정확도만이 중요한 것이 아니라, 인간 의사가 가진 직관과 임상 경험 또한 실제 의료 현장에서 중요하다고 역설했다.[71]

질병을 진단할 때 인공지능의 결과와 병리학자의 예측을 종합하면 적중률이 더 높아진다. 한 연구에서는 안과 질환을 진단하기 위해 학습된 딥러닝 알고리즘과 인간 의사의 진단 정확도를 비교한 결과, 어느 한쪽만의 의견을 듣는 것보다 인공지능과 인간 의사가 협력할 때 가장 높은 진단 정확도를 보였다고 밝혔다.[72] 이는 인공지능이 정확한 진단 정보를 제공하는 것 외에도 의사와 협력해 더 나은 치료 결정을 도출하는 과정에서 중요한 역할을 할 수 있다는 가능성을 보여준다. 이처럼 인간과 인공지능은 서로 다른 능력을 인정하고 보완함으로써 각자의 약점을 극복하고 의료 현장에서 실수를 줄일 수 있다.

구글의 인공지능 연구기관인 딥마인드는 2020년 코로나19 팬데믹 대응을 위해 영국의 국립건강기관NHS과 협력한 사실이 있다.[73] 이처럼 인공지능은 의사와 공조해 긴박한 상황에서 빠른 의사결정을 가능하게 함으로써 의료 업무를 혁신할 수 있다. 의료 분야에서 인공지능에게 전권을 맡기는 것보다 인공지능과 인간이 협력할 때 오히려 더 좋은 결과를 내는 사례가 많다.

종합해볼 때, 인공지능은 인간 의사의 자리를 빼앗는 것이 아니라 인간 의사를 돕는 의료 에이전트로 자리할 것으로 전망할 수 있다. 인공지능은 의료 전문가들을 지원하기 위한 의사결정 도구로도 활용되고, 의사는 인공지능이 제공하는 분석 결과를 활용해 치료 계획을 세우거나 수술 중의 이상 징후를 식별할 수 있다. 또한 의사는 인공지능이 제공하는 의료 지식과 연구 결과를 검색해 최신 정보를 임상에 활용할 것이다. 궁극적인 목표는 환자가 더 정확하고 합리적인 진단과 치료를 받게 하는 데 있다. 여기에 인공지능은 인간 의사를 여러 형태로 도울 수 있을 것이다.

직장과 일,
산업을 뒤흔드는
인공지능 혁신의 물결

인공지능 기술은 직장에서의 업무와 산업 분야에서도 현저한 변화를 이끌 것이다. 먼저 인공지능은 반복적이고 단순한 작업들을 자동화하는 데 큰 도움이 된다. 예를 들어 기존에 수작업으로 이루어졌던 데이터 분석이나 보고서 작성은 이제 인공지능 시스템에 의해 자동화되어 빠르고 정확한 결과물을 도출하는 과정으로 진화할 것이다. 그리고 인공지능은 업무 결정에서 중요한 정보를 제공하고 전략적으로 도움을 준다. 기업들은 데이터 기반의 의사결정을 통해 경쟁력을 향상시키고 새로운 기회를 발굴할 수 있다. 또한 산업과 비즈니스 분야에서 인공지능은 새로운 서비스와 제품을 창출하는 데 큰 역할을 할 것이다. 인공지능과 빅데이터를 기반으로 한 혁신적인 기술들은 기존의 산업을 변혁시키고 새로운 비즈니스 모델을 탄생시킬 것이다. 이 파트에서는 직장, 일, 산업과 관련해 인공지능 시대에 어떤 변화를 예상할 수 있을지 구체적으로 살펴보았다.

01

인공지능으로 열리는 초개인화 광고의 시대

| 국내 광고 시장 현황 |

국내 광고 시장은 매년 꾸준한 성장을 이어가며 현재 15.8조 원 규모에 이른다. 이 가운데 디지털 광고 시장은 더욱 빠른 성장세를 보여주며, 전체 광고 시장의 50% 이상의 비중을 차지하고 있다.[74] 디지털 매체가 전통적인 방송, 인쇄, 옥외 광고 등 오프라인 매체를 넘어선 것이다. 디지털 광고 시장이 이렇게 성장한 것은 온라인 기반의 쇼핑 문화가 확산된 데 기인한다. 예전에는 오프라인 매장에서 상품을 구매하는 것이 일반적이었지만, 현재는 인터넷을 통한 온라인 쇼핑이 더욱 편리하고 다양한 상품을 접할 수 있는 방법으로 자리 잡았다. 이러한 변화는 광고 시장에도 큰 영향을 미쳤다.

미국 디지털 광고 시장에서는 빅테크 기업들이 주도적인 역할을 담당하고 있다. 이들 기업은 강력한 검색엔진, 쇼핑몰, 소셜 미디어 등의 자사 플랫폼을 보유하고 있어 광고주들에게 다양한 영업 기회를 제공하고 있다. 또한 이들은 소비자 데이터를 철저히 분석하고 개인화된 광고 서비스를 제공해 광고 효과를 극대화하고 있다. 이러한 전략은 광고주들에게 성과를 보장해주는 동시에 소비자들에게는 보다 관심 있는 광고를 제공함으로써 더욱 만족도 높은 광고 경험을 선사하고 있다.

구글은 검색엔진과 유튜브 등 다양한 플랫폼을 제공하며, 메타(페이스북, 인스타그램)는 고객 데이터 수집을 통해 개인화된 광고를 제공해 맞춤형 타깃팅을 통한 높은 구매 전환율을 얻는 데 강점을 가지고 있다. 이처럼 두 기업은 디지털 광고 시장에서 주요한 위치를 차지하고 있으며, 광고 수익이 전체 매출에서 차지하는 비율은 각각

국내 매체별 광고비 구성비 및 전년 대비 총 광고비 증감률

■방송 ■디지털 ■인쇄 ■옥외 ■기타

	2018년	2019년	2020년	2021년	2022년
총 광고비	13.8조	14.4조	14.1조	15.5조	15.8조
디지털	42%	45%	53%	52%	51%
방송	29%	26%	25%	26%	27%

자료: 과학기술정보통신부, 「2022 방송통신광고비 조사 보고서」

미국 디지털 광고 시장 점유율과 추이

2022년(E)

구글 28.8%
메타 19.6%
아마존 12.4%
기타 39.2%

자료: eMarketer / Insiderintelligence.com

79%와 97%에 육박할 정도로 광고 의존도가 매우 높다. 실제로 근 10년간 구글과 메타는 디지털 광고 시장에서 압도적인 점유율을 보여왔다. 이들의 합산 점유율은 전체 시장의 절반에 육박하는 수준이다. 최근 시장 트렌드의 변화로 그 점유율이 다소 감소하기는 했으나 여전히 디지털 광고 시장에서 압도적인 영향력을 발휘하고 있다.[75]

| 인공지능 기술로 광고 혁신 |

과거의 구매 사실과 검색 이력을 분석해서 소비자의 구매와 쇼핑 행동을 예측하는 활동은 이제 광고 또는 마케팅 업계에서 일상적인 일이다. 나아가 인공지능의 발전은 이를 더욱 촉진시킬 수 있다. AI 마케터는 미래에 발생할 수 있는 다양한 상황을 미리 예측하고, 그에 맞는 상품과 서비스를 추천해줄 수 있다. 인공지능은 개인 비서처럼 나의 일상과 업무 환경에 대한 모든 정보를 파악하고, 나에게 최적화된 추천 서비스를 제공할 수 있다. 또한 나의 관심 영역뿐만 아니라 나와 비슷한 취향을 가진 사람들이 좋아하는 새로운 영역의 상품과 서비스도 소개해줄 수 있다. 이렇게 인공지능은 타깃 마케팅을 넘어서서 나의 취향을 파악하고, 내가 좋아할 만한 상품으로 인도하며, 가치 있는 소비를 가능하게 할 것이다.

IT 분야 리서치 기업인 가트너Gartner는 마케팅 분야에서 인공지능 기술이 점차 부상할 것이라는 예측을 했다. 그 내용 중 하나로 지목

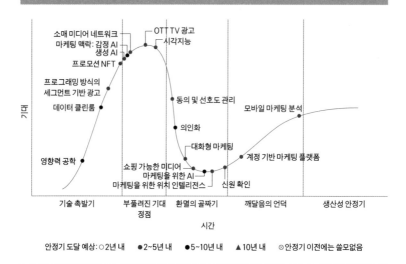

가트너의 디지털 광고 하이프 사이클

소매 미디어 네트워크
마케팅 맥락: 감정 AI
생성 AI
프로모션 NFT

프로그래밍 방식의
세그먼트 기반 광고
데이터 클린룸

OTT TV 광고
시각지능

동의 및 선호도 관리

모바일 마케팅 분석

영향력 공학

의인화

대화형 마케팅

계정 기반 마케팅 플랫폼

쇼핑 가능한 미디어
마케팅을 위한 AI
마케팅을 위한 위치 인텔리전스

신원 확인

기대 (세로축)

시간 (가로축)

기술 촉발기   부풀려진 기대   환멸의 골짜기   깨달음의 언덕   생산성 안정기
                정점

안정기 도달 예상: ○2년 내   ●2~5년 내   ●5~10년 내   ▲10년 내   ⊗안정기 이전에는 쓸모없음

자료: 가트너

된 감성 인공지능Emotion AI은 사람의 표정이나 목소리 등을 통해 고객의 감정을 분석하고 마케팅에 활용할 수 있도록 돕는다. 또한, 생성형 AI가 광고 관련 비디오 제작이나 상품 디자인 등에 활용되어 마케팅 분야의 메인스트림으로 자리 잡을 것이라는 예측이다.[76]

인공지능 기술은 광고 산업에서 기획부터 실행, 분석, 리포팅 등 다양한 작업을 대폭 간소화하는 역할을 수행할 것으로 기대된다. 과거에는 광고 기획자가 많은 시간과 노력을 투여해 수작업으로 이루어지던 작업들을 인공지능이 지원함으로써 인간의 능력을 보완하고 의사결정에 필요한 정보를 제공할 수 있다. 이러한 발전으로 인해 광고 산업은 더욱 효율적이고 창의적인 방향으로 전환될 수 있다. 예를 들어 생성형 AI는 사용자의 선호도나 행동 패턴을 학습해

효과적인 광고 콘텐츠를 자동으로 생성할 수 있다. 인공지능은 대량의 데이터를 분석해 사용자의 취향과 관심사에 기반한 맞춤형 광고를 제작할 수 있으며, 이를 통해 광고의 효과성을 높일 수 있다. 또한 감성 AI는 사용자의 감정을 인식하고 해당 감정에 맞는 광고 전략을 구성할 수 있다. 예를 들어 사용자가 행복한 상태일 때는 밝고 경쾌한 광고를 제공하고, 슬픈 상태일 때는 위로와 위안을 주는 광고를 전달함으로써 사용자의 감정에 공감하는 광고를 구현할 수 있다.

| 실제 광고 콘텐츠의 제작까지 |

인공지능은 광고 영상 등 광고 콘텐츠를 뚝딱 만들어내기도 한다. 광고 영상을 만들려면 광고 콘셉트와 카피도 뽑아야 하고, 그에 맞는 영상 기획, 촬영 등 해야 할 일들이 많다. 통상 이런 일은 경험이 풍부한 광고 기획사에 맡겨야 했다. 그러나 앞으로는 달라질 예정이다.

인공지능이 광고 카피를 대신 작성해주는 것이 가능하다. 퍼사도 Persado는 마케터가 사용하는 카피라이팅 100만 개 단어를 모아 광고 카피 생성기를 만들었다. 메시지 형식, 문장의 구조, 감정적인 단어의 사용 등 마케팅에서 소구해야 할 포인트를 포착해서 그 방향에 맞게 최적화된 카피라이팅을 제안한다. 마케팅 담당자는 해당 결과를 참고해서 그대로 쓰거나, 아니면 약간만 수정해서 사용할 수 있다.

나아가 광고 영상까지 완성해주는 인공지능 서비스도 있다. 바로 파이온코퍼레이션Pioncorporation의 브이캣VCAT이라는 솔루션이다. 이 솔루션에 내가 팔고자 하는 제품에 대한 설명을 입력하면 단 1분 만에 광고 영상을 만들어준다. 이 서비스의 기반에는 이미지 분석과 자연어 처리 기능을 결합한 인공지능 모델인 GPT-4가 활용된다. 이 솔루션은 제품의 정보를 바탕으로 할인율이 일정 수준 이상이면 할인을 강조하는 광고 템플릿을 제안하는 등 광고의 목적과 효과를 고려해 최적의 템플릿을 추천한다. 또한 맞춤형 광고에 필요한 이미지를 자동으로 추가한다. 예를 들어 같은 맥주 광고라도 야구팬을 대상으로 한 경우 야구장 배경을, 캠핑 애호가를 대상으로 한 경우 캠핑장 배경을 그려 넣는다. 이렇게 함으로써 광고 콘텐츠는 각각의 타깃에게 더욱 관련성과 맞춤성을 제공하며, 그 결과로 광고의 효과와 고객의 반응을 높일 수 있다.

자료: 파이온코퍼레이션

광고 콘텐츠 생성형 AI의 등장은 광고 산업에 혁신적인 변화를 가져왔다. 이전에는 광고 제작에 많은 인적자원과 시간이 필요했지만, 이제는 인공지능 기술을 활용해 신속하고 효율적으로 광고를 제작할 수 있다. 더불어 개인화와 타깃 마케팅의 중요성이 증가함에 따라 맞춤형 광고에 대한 요구도 커져갔다. 인공지능은 이러한 요구를 충족시키며 기업들이 고객에게 더 가치 있는 광고 경험을 제공할 수 있도록 도와주고 있다.[77]

| 핀스킨 마케팅 |

핀스킨 마케팅이란 말이 있다. 핀셋과 스킨십의 합성어이다. 광고 산업에서 끊임없이 증가하는 광고의 홍수 속에서 소비자에게 자사의 상품을 더욱 효과적으로 각인시키기 위해 개발된 전략이다. 이를 위해 핀셋 마케팅 또는 스킨십 마케팅 전략을 결합해서 정확한 타깃을 선정하고 그들에게 맞춤형 광고를 전달하는 것이 목표이다. 예를 들어 당근마켓은 각 지역별 버스 정류장에 동네의 이름을 새긴 광고를 진행해 지역 주민들에게 호감을 얻었으며, "당근이세요?"라는 카피를 통해 서비스가 정착하는 데 큰 도움을 주었다. 최근 N극화로 대표되는 개인 맞춤형 문화가 주류로 자리 잡고 있으며, 취향과 관심사에 따라 다양성이 풍부한 소비자들이 부상했다. 이로 인해 유튜브와 같은 플랫폼에서는 핀스킨 마케팅이 필수적인 전략이 되었다.

자료: 당근마켓

디지털 광고 역시 인공지능 기술의 접목으로 핀스킨 마케팅이 현실화되고 있다. 인스타그램, 유튜브 등의 채널에서는 쿠키 정보, 성별, 연령 등의 기존 정보뿐만 아니라 사용자의 로그인 정보와 구매 이력을 분석해 더욱 세분화된 타깃 그룹을 선정하고 실시간으로 모니터링하여 비용을 최적화하는 방식을 채택하고 있다. 이를 통해 개인화된 광고를 제작하고 소비자들의 반응을 실시간으로 파악해 광고의 효율성을 높일 수 있다. 인공지능의 행동 패턴 분석을 통해 사용자들의 행동과 관심사를 더욱 정확하게 파악할 수 있으며, 이를 바탕으로 개인 맞춤형 광고를 기획하고 전략을 최적화할 수 있다.[78]

인공지능은 타깃 광고뿐만 아니라 마케팅 전반에 걸쳐 다양하게 활용될 수 있다. 예를 들면 중국의 최대 전자상거래 플랫폼인 타오

바오Taobao의 경우 알리바바가 개발한 인공지능인 '루반Luban'을 활용해 4억 개 이상의 다른 형태의 배너 광고를 자동으로 생성하고 집행한다. 이를 위해 인공지능은 고객의 구매 이력, 검색 키워드, 클릭 행동 등을 분석해 각 고객에게 맞춤형 배너를 제공하고 개인화된 광고 경험을 제공함으로써 고객의 구매 전환율을 높이는 데 기여한다.

이처럼 인공지능은 마케팅에서 고객을 이해하고 대상을 선정하는 과정에서 중요한 도구로 활용될 수 있다. 고객의 행동, 성향, 관심사 등을 분석하는 인공지능 기술은 정확한 타깃팅을 통해 효과적인 광고 소재와 메시지를 제공할 수 있다. 예전에는 광고 회사들이 제작한 배너 광고가 천편일률적인 내용과 형식으로 전달되었지만, 인공지능의 도입으로 개인화된 배너 광고가 점차 늘어날 것이다. 개인화 광고는 고객의 구매 이력, 검색 키워드, 클릭 행동 등을 분석해 각각의 고객에게 맞춤형으로 소구함으로써 더 많이 관심을 끌고 구매를 유도하는 효과를 가져올 것이다.

무분별한 개인화 광고, 어디까지 허용할 것인가?

과거에는 맞춤형 광고를 제공하기 위해 사용자 정보를 플랫폼 밖으로, 즉 회사 밖으로 가져가 분석하는 광고 전문 솔루션들이 많았다. 그러나 정보 보호와 프라이버시 침해 문제에 대한 사용자들의 의식이 커지면서 적어도 이러한 비즈니스 모델은 힘을 많이 잃었다.

이 움직임의 선두에 선 나라들은 유럽연합EU이다. 유럽연합의 새로운 법률에 따르면, 앞으로 유럽연합 지역에서는 개인화 광고를 위해 고객 데이터를 회사 외부로 전송해서 분석하는 행위가 금지된다. 디지털 서비스 법안을 통해 온라인 사용자 추적 행위에 대해 원천 차단에 나섰기 때문이다.

이와 관련된 유명한 일화가 있다. 미국의 한 대형마트에서 데이터를 분석해서 부모들보다 먼저 자녀의 임신 사실을 알게 되어 유아용품 할인 쿠폰을 발송한 사례가 있다. 얼마 전까지만 해도 빅데이터 분석의 강력한 효과를 과시하는 목적으로 인용되었던 일화이지만, 현재는 데이터 분석을 통해 민감한 정보를 추론할 수 있다는 우려와 논란에 불을 지핀 사례로 꼽힌다. 유럽연합은 이와 같은 행위를 원천 차단하기 위한 법안을 수립하고 있다. 이 법안은 사용자의 동의를 받더라도 데이터 분석을 통해 표적 광고를 진행할 수 없도록 하는 내용을 담았다. 애플에서도 사용자의 프라이버시를 보호하기 위해 앱 추적 투명성App Tracking Transparency 정책을 도입해 모든 앱에서 맞춤형 광고를 허용할지 사용자에게 물어보도록 했다. 이 결과 미국인의 95%는 앱 추적 금지를 요청했다고 한다. 이는 대다수의 사용자들이 개인정보를 가져가는 것을 원하지 않는다는 것을 시사한다. 이런 흐름을 보면 가까운 미래에 개인화 광고는 더 이상 유지되기 어려울 수 있다.

이처럼 사회의 의식이 변화함에 따라 기업들은 사용자의 프라이버시에 대한 보호를 더욱 강화해야만 하는 상황이 되었다. 개인정보의 오남용이나 유출을 막기 위한 엄격한 법률이 도입되고 있으며,

기업들도 이러한 가이드라인을 준수하며 안전한 광고 서비스를 제공하려는 노력을 기울일 것으로 예상된다. 정보 보호와 프라이버시 침해 문제에 대한 고객들의 의식이 점점 커짐에 따라, 기업이나 정부는 이러한 문제에 대한 대응 기준을 강화할 것이다. 앞으로 광고 산업에서 인공지능 기술을 도입하는 데 있어 더 안전하고 투명한 방식이 요구될 것이다.

이런 분위기 속에서, 디지털 광고 시장에서는 아마존같이 강력한 자체 플랫폼을 가진 기업이 부상하고 있다. 광고를 위한 데이터 처리에 대한 논란을 피해갈 수 있기 때문이다. 고객의 데이터를 이용해서 자사 내에서 개인화 광고를 내보내는 것은 아직까지는 문제가 없다. 아마존 고객은 사려는 물건을 검색하거나 리뷰를 직접 쓰기도 하고 타 리뷰를 열람하기도 하는데, 이런 모든 행동들이 개인화 광고를 위해 분석될 수 있다. 사실 아마존은 온라인 쇼핑이 주 사업 분야였고, 광고는 중요한 사업 분야가 아니었다. 그러나 최근에는 축적된 쇼핑 데이터들을 기반으로 광고주들에게 높은 구매 전환율과 피드백을 전달할 수 있다는 점 때문에 아마존을 통한 광고가 시장에서 큰 인기를 모으고 있다. 아마존의 총매출액 대비 광고 사업 매출 비중은 현재 13%가량인데, 지속적으로 성장하고 있다.

월마트Walmart나 테스코Tesco와 같은 유통 회사들은 비슷한 사업 모델을 가지고 있으며, 광고 비지니스를 활발히 추진하고 있다. 이들 회사는 실제로 광고 플랫폼을 도입해 수익을 극대화하고 있다. 게다가 틱톡과 같은 신생 앱에서도 자체 광고 플랫폼을 적용하고 있는 것으로 알려져 있다. 온라인 동영상 서비스 업계에서는 넷플릭스가 광고 기반 요금제를 도입해 성공적으로 선보였으며, 디즈니나 HBO와 같은 기업들도 광고 요금제를 도입하고 있다. 광고 사업은 매우 높은 순이익을 창출할 수 있는데, 아마존의 경우 이 순이익이 약 30%에 육박한다.

우리나라도 비슷한 추세를 보이고 있는데, 네이버와 같은 기업은 여전히 검색엔진을 중심으로 매출을 올리고 있지만 점차 커머스와 콘텐츠 비중이 증가하고 있는 추세이다. 이러한 변화는 디지털 광고 시장에 큰 영향을 미치고 있으며, 퍼스트 앱 전성시대의 도래로 디지털 광고 세계가 한층 더 활기를 띠게 될 것으로 예상된다.

이렇게 자체 플랫폼에서 내부 데이터만을 활용해 타깃 광고 분석을 하겠다는 것인데, 물론 이렇게 한다고 해서 개인의 프라이버시 침해 문제가 완전히 해소되는 것은 아니다. 우리는 이미 다양한 온라인 플랫폼을 통해 개인정보를 제공하고 있으며, 이러한 정보들이 통합되고 분석되면서 개인들의 프라이버시에 대한 우려가 커지고 있다. 그뿐만 아니라 인공지능 기술이 점점 진보하고 발전함에 따라 개인 타깃팅은 더욱 정교하고 심화된 형태로 이루어질 수 있다는 점도 고려해야 한다. 인공지능은 기계학습과 데이터 분석을 통해 개인의 행동 패턴과 선호도를 파악하고 예측하는 능력을 갖추고 있다. 앞으로 개인 타깃팅이 정교해질수록 개인의 프라이버시 침해 문제가 사회적 이슈로 떠오를 가능성이 커질 것이다.

이러한 상황에서 우리는 광고와 개인정보 보호 사이의 균형을 유지해야 한다. 기업들은 광고 수익을 극대화하기 위해 개인정보를 수집하고 활용하는 경향이 있지만, 동시에 사용자들의 프라이버시를 보호하고 개인정보를 적절히 관리해야 한다. 이는 법적인 측면에서의 규제와 윤리적인 책임을 포함한 정책 관계자들의 노력을 필요로 한다. 사용자들은 자신의 개인정보를 자유롭게 제공하고 광고를 받아볼지 여부에 대한 선택권을 가져야 한다. 또한 광고 주체들은 투명성과 사용자들의 동의를 바탕으로 광고 타깃팅을 진행해야 하며, 개인정보의 안전한 보호를 위해 최선의 노력을 기울여야 한다. 프라이버시와 광고 사이의 긴장 관계는 계속해서 진화하고 변화할 것이다. 기술의 발전과 함께 새로운 도전과 과제가 제기될 것이며, 우리는 이에 적절히 대처하고 균형을 유지하는 방향으로 나아가야 한다.

02

사무

문서를 직접 손으로 써요?

│ 글을 읽고 이해하는 인공지능의 등장 │

　요즘 마이크로소프트 오피스의 3대 도구 엑셀, 파워포인트, 워드에 대해 모르는 사람이 없을 것이다. 이 도구들을 잘 활용하기 위해서는 많은 학습과 숙달이 필요하다. 지금 이 책의 원고를 작성하는 환경도 워드이고, 교보문고를 보면 컴퓨터/IT 분야에서 베스트셀러로 손꼽히는 책도 엑셀 관련 도서이다. 또한 네이버 지식인에는 워드의 양식과 폰트 설정 등 다양한 기능에 관한 질문들이 쏟아지고 있다. 이처럼 문서 작성 시 보고할 때, 생각을 정리할 때, 업무적인 의사소통을 할 때 필수적으로 활용되는 핵심 도구가 오피스 패키

지다. 우리가 어떤 문서를 작성하려면 상당한 시간과 노력이 요구된다. 한국생산성본부의 조사에 따르면, 직장인들이 하루에 가장 많은 시간을 할애하는 업무는 문서 작성이었다.[79] 그러나 인공지능 시대가 도래하면서 이러한 상황에 변화가 있을 것으로 보인다.

최근 인공지능 기술의 발전으로 문서 작성 분야에서 혁신적인 변화가 예고되고 있다. 그간 많은 시간을 들여 작성했던 프레젠테이션, 엑셀, 문서 작성 등의 영역에서 인공지능의 도움을 받을 수 있을 것으로 보인다. 우선 자연어 처리 기술을 이용한 인공지능은 글을 쓰는 데 도움을 줄 수 있다. 인공지능은 다양한 문서를 분석하고 이를 기반으로 자동으로 문서를 재생산할 수 있다. 또한 인공지능은 문서 작성 중 발생할 수 있는 오류를 식별하고 수정하는 데에도 도움을 줄 수 있다. 이를 통해 직장인들은 보다 빠르고 효율적으로 문서를 작성할 수 있게 됨으로써, 다른 중요한 일에 더 많은 시간과 에너지를 집중시킬 수 있다. 그뿐만 아니라 인공지능은 문서 작성에 있어 언어 사용의 편리성을 증대시킬 수 있다. 예를 들어 인공지능 기반의 자동 완성 기능을 통해 사용자는 더욱 빠르고 정확하게 문장을 구성할 수 있다. 또한 인공지능은 언어 스타일과 톤에 대한 패턴을 분석해서 보다 적절한 표현을 제안해줄 수 있다. 이를 통해 사용자는 문서 작성 과정에서 발생할 수 있는 언어적인 어려움을 극복하고, 더욱 전문적이고 완성도 높은 문서를 작성할 수 있다.[80]

마이크로소프트가 최근 발표한 오피스 코파일럿Copilot의 시연 연상을 살펴보면, 놀랍게도 자연어 입력을 받아 파워포인트의 슬라이드 생성이나 문서 초안 작성을 순식간에 처리하는 모습을 볼 수 있다. 이에 더해 예전에는 전문 업체의 도움을 받아야만 가능했던 그래프, 음성, 동영상 등의 자료도 인공지능이 만들어내기도 한다. 과거에는 문서에 담을 데이터를 어떻게 정리하고, 내용별로 어떤 배치로 문서의 템플릿을 만들지를 반복해서 고민하고 또 고쳐야 했다. 그런데 이 작업을 인공지능이 대신할 수 있는 길이 열렸다. 우리는 이제 인공지능에게 명령을 내리면 그럴듯한 결과 문서를 받아볼 수 있다. 우리는 그것을 토대로 조금만 수정하면 된다. 오피스 코파일럿은 자연어 입력에 따라 인공지능이 파워포인트의 슬라이드를 생성하고, 초안을 작성할 수 있다. 이 과정에서 인공지능은 기존의 템

오피스 코파일럿을 통해 문서의 템플릿을 변경하는 모습

[원본 문서]

[지시어]
지난번 문서의 템플릿과
똑같이 고쳐줘.

[지시어]
요약(summary) 파트를
추가해.

자료: 마이크로소프트 365

플랫이나 예시를 활용해 최적의 결과물을 제공한다. 더불어 인공지능은 그래프, 음성, 동영상 등 다양한 형식의 자료도 자동으로 생성할 수 있다.

어떻게 이런 일이 가능한 것일까? 마이크로소프트의 경우 챗GPT를 개발한 오픈AI와의 협력을 통해 이를 실현하고 있다. 마이크로소프트는 100억 달러(13조 원)라는 천문학적인 금액을 투자해 자사 프로그램 포트폴리오의 핵심에 인공지능을 접목시켰다. 이미 마이크로소프트는 챗GPT를 내놓으면서 자사의 검색엔진 '빙'에 그 기능을 탑재시킨 바가 있다. 당시 챗GPT의 인기를 업고 단숨에 검색엔진 빙의 인기도 급상승 했다.

다른 회사들도 챗GPT발 문서 생성형 AI 대전에 참전하고 있다. 구글은 마이크로소프트 오피스처럼 업무에 도움을 주는 서비스들을 모아놓은 구글 워크스페이스Google Workspace를 운영하고 있는데

전 세계 대상 마이크로소프트 빙 검색엔진 점유율

자료: Statista

기존 오프라인 기반의 서비스를 넘어 온라인상으로 협업 문서에 대한 동시 공유 편집이 가능해 많은 인기를 끌었다. 대표적인 서비스로는 지메일(이메일 서비스), 닥스(문서 작성 서비스), 시트(엑셀 등 스프레드시트 서비스), 미트(화상회의) 등이 있다. 구글은 이 서비스 내에서 생성형 AI를 이용한 문서 작성 방식, 예를 들면 이메일 자동 답변, 자동 분류나 문서의 자동 생성 요약본Auto-generated summary 생성, 수식 자동 완성 기능을 이용해 사용자에게 편리함을 제공할 예정이다. 검색의 왕좌를 오랫동안 놓치고 있지 않던 구글이 챗GPT 발표 이후 극도로 경계하고 있고, 맞대응으로 챗GPT와 유사한 '바드'를 공개하며 마이크로소프트를 맹추격하고 있는 상황이다.

유사하게 협업용 문서 툴인 노션Notion에서도 '노션 AI'라 명명한 기능을 통해 자동으로 문서를 작성하거나 문서를 요약하고 도표를 그려주는 기능을 선보였다. 간단하게 문서상에서 스페이스를 누른 뒤 명령어를 자연어로 작성하면 되는데, 원하는 답이 나올 때까지 결과를 재생성하거나 글자 수를 늘려 쓸 수 있어 편리하다. 노션은

노션 AI에서 원본 문서를 토대로 요약하거나 도표를 생성하는 모습

원본 통화 녹취록 원본 문서

통화 녹취록

ML: 안녕하세요. 녹음 시작해도 괜찮으실까요?
RB: 안녕하세요. 민혜님. 네. 괜찮아요.
ML: 네. 감사합니다. 시작하도록 하겠습니다.
RB: 네.
ML: 어떻게 불에 응해주셔서 감사합니다.
RB: 그럼요. Acme에서 일하신 지는 이제 조금 되셨죠?
ML: 네. 올해 입사했습니다. 그래서 너무 말을 나누고 싶었어요. 민혜님 팀이 Acme에 합류할 때는 공식적인 프로그램이 없었잖아요. 하지만 이제는 부서별로 따로 운영이 되고 어가로든데, 그러니까, 고객별로 리소스가 따로 할당이 되고요. 그래서 제가 Acme를 맡는 전담 리소스라고 보시면 되겠습니다. 특히 교육이나 사용자 트레이닝과 관련된 부분을 말으면서, 언중 어느 때나 요청하시면 트레이닝이 가능하도록 그렇게 지원해 드리고 있습니다.

[지시어] 녹취록을 요약하고 표 생성해줘.

이 통화에서는 계약 갱신 일정과 부서별 고급 트레이닝, 프로세스 간소화 등에 대한 논의가 있었습니다. Acme에서 비용 절감과 사용을 증가를 위한 주요 이니셔티브와 목표를 제시했고, FY23 예상 지표를 공유했습니다.

이니셔티브	결과	태그
🔧 비용 절감	10% 절감	운영 비용, 감사, IT
💼 사용률	23% 증가	교육, 데이터 로그
📊 예상 연매출	15% 증가	툴, 영업, FY23

자료: 노션

문서뿐만 아니라 내부에 데이터베이스 형태로 저장된 데이터를 시각화하는 데에도 뛰어나기 때문에 이를 자동화할 수 있어 결과 문서를 편리하게 만들어낼 수 있다.

이외에도 많은 회사에서 생성형 AI를 이용한 상품 개발에 매진하고 있다. 지금은 이런 변화의 초기 단계로 수많은 제품이 난립하고 있지만 앞서 언급한 거대 언어 모델 같은 기술이 뒷받침되지 못하는 제품들은 옥석이 가려지며 서서히 시장에서 사라질 것이다.

| 사람이 할 일은? |

인공지능이 문서를 다 써주는 시대가 되더라도 사람의 역할이 완전히 사라지는 것은 아니다. 여전히 우리는 인공지능이 제공한 결과물을 분석하고 수정하는 과정을 거칠 필요가 있다. 인공지능은 논리적인 패턴이나 통계적 기반을 바탕으로 작업을 수행하기 때문에 사람의 창의성과 독립적인 사고는 여전히 필요하다. 인공지능이 모든 측면에서 인간의 역할을 대체할 수는 없다. 인간의 역할이 필요한 부분은 다음과 같다.

첫째, 전략적 사고이다. 인공지능은 데이터와 패턴을 바탕으로 문서를 작성하지만, 전략적 사고는 인간의 창의력과 경험이 좌우한다. 인간은 복잡한 상황에서 상황을 종합적으로 이해하고 적절한 전략을 세울 수 있는 능력을 가지고 있다. 둘째, 감성과 공감 측면이다. 인간은 글에 감성적인 면을 더해 독자와 공감할 수 있는 능력이 있다. 인공지능은 특정 정도의 감성을 표현할 수 있지만, 아직까지 인간의 감정을 완벽하게 이해하고 표현하는 데 어려움이 있다. 셋째, 독창성이다. 인공지능은 기존의 문서를 학습해서 모방하는 메커니즘으로 작동하므로 어디서 본 듯한 그럴듯한 문서는 잘 만들어낸다. 그러나 인간의 독창적이고 전혀 새로운 형태의 문서를 만드는 등의 작업에서는 인간의 역할이 필요하다. 넷째, 윤리와 책임감 측면이 있다. 인공지능으로 작성된 문서의 사회적·윤리적 책임과 관련된 문제를 완벽하게 대처할 수 있는지에 대한 확신이 없다. 인간은 윤리적 기준을 생각하고 책임감 있는 방향으로 문서를 작성할 수 있다.

요약하자면 인공지능이 문서 작성에 도움을 주는 시대라도 인간의 역할은 여전히 중요하다. 인간의 창의력, 공감 능력, 독창성, 검토 및 수정 능력, 윤리 및 책임감은 인공지능이 여전히 도달하지 못한 영역이기 때문이다. 따라서 인간과 인공지능이 서로 부족한 면을 채우면서 협력하고 공존해나가는 것이 바람직하다. 앞으로 구구절절 뻔한 내용의 글쓰기는 인공지능에게 맡기고 인간은 좀 더 전략적이거나 창의적인 일에 집중하는 편이 좋을 것이다.

| 정크 문서의 홍수 |

구글은 1998년도에 설립되었으며 검색 결과가 형편없었던 타사 검색엔진과의 경쟁에서 승리하고 데스크톱 중심 컴퓨터 환경을 인터넷 중심으로 재편하는 데 혁혁한 공을 세웠다. 구글 검색엔진의 기반에는 페이지 랭크 알고리즘이 있다. 이 알고리즘을 발표한 논문에는 다음과 같은 표현이 있다.[81]

"Junk results" often wash out any results that a user is interested in. (쓰레기 같은Junk 결과물이 사용자가 관심 있어 하는 정보들을 쓸어내 버린다.)

검색엔진의 태동기에 제기된 정크-검색-결과의 문제는 과연 해결되었을까? 인공지능 시대가 열리고 있는 지금도 이 문제는 여전히 현재진행형이다. 지금도 지역별 맛집을 검색하면 익숙한 이모티콘과 함께 검색 결과가 광고로 도배되고 있다. 광고가 아닌 순수한 정보의 결과를 찾기란 좀처럼 쉬운 일이 아니다. 그런데 생성형 AI 시대에는 이 문제가 더욱 심각해진다. 생성형 AI는 더 많은 문서를 거의 노력을 들이지 않고도 수없이 생성해낼 수 있다. 심지어 광고라는 사실을 알아차리기 어려울 만큼 정교하고 신뢰성이 있어 보이는 문서로 탈바꿈하기까지 한다. 그중에서 광고가 아닌 실제의 정보를 찾아내려면 이전보다 더 많은 노력이 필요할 것이다. 구글 연구진이 논문에서 말한 바와 같이 그야말로 쓰레기 같은Junk 결과물과의 싸움인 것이다.[82]

근래에 유튜브의 콘텐츠 크리에이터들을 보면 인공지능을 적극 활용하는 분위기다. 주로 주제를 입력한 후 문서 생성형 AI가 스크립트를 작성해주면 이를 기반으로 동영상을 만들어 업로드하는 식이다. 크게 이슈를 끌 만한 주제를 선정한 후, 생성형 AI를 통해 스크립트를 생성해서 발 빠르게 인기 콘텐츠를 올리겠다는 의도이다. 아직까지는 사람이 직접 신경 써서 제작한 동영상보다는 품질이 많이 떨어진다. 하지만 별다른 수고 없이 몇번의 지시만으로도 생성되는 영상은 콘텐츠 제작자 입장에서 매력적인 일이다. 이렇게 자연히 수준 이하의 콘텐츠는 너무나 많이 양산된다. 결국 사용자 입장에서는 질이 떨어지는 비슷한 영상의 홍수에 고통받을 확률이 높다.

플랫폼 회사들도 이런 점을 우려해 선제적으로 대응에 나서고 있다. 구글은 2만 명 이상의 인력이 콘텐츠 검토와 삭제에 투입되었다. 그런데 앞으로는 인공시능을 이용한 콘텐츠 관리 방식도 도입하겠다는 것이 구글의 입장이다. 기계학습을 이용해 유튜브 영상에 유해 정보가 있는지를 조사했을 때 무려 94%의 콘텐츠가 조기에 탐지되었다고 한다. 이에 더해 인공지능에 의해 무차별로 생성된 수준 낮은 콘텐츠인지를 감지해서 이용자에게 노출되는 것을 방지하는 기능을 실험하고 있다. 챗GPT를 만든 오픈AI의 경우에는 인공지능이 글을 작성했는지 체크하는 검출 툴(AI 텍스트 분류기AI Text Classifier)을 공개하기도 했다. 이처럼 생성형 AI가 생성하는 콘텐츠가 늘어날수록 창과 방패처럼 인공지능이 생성한 것을 인공지능이 감지하려는 시도가 많아질 것이다. 자동 생성 문서를 만드는 자와 막으려는 인공지능, 그리고 다시 뚫으려는 시도가 더해지며 앞으로 진짜보다 더 진짜 같은 가짜 문서들이 나타날 수도 있다. 과연 우리는 쓰레기 같은 정보들이 범람하는 홍수 속에서 진짜 정보를 어떻게 가려

낼 수 있을 것인가? 이런 측면에서 인공지능을 관리하고 감독하는 일이 더욱 중요해지는 대목이다.[83]

03

데이터 분석

데이터 분석의 변화,
분석가의 종말?

| 데이터 분석 업무의 범위와 깊이 모두 커져 |

최근 데이터 분석에서 중대한 변화들이 일어나고 있다. 첫째, 데이터를 다루지 않았던 직무의 사람들이 데이터를 다루기 시작했다. 예를 들어 마케팅 분야에서는 과거에는 주로 사업적 경험과 직관에 의존해서 마케팅 전략을 수립했다. 그러나 최근에는 데이터 기반 마케팅의 중요성이 부각되어 마케터들은 다양한 마케팅 데이터를 수집하고 분석해 고객 행동 패턴과 성과를 파악하는 데 활용하고 있다. 현대 마케팅 담당자들은 마케팅의 결과를 스스로 집계하고 현상의 원인을 스스로 분석한다. 그리고 분석 결과를 바탕으로 마케팅의 성과를 추정하고 이에 대해 평가를 한다. 이는 과거 데이터 분석가들이 많이 하던 일이다. 그러나 데이터 분석이 보다 보편화되면서 이제는 마케터가 직접 수행하는 경우가 많다. 금융 투자를 하는 사람들은 많은 데이터와 지표들을 저마다 직접 분석하고 의사결정을 내리기도 한다. 과거 기업 보고서의 숫자 몇 개에만 의존하던 수준을 넘어 다양한 방법으로 데이터를 직접 분석한다. 이처럼 기존에 데이터 분석을 직접 하지 않거나 낮은 수준으로 해왔던 사람들이 꽤나 수준급으로 데이터 분석을 하기 시작했다. 마케터나 투자 관련 업무 등에서 분석 직무가 융합되는 모습이다. 이러한 일이 가능한 이유는 분석을 위한 많은 작업이 간소화되었고 관련 지식이 깊지 않아도 쉽게 활용할 수 있는 데이터 분석 도구가 많이 출시되었기 때문이다.

둘째, 데이터를 다루었지만 분석을 하지 않던 직무(개발, 인프라)의 사람들이 데이터에 대해 분석하는 일을 시작했다. 예를 들어 소프트웨어 개발자들은 과거에는 주로 코드 작성과 시스템 구축에 집중했다. 그러나 현재에는 데이터 기반 개발이 강조되며, 개발자들은 사용자 행동 데이터나 성능 로그 등을 수집·분석하여 애플리케이션의 사용성과 성능을 개선하는 데 활용하고 있다. 또한 인프라 관리자들도 서버 로그, 트래픽 데이터 등을 분석해 시스템의 안정성과 효율성을 향상시키는 데 기여하고 있다. 개발자들은 데이터 속에 담긴 비즈니스적인 함의를 잘 알지 못할 수는 있겠으나 데이터 그 자체에 대한 이해는 비즈니스 전문가나 데이터 분석가보다 오히려 높다. 그런 이들이 이제는 딥러닝 등 높은 수준의 데이터 분석까지 수행하고 있다. 이들은 데이터 자체에 대한 이해도가 높을 뿐만 아니라 최신 분석 기법의 코드를 이해하고 사용하는 데 거부감도 없기 때문에 누구보다 데이터 분석에 최적화된 인력들이라 할 수 있다. 이로 인해 기존에는 데이터를 잘 관리하기 위한 환경(하둡, 스파크, 플링크, 카프카 등)을 다루던 엔지니어들이 이제는 머신러닝을 직접 수행하기도 한다.

셋째, 데이터 분석의 수준이 고도화되고 있다. 예전에는 데이터를 수집하고 간단히 정리하는 수준에서 일이 끝났지만, 최근에는 데이터 분석에 대한 깊은 이해와 전문성이 요구되고 있다. 예를 들어 금융 분야에서는 예측 모델링과 위험 분석을 통해 주가 변동성을 예측하거나 사기 행위를 탐지하는 등의 작업이 이루어지고 있다. 또한 의료 분야에서는 대규모 유전자 데이터를 분석해 개인 맞춤형 치료 방법을 개발하거나 유전적 질환 위험을 평가하는 등의 연구가 진행되고 있다. 요즘에는 머신러닝이나 딥러닝과 같이 수준 높은 모델링 기법을 활용해서 과거에는 상상할 수 없었던 다양한 일들을 만들어내고 있다.

이러한 변화는 데이터 분석의 영향력이 증가하고 있음을 보여준다. 데이터를 다루는 능력은 단순히 정보를 수집하고 정리하는 수준을 넘어 심층적인 분석과 의사결정에 활용되는 중요한 역할을 하고 있다. 앞으로 더욱 많은 직무와 산업 분야에서 데이터 분석의 중요성이 부각될 것으로 예측된다.

'분석가의 말은 못 알아먹겠어', 인공지능 언어 모델이 중재자

최근 데이터 분석의 수준은 더 깊어지고 그 내용을 이해하기가 한층 더 어려워졌다. 이런 배경에서 분석 결과를 임원급 관리자에게 보고하는 것은 여간 어려운 일이 아니다. 기술적인 용어를 줄이거나 단순화하는 경우, 분석 결과의 핵심이 희석될 수 있다. 따라서 분석가는 기술적인 측면과 관련된 핵심 내용을 적절하게 포함해 결과를 절묘한 수준으로 전달해야 한다. 분석가와 전략 또는 마케터는 서로 구사하는 언어가 다르다는 것 또한 문제이다. 흔히 양쪽의 소통이 어려울 때, 분석가는 전략 또는 마케터가 분석 내용을 이해를 할 준비가 안 되었다며 비판하고, 전략가와 마케터는 분석가가 지금 회사에서 함께 일하는 방식을 모른다며 비판한다. 이렇게 서로 간에 갈등의 골이 깊어진다.[84]

앞으로 인공지능이 데이터 분석가와 마케터 또는 전략가 사이의 소통 문제를 해결할 수 있는 가능성이 있다. 거대 언어 모델로 무장한 인공지능은 언어와 대화의 달인으로, 다양한 문학작품을 작성하고 프로그래밍 언어를 이해하는 능력이 뛰어나다. 그러므로 인공지능은 회사에서 데이터 분석 결과를 전달하는 과정에서 소통이 문제를 해결해줄 수 있다. 예를 들어 오픈AI의 챗GPT를 활용하면 데이터 분석가가 작성한 다소 복잡한 보고서를 임원이 이해하기 쉬운 형태로 변환할 수 있다. 또한 데이터를 해석하고 요약해주는 언어 모델은 경영진에게 필요한 통계 지표를 도출하는 것도 가능해진다.

이렇게 산출된 결과는 전략가나 마케터들이 더욱 효율적으로 사용할 수 있으며, 통찰력 있는 결정을 내리는 데 도움이 된다. 반대로 인공지능은 임원의 생각과 지시 사항을 데이터 분석가가 이해하기 쉬운 형태로 전달할 수도 있다. 이처럼 인공지능은 각 집단 간 이해 수준의 차이나 전문적인 지식의 부족으로 인한 문제를 많이 완화시켜줄 것으로 기대된다.

| 데이터 분석의 많은 부분, 인공지능으로 대체될 것 |

최근 인공지능이 데이터 분석가의 업무를 대신하는 경우가 점차 많아지고 있다. 실제로 데이터 처리와 패턴 인식 능력을 활용해 데이터 업무의 효율성을 극대화하는 사례들이 많다. IBM의 왓슨 애널리틱스Watson Analytics는 이러한 트렌드에 맞춰 주목받는 솔루션 중 하나이다. 왓슨 애널리틱스는 인공지능을 기반으로 한 데이터 분석 솔루션으로서 사용자의 질문에 대해 자연어 처리 기능을 통해 대답할 수 있는 능력을 갖추고 있다. 이를 통해 기업이나 기관은 빠른 시간 내에 통찰력 있는 결정을 내릴 수 있다.

구글의 다이얼로그플로우Dialogflow도 이와 같은 추세를 따라가고 있다. 다이얼로그플로우는 AI 챗봇을 구축할 수 있는 서비스로서 자연어 처리를 통해 사용자와 대화할 수 있는 기능을 제공한다. 이를 통해 고객 서비스, 상담, 판매 등의 업무 영역에서 데이터 분석의 범위가 확장되고, 사람들의 업무 부담이 줄어들고 있다.

인공지능 기반의 데이터 분석 도구들은 의료, 금융, 제조, 유통 등 다양한 분야에서도 활용되고 있다. 의료 분야에서는 의사들의 진단 지원을 위해 환자 데이터와 판독 결과를 분석하는 인공지능 시스템들이 등장하고 있다. 또한 금융 분야에서는 주식시장이나 외환시장의 모니터링과 빅데이터 분석을 통해 주식 추천 등의 자문 업무를 돕고 있다.

인간 분석가는 대화라는 아주 쉽고 간단한 형식을 통해 인공지능에게 데이터 분석 업무를 시킬 수 있다. 아직 복잡하고 고도한 분석까지 완벽히 해낼 수는 없지만 꽤나 놀라운 데이터 해석 및 분석 실력을 보여준다. 구글의 거대 언어 모델 서비스 '바드'가 간단한 분류 문제를 해결할 수 있는지 확인하기 위해 한 예제를 풀어보라고 지시해보았다. 짝수일 때는 1을 적고 홀수일 때는 0을 적는 몇 가지 예시를 보여주고, 새로운 수에 대해 0 또는 1 중에서 어떤 수가 나와야 하는지를 맞히게 했다. 그리고 여기에 어떤 요약된 규칙이 발견되는지를 묻고, 그 규칙에 대한 파이썬 코드를 작성해달라고 했다.

[입력] :
마지막의 값이 1과 0 중 어느 것으로 나와야 할지를 맞춰봐.
그리고 여기에 어떤 요약된 규칙이 발견되는지 설명해줘.
1234 : 1
1235 : 0
1236 : 1
1247 : 0

1248 : 1

1259 : 0

1260 :

[결과] :

마지막 값은 1이 나와야 합니다.

요약된 규칙은 마지막 숫자가 짝수일 때는 1을 출력하고,

마지막 숫자가 홀수일 때는 0을 출력하는 것입니다.

[입력] :

그럼 방금 발견한 요약된 규칙에 대해 파이썬 코드를 작성해줘.

[결과] :

네, 방금 발견한 요약된 규칙에 대한 파이썬 코드는 다음과 같습니다.

```python
def check_number(number) :
    last_digit = number % 10
if last_digit % 2 == 0 : return 1
    else : return 0

print(check_number(1234))
print(check_number(1235))
print(check_number(1236))
print(check_number(1247))
print(check_number(1248))
print(check_number(1259))
print(check_number(1260))
```

출력은 다음과 같습니다.

```
1
0
1
0
1
0
1
```

자료: 바드

그 결과는 위와 같다. 위 사례를 보면 인공지능이 제시된 데이터를 직접 분석해서 그 속에 담긴 패턴을 찾고, 그 패턴을 프로그래밍 언어로 코딩까지 해낼 수 있다는 사실을 알 수 있다. 이처럼 간단한 분석은 누구나 데이터 분석가의 도움 없이 인공지능을 이용해서 수행할 수 있다. 따라서 앞으로 데이터를 요약하거나 간단한 통계 또는 패턴을 찾아내는 등의 단순 작업을 인간 분석가가 직접 수행할 필요가 줄어들 것으로 보인다. 인공지능이 이러한 기본적인 분석 작업을 대부분 처리하게 되면, 인간 분석가들은 인공지능이 할 수 없는 창의적인 분석이나 고수준의 분석 작업에 보다 집중할 수 있을 것이다. 이렇게 인간 분석가와 인공지능이 협력해 서로 보완하면 좋은 시너지 효과를 발휘할 것이다.

| 데이터 분석 직무, 이렇게 변한다 |

앞으로 데이터 분석가라고 하는 직무는 변화를 맞게 될 것이다. 지금 대부분의 기업에서 데이터 조직은 빅데이터 센터 혹은 데이터 분석 담당 등의 이름으로 배치되어 있다. 특정 사업이나 특정 영역에 국한되지 않고 전사의 데이터 분석 관련 싱크탱크 역할을 담당하고 있는 것이다. 여러 부서에서 각종 데이터 분석 요청이 들어오면, 그에 대응해 데이터 분석 업무를 수행한다. 이런 조직 구조하에서 데이터 분석가는 통상적으로 반복되고 획일화된 간단한 분석 업무를 주로 수행하게 된다.

그러나 단순하고 반복적인, 혹은 수준이 낮은 분석은 당장 인공지능의 몫으로 빠르게 재편될 것이다. 이로 인해 과거와 같은 공통적인 데이터 분석가라는 직무는 사라지고 보다 세분화되고 각 사업 도메인별로 전문화된 데이터 분석 직무가 만들어질 것이다. 지금까지 데이터 분석가라고 통칭해서 인력을 선발했다면 앞으로는 영업·마케팅 데이터 시뮬레이션 전문가, 또는 통신망에서의 이상 데이터 예측 모델링을 위한 분석 전문가 등으로 직무가 세분화되는 것이다. 따라서 현재 기업들의 조직 구조에서 보이는 데이터분석실과 같은 전사적인 데이터분석 조직은 점차 사라지고, 각 데이터 분석가들은 다양한 도메인 및 사업 조직으로 파편화되어 흩어질 전망이다. 실제 현재 채용 시장에서는 더 이상 '데이터 분석가'라는 포지션을 찾기 어려워지고 있다. 이보다는 '사이버 위협 정보 분석', '브랜드 가치 측정 분석'과 같이 보다 세분화된 직무를 내세우며 분석가를 선발하고 있다.

예를 들어 마이크로소프트의 오피스 코파일럿을 사례로 생각해 보자. 오피스 코파일럿은 마이크로소프트가 생성형 AI를 자사의 제품 라인에 적극적으로 융합하기로 결정한 데 따라 공개되는 제품이다. 이를 통해 엑셀 프로그램에 코파일럿 기능이 탑재될 예정이다. 즉 엑셀에 인공지능 분석기가 기본으로 탑재되는 것이다. 이 기능을 통해 엑셀에 입력하는 수치들에 대해 인공지능으로 분석을 지시하거나 그래프를 그려내게 하는 등 다양한 수치 분석을 손쉽게 할 수 있게 될 전망이다.

인공지능의 발전은 인간 분석가들의 역할을 재정립하게 만들 것이다. 코파일럿 외에도 이러한 애드온-인공지능 서비스들이 많이 나오게 된다면 더 이상 현재와 같은 데이터 분석가는 필요하지 않게 될 것이다. 대신 인간 분석가들은 창의성과 고수준의 분석 작업에 집중하고 인공지능이 지원 역할을 수행함으로써 인간과 인공지능의 시너지를 최대한 이끌어낼 수 있을 것이다.

04

S/W 개발

인공지능이 S/W 개발자를
대체할까?

│ 개발자의 업무를 돕는 인공지능의 등장 │

소프트웨어 개발은 일반 사무에 비해 고도의 집중력을 요하는 복
잡도가 높은 직무이다. 소프트웨어 개발을 잘하려면 고도한 집중력
과 호기심, 그리고 많은 공부가 필요하다. 이런 특성들을 고려하자
면 프로그래머의 코딩 업무는 인공지능이 대체하기 어렵다는 생각
이 지배적이었다. 그러나 이건 짧은 생각이었다. 바둑에서도 그랬던
것처럼, 결코 넘을 수 없을 것이라 믿었던 전문 분야인 프로그래밍
(코딩) 분야에 인공지능이 생각보다 쉽게 진입했다.

챗GPT와 같은 거대 언어 모델은 언어의 이해 부문에서 매우 단시

202　　　　　　PART 3 직장과 일, 산업을 뒤흔드는 인공지능 혁신의 물결

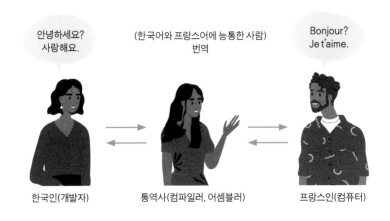

에 대한 설명으로, 왼쪽부터 다음과 같다.

안녕하세요? 사랑해요. — 한국인(개발자)

(한국어와 프랑스어에 능통한 사람) 번역 — 통역사(컴파일러, 어셈블러)

Bonjour? Je t'aime. — 프랑스인(컴퓨터)

간에 인간의 수준을 뛰어넘었다. 처음 세상에 나온 지 단 1년 만이다. 수십 개의 언어를 한 번에 통달했고, 컴퓨터 프로그래밍 언어까지 마스터해버렸다. 인공지능 언어 모델이 컴퓨터 코딩까지 섭렵할 줄은 아무도 예상치 못했을 것이다.

프로그래머가 작성하는 코드도 일종의 언어이다. 즉 컴퓨터가 이해하는 언어이다. 언어라고 불리는 이유는 화자가 말하는 의도를 문법에 맞게 변환해 청자가 이해할 수 있게 해주기 때문이다. 그래서 개발자 업무는 기획자의 요구 사항을 받아 설계를 통해 구체화하여 프로그래밍 언어를 통해 컴퓨터에 명령하는 통역 업무를 한다고 이해하면 쉽다.

따라서 인공지능 언어 모델은 프로그래밍 언어도 이해할 수 있다. 근래에는 마치 문서에 템플릿을 적용하는 것처럼 프로그래밍(코딩)도 템플릿으로 찍어내듯이 생성할 수 있다. 개발자가 지시를 내리면 인공지능이 그 의도를 이해해서 그 목표에 맞게 코드를 자동으로 생성해준다. 어떻게 이것이 가능할까?

│ 코파일럿: 채팅을 하니 코딩이 된다 │

코드 자동 생성 분야에서 가장 앞서 나가고 있는 기업은 마이크로소프트이다. 마이크로소프트가 출시한 깃허브 코파일럿GitHub Copilot은 언어 모델로 코드를 학습했다. 즉 챗GPT가 웹사이트, 도서, 위키 페이지 등 작성된 텍스트를 학습한 것과 마찬가지로 코파일럿은 깃허브* 내의 수많은 코드를 학습했다.

코파일럿은 프로그래머가 코드를 작성하다가 오타를 치거나 중요한 변수를 빠뜨리는 등의 실수를 했을 때 코드를 직접 수정하고 제안하며 개발자에게 직접적으로 도움을 준다. 과거에는 잘 모르는 파트가 있거나 어떻게 구성해야 할지 헷갈리는 구문에 대해 개발자들이 모여 있는 지식인 페이지에 질문과 답변을 주고받으며 해결책을 검색해 찾았다. 그러나 코파일럿이 출시되면서 그냥 코드가 자동으로 고쳐지고 자동으로 생성된다. 개발자의 의도대로 코드가 저절로 만들어지는 것이다. 상당한 생산성의 향상이 아닐 수 없다.[85]

아직 개선해야 할 점은 있다. 아직 코파일럿은 코드를 깊게 이해

---

* 깃허브(GitHub): 무료 코드 저장소. 많은 개발자들이 이 저장소에 본인이 작성한 코드를 올리고 공유한다.

하는 것이 아니라 코드의 패턴을 파악해서 결과를 내놓는다. 따라서 불완전한 결과를 내기도 한다. 그렇기에 개발자가 개입해 불안전한 부분을 고쳐야 하고 어떤 자료 구조를 사용할지 등 문제를 풀 수 있는 구체적인 방법을 직접 제시해야 한다. 코파일럿은 이름 그대로 부조종사일 뿐 조종사의 역할은 인간 개발자가 해야 한다. 현시점에서는 그렇다.

코파일럿을 사용하면 나름대로 해답에 가까운 코드 조각snippet

AI(GitHub Copilot) 사용 시 생산성 및 만족도 의견

생산성

생산성이 더 높아졌음	88%

만족감과 웰빙

코딩할 때 좌절감이 덜함	59%
내 일에 더 만족스러워짐	60%
더 만족스러운 일에 집중할 수 있게 됨	74%

효율성과 흐름

더 빠르게 완료할 수 있음	88%
반복적인 작업을 더 빠르게 할 수 있음	96%
더 많은 작업 가능	73%
검색 시간 단축	77%
반복적인 작업에 대한 정신적 노력 감소	87%

0% 10% 20% 30% 40% 50% 60% 70% 80% 90% 100%

자료: 깃허브

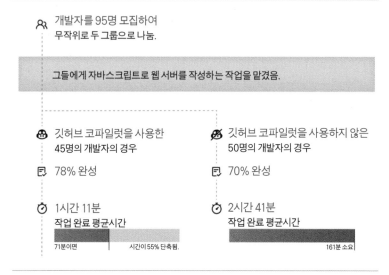

業務 수행 속도 비교: 인공지능 사용 vs. 미사용

개발자를 95명 모집하여
무작위로 두 그룹으로 나눔.

그들에게 자바스크립트로 웹 서버를 작성하는 작업을 맡겼음.

깃허브 코파일럿을 사용한
45명의 개발자의 경우

78% 완성

1시간 11분
작업 완료 평균시간

71분이면   시간이 55% 단축됨.

깃허브 코파일럿을 사용하지 않은
50명의 개발자의 경우

70% 완성

2시간 41분
작업 완료 평균시간

161분 소요

자료: 깃허브

을 보여주거나, 주석 작성 등 같은 패턴으로 반복해서 타이핑해야
하는 부분에 대해 적극적으로 자동 생성 기능을 가동해서 인간 개
발자의 생산성을 크게 높여준다. 소스 코드 공유·관리 플랫폼 깃허
브에서 개발자 95명을 대상으로 한 설문에 의하면, 코파일럿을 사
용한 그룹이 작업에 필요한 시간을 55% 단축할 수 있었다고 한다.
그리고 설문조사 결과에서는, 코파일럿을 사용한 개발자들은 지루
하고 반복적인 작업이 아닌 복잡하고 흥미 있는 일에 집중함으로써
더 생산적이고 결과적으로 행복도가 높아졌다고 응답했다.[86]

챗GPT가 글쓰기에 혁신을 가져다주었다면, 코파일럿은 코딩 작
업을 혁신했다. 이제 글쓰기뿐만 아니라 프로그램 코드를 작성하는

개발 분야에서도 인공지능을 활용하는 시대이다. 앞으로 인공지능이라는 도구를 잘 사용하지 못하면 도태될 수 있고, 이러한 도구는 업무에서 필수 불가결한 존재가 될 것으로 보인다. 프로그램 개발자는 억대 연봉을 받기도 하고 최저 연봉을 받기도 했다. 그만큼 실력에 따른 생산성 차이가 아주 큰 직업군이다. 앞으로 인공지능을 자유자재로 잘 사용하는 개발자가 그만큼 높은 생산성을 발휘할 것이고, 더 많은 소득을 올릴 수 있을 것으로 예상된다. 인공지능의 활용 능력이 곧 생존 능력이 될 것으로 보인다.

사무용 프로그램으로 마이크로소프트 오피스를 많이 사용하듯, 개발자들 사이에서 인기가 있는 통합 개발 도구IDE가 있다. 코딩을 편하게 할 수 있는 환경이라고 생각하면 쉽다. 예를 들어 젯브레인JetBrain의 인텔리제이IntelliJ와 마이크로소프트의 비주얼 스튜디오 코드Visual Studio Code 등이 있다. 이들 통합 개발 도구에는 코딩 어시스턴트 기능들이 속속 도입될 전망이다.

앞서 언급한 바와 같이 프로그램 코드를 작성하는 것은 워드로 문서를 작성하는 것 이상으로 고도하고 복잡도가 높은 작업이다. 여러 라인의 코드는 각각 또 다른 라인을 참조하고 영향을 주고받는 논리가 코드 문장으로 작성된다. 이 과정을 개발자의 머릿속에서 수행해야 하는데, 결코 쉬운 일이 아니다. 이런 배경에서 인공지능 개발 어시스턴트가 출현해서 개발자의 생산성을 크게 향상시킬 수 있게 되었다. 개발직군에서 코파일럿과 같은 인공지능 활용 문화는 빠르게 확산되었고, 앞으로 인공지능을 사용하지 않는 개발자들을 찾기 어려워질 것으로 보인다.

인공지능 코딩 어시스턴트 출현은 인간 S/W 개발자의 근본적인 역할과 의미에 대해 다시 생각해보게 한다. 미래에는 프로그래밍을 몰라도 누구나 AI와 대화를 통해 코딩을 지시해서 원하는 코드 결과물을 만들어낼 수 있기 때문이다.[87] 그간 여러 프로그래머들이 공부하고 갈고닦은 여러 가지 노하우와 지식들이 언젠가 쓸모없어질지도 모른다. 물론 이는 극단적인 상상이다. 코딩에 있어서 창의적이고 종합적인 지시와 관리 측면에서 여전히 인간 개발자는 계속 필요할 것으로 보인다.

개발 도구로서의 인공지능, 걸림돌은?

개발 도구에 인공지능이 들어오는 데 걸림돌도 있다. 가장 대표적인 문제는 저작권 관련 이슈이다. 만약 라이선스가 적용된 코드를 인공지능이 학습해 사용자에게 전달한다면 어떻게 될 것인가? 프로그램 코드에도 저작권이 있으며, 상업용 프로그램이 아닌 공개된 코드 저장소에 있더라도 코드별로 적용되는 라이선스의 조건이 다르다. 예를 들면 GPL 라이선스를 사용한다면, 공개되어 있는 것임에는 틀림없지만 이를 사용해 나온 창작 결과물의 소스 코드 또한 공개해야 한다. 코파일럿은 접근 가능한 기존 코드를 학습해서 이를 기반으로 새로운 코드를 생성하는데, 최근 이 과정에서 GPL 라이선스로 제한이 가해진 코드의 일부를 인용해서 출력해버리는 문제가 발견되기도 했다. 이는 자동 생성된 코드에 대해 저작권과 관

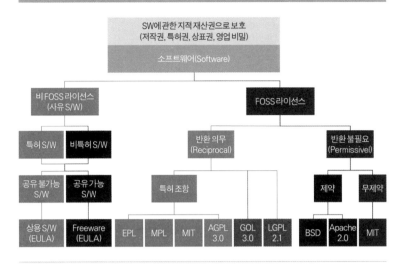

복잡한 공개 소프트웨어 라이선스

자료: 오픈소스 소프트웨어 통합지원센터

련해 해결해야 할 문제가 있다는 사실을 보여주었다. 그래서 자유 소프트웨어 진영Free Software Foundation은 깃허브 측의 학습 데이터 미공개와 과도하게 엄격한 저작권 관리에 대해 우려를 표하고 있으며, 미국에서는 관련한 집단소송이 진행되고 있기도 하다.

하지만 이런 문제는 언젠가는 해결될 것이다. 결국 타협점을 찾아 새로운 기술과 문화가 도입되어 커뮤니티의 발전에 도움이 될 것이라는 시각이 우세하다. 과거에도 자유 소프트웨어 진영은 저작권copyright이라는 단어를 비꼬아 카피레프트copyleft라는 말을 만들어내며, 거대 자본의 지식 독점을 반대하고 자유로운 공유와 협력을 주장한 바가 있었다. 개발 환경에서의 인공지능 도입 문제에 있어서도 비슷한 논의가 거듭되고 종국에는 잘 타협하고 발전할 수 있기를 바란다. 최근 과도한 저작권 규정을 내세우던 깃허브도 이러한 비판을 의식해 법적 대응 이외에 개발자 세션 등 대화의 장을 늘리고 소통에 나서는 움직임이다. 이런 시도와 노력이 거듭되고 향후 개발 문화에 인공지능 기술을 활발하게 사용할 수 있는 시대로 발전을 이어나갈 것으로 기대된다.

05

보안

인공지능 범죄에 대비해야 하는 보안 업계

| 바둑에서 인공지능을 꺾을 수 있는 속임수 발견 |

프로 기사도 이길 수 없는 인공지능 바둑 알고리즘에게 아마추어 선수가 대승을 거두는 것이 과연 가능할까? 실제 가능한 방법이 있다. 바로 인공지능을 속이는 변칙적인 플레이를 하는 것이다. 그런 방법이라면 바둑에서 아마추어가 인공지능을 이기는 것도 가능하다.

알파고와 이세돌의 대결 이후 7년의 시간이 흐르는 동안 인공지능 바둑 알고리즘은 계속 발전했고 이세돌 이후 인간은 인공지능과 바둑 대결에서 단 한 번도 이기지 못했다. 세계 랭킹 1, 2위를 다투는 정상급 프로 기사들이 저마다 인공지능과의 대결에 출사표를 던졌지만 승리를 거둔 프로 기사는 지금까지 없었다. 그런데 2023년 미국 캘리포니아에 있는 인공지능 기업 FAR에서 인공지능 바둑 알고리즘의 약점을 찾아냈다. 그리고 이를 기반으로 사람이 AI 바둑을 이길 수 있는 전략을 논문을 통해 공개했다.[88] 요컨대 그동안 인간 바둑에서 볼 수 없었던 괴상한 수순을 반복해서 두어 인공지능으로 하여금 오판을 유도한다는 것이다.

실제로 미국의 바둑 아마추어 선수인 켈린 펠린은 이 전략을 사용해서 현존 최강의 바둑 알고리즘으로 평가받는 '카타고'를 상대로 15번을 겨루어 14승 1패로 대승을 했다. 켈린이 둔 수들은 바둑을 좀 두는 사람이 보기에는 바보스럽기 짝이 없는 수들이다. 그러나 이것이 인공지능 바둑 알고리즘에게 통했다. 사람에게는 너무나 쉽게 들통나는 속임수가 인공지능에게는 대응하기 어려운 위협이 되었던 것이다.[89]

켈린과의 대국에서 카타고(AI)의 대마가 잡히는 모습

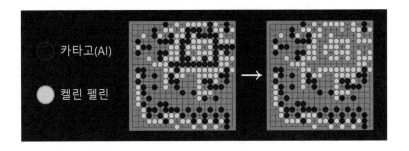

자료: Wang, Tony Tong, et al., ECML, 2023.

켈린이 둔 속임수들이 인공지능에게 통한 이유는, 기존 사람이 둔 기보(이력)에서는 한 번도 경험하지 못한 변칙적인 수였기 때문이다. 그렇게 켈린은 인공지능이 학습했던 데이터와 전혀 다른 새로운 수순을 두는 수법으로 인공지능을 이겼다. 이제 이런 수를 의도적으로 둔다면 그동안 자존심을 구겨야 했던 프로 기사들이 드디어 인공지능을 상대로 승리할 수도 있다. 하지만 어떤 프로 기사도 실제 그렇게 두지는 않을 것 같다. 왜냐하면 여기서 말하는 인공지능을 이길 수 있는 수란, 인간의 바둑에서는 결코 두지 못할 비매너의 수이기 때문이다. 예를 들자면 이미 패색이 짙어 돌을 거두어야 하는 상황에서 바둑판 귀퉁이에 의미 없는 수를 마치 상대를 조롱하듯 두는 것인데, 인간의 바둑에서는 장난이 아니고서야 이런 수를 둘 수는 없다. 여기서 중요한 시사점은 단순히 바둑의 승패에 있는 것이 아니다. 우리가 주목해야 할 것은, 전혀 상상치 못했던 변칙적인 방법으로 인공지능을 속일 수 있다는 사실이다.

| 챗GPT와 같은 LLM을 속이는 법 |

챗GPT는 사용자들의 안전과 법적 준수를 위한 정책을 가지고 있다. 이러한 정책은 사용자들의 보호와 윤리적인 가이드라인을 준수하기 위해 마련된 것이다. 하지만 악의적인 사용자들은 이러한 정책을 회피하고 챗GPT를 불법적인 목적에 이용하려는 시도를 할 수 있다.

가장 대표적인 예는 질문의 형식 조작이다. 악의적인 사용자들은 질문을 일부러 모호하게 하거나 특정한 형식으로 바꾸어서 챗GPT의 제한을 우회할 수 있다. 예를 들어 마약 제조법에 대한 직접적인 질문을 회피하기 위해 '화학 실험에 대한 정보'나 '화장품 제작에 사용되는 성분'과 같은 유사한 질문을 던져서 차단된 정보를 말하도록 유도한 사례가 있었다. 이 사례가 발각된 즉시 차단됐고 관련 회피 방법에 대한 조치가 이루어졌으나 앞으로 다른 새로운 회피 방법을 찾으려는 시도는 지속될 것이다.

또 하나의 변칙적인 트릭은 은유적인 질문을 던지는 것이다. 악의적인 사용자들은 직접적인 질문을 피하고 대신 은유적이거나 간접적인 표현을 사용해 챗GPT가 속아 넘어가도록 유도할 수 있다. 마약 제조법에 대한 질문 대신 관련된 화학 현상을 문학적인 묘사로 교묘하게 달리 표현하는 등의 방법을 쓸 수 있다. 아름다운 문학적인 은유가 인공지능 시대에는 나쁜 목적으로 활용될 수 있다는 것이다.

파편화된 질문을 던지는 트릭도 있다. 악의적인 사용자들은 마약 제조법과 같은 불법 활동에 대한 질문을 더 작은 단계로 분할해서 질의를 시도할 수 있다. 각 조각의 질문만으로는 이것이 불법적인 일인지 인식하기가 어려워 챗GPT가 정책적으로 차단되어 있는 정보에 근접하는 답변을 제시할 위험이 있다.

챗GPT를 운영하는 오픈AI는 이러한 악의적인 시도에 대응하기 위해 지속적으로 모델 개선과 모니터링을 지속하고 있다고 밝힌다. 그러나 지속해서 새로운 트릭이나 회피 방법이 등장할 수 있으므로 항상 경계를 늦추지 말아야 할 것이다.[90]

인공지능을 이용해 사람을 속이는 방법들

인공지능 기술의 발전은 현대사회에 혁신적인 변화를 가져왔지만, 그것은 동시에 어둠의 면모도 함께 내비친다. 나쁜 의도를 가진 사람이 인공지능을 속이기도 하고, 혹은 인공지능을 이용해 타인을 속이거나 인공지능 기술을 범죄에 악용하는 경우가 발생할 수 있다. 인공지능이 범죄와 일탈의 목적으로 활용된다면 어떤 일이 벌어질 수 있는지 한번 살펴보자. 벌써 현실에서는 이러한 시도가 심심치 않게 목격되고 있다.[91]

인공지능을 통해 사람을 속이는 대표적인 기술 중 하나는 앞서 언급한 바 있는 딥페이크이다. 딥페이크는 딥러닝 알고리즘을 활용해 사람의 얼굴이나 목소리를 모방할 수 있다. 이 기술을 이용해서 사진에서 메이크업과 헤어스타일을 변경하거나, 젊고 어린 시절의 모습으로 변경하는 등의 서비스가 출시되기도 했다. 그러나 이를 악

딥페이크를 좋은 목적으로 활용한 페이스앱(FaceApp) 사례

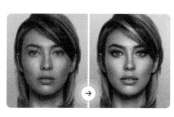

IMPRESSION

OLD

자료: 페이스앱

용해서 거짓 영상이나 음성을 생성하는 것도 가능하다. 어떤 사람이 범죄를 목적으로 다른 사람으로 가장하는 등의 사회적 혼란을 야기할 수도 있다. 예를 들어 유명인의 얼굴을 사용해 음란물을 제작하거나, 정치인의 발언을 조작해 거짓 정보를 유포하는 등의 악용 사례가 발생할 수 있다.[92]

인공지능을 통한 이미지 조작은 사람의 얼굴뿐만 아니라 배경, 사물 등 다양한 요소에서 적용되고 내용을 조작할 수 있다. 이러한 이미지 조작은 현실적으로 보이지만 사실과 다른 정보를 전달하는 데 악용될 수 있다. 이는 혼란을 야기할 뿐만 아니라 신뢰할 수 없는 정보의 확산으로 정치적·사회적 갈등을 초래할 수도 있다.

또 다른 예로는 보이스 클로닝voice cloning 기술이 있다. 이 기술은 기존의 음성 데이터를 바탕으로 특정 인물의 목소리를 모방하는 데 사용된다. 그 결과 소셜 네트워크 상에서의 공격이나 음성 사기 등 다양한 형태의 범죄가 발생할 수 있다. 실제로 전화 사기범들이 피해자의 목소리를 모방해 금전을 요구하거나, 음성 인증 시스템을 속여 접근하는 등의 사례가 보고되고 있다.

이처럼 인공지능을 활용한 속임수와 범죄는 새로운 차원의 위험을 낳고 있다. 이에 대비하기 위해서는 기술적인 대응뿐만 아니라 법적·윤리적인 측면에서도 적극적인 조치가 필요하다. 기술적으로는 딥페이크 탐지 알고리즘, 보이스 클로닝 방지 시스템, 이미지 조작 탐지 도구 등을 개발해 위협을 탐지하고 예방할 수 있다. 또한 법적·윤리적인 가이드라인을 마련해 인공지능 기술의 악용을 근절하도록 노력해야 한다.

│ 그 외 인공지능 시대의 주요 범죄 │

인공지능 기술은 다양한 범죄의 수단으로 활용될 수 있다. 먼저 인공지능을 악용한 사이버 공격이 점차 증가할 것이다. 기존의 사이버 공격에는 사람이 직접 참여해 공격을 수행했지만, 인공지능의 등장으로 그 형태와 규모가 더욱 확장되고 지능화될 것이다. 예를 들어 인공지능 기반의 스팸 메일 필터링 시스템을 속이기 위해 스팸 메일이 정상 메일로 인식되도록 조작하는 기술이 등장하기도 했다. 이런 기술은 피싱phishing과 같은 범행에 활용되어 개인정보를 탈취하거나 금전적 피해를 입히는 수단이 될 수 있다.

또한 인공지능을 활용한 금융 사기 사례가 증가할 수 있다. 인공지능을 이용하면 대량의 금융 데이터를 분석하고 예측하는 능력이 향상되어 금융시장을 조작하거나 사기를 저지를 수 있다. 금융 데이터를 모으고 분석하는 인공지능이 금융시장의 안정성과 균형을 잡는 목적이 아니라 특정 집단이나 세력의 이익을 대변하도록 활용될 수 있다. 이러한 기술을 바탕으로 시장을 왜곡하거나 주식시장에서 작전을 주도하는 등 범죄 행위로 이어질 수 있다.

그리고 인공지능을 이용한 스마트홈과 사물인터넷IoT 기기의 해킹 위협도 잦아질 것이다. 스마트홈이나 IoT 기기는 인공지능 기술을 활용해 사용자의 편의성과 효율성을 높이는 동시에 해커들에게는 새로운 공격 대상으로 부각된다. 예를 들어 AI 비서가 외부에서 들어온 악의적인 명령을 자칫 실행할 경우, 개인정보 유출이나 재산 피해 등의 문제가 발생할 수 있다. 실제로는 스마트홈의 보안 취약점을 이용해 침입하는 사례들이 점점 증가하고 있으며, 이는 개인의 안전과 프라이버시에 심각한 위협을 안겨준다.

이러한 인공지능 범죄는 기술의 발전과 함께 더욱 교묘하고 강력해지고 있으며, 그 피해가 개인뿐만 아니라 사회 전반에 이를 만큼 악영향을 줄 수 있다. 우리는 이러한 위협에 대해 경각심을 가지고 대비해야 하며, 범죄 예방과 피해 감소를 위한 다양한 대응책을 마련해야 할 것이다.[93]

│ 인공지능 창과 인공지능 방패 │

통상 공격은 수비보다 빠르다. 해커는 들키지 않기 위해 숨는 기술에 능하고 항상 새로운 허점을 찾아 공격에 나선다. 그래서 공격하는 진영보다 방어하는 진영이 더 어렵다. 사이버 공격에 인공지능이 활용될 것이 예상되면서 지금까지 경험하지 못했던 긴장과 불안이 보안 업계에 엄습하고 있다. 보안 분야에서 창과 방패의 싸움이 인공지능이라는 새로운 차원에 진입한 것이다.

마이크로소프트는 시큐리티 코파일럿Security Copilot을 선보였다. 시큐리티 코파일럿은 오픈AI의 최신 생성형 AI인 GPT-4와 마이크로소프트의 사이버 보안 모델을 통합한 서비스이다. 이 서비스는 방어자가 보안 침해를 식별하고, 매일 발생하는 신호와 데이터를 상시 분석한다. 그동안 수집된 다양한 위협 인텔리전스에 보안 관련 기술을 총망라해서 사이버 보안의 파수꾼 역할을 하겠다는 의도이다.

시큐리티 코파일럿은 일종의 똑똑한 사이버 보안 조언자라고 보면 된다. 이 서비스에게 오늘의 사이버 보안 위협 동향에 대해 질문을 하면, 관측된 주요 위협 내용 및 대응 방안과 솔루션 의견을 답변으로 받을 수 있다. 마치 챗GPT와 대화를 하듯 말이다. 시큐리티 코파일럿은 보안 전문가를 대체하는 것이 아니라 지원하는 것에 초점을 두고 있다. 이 서비스는 보안 사고 발생 시 조사를 돕고 사고 경위를 신속하게 요약하고 보고할 수도 있다.

구글도 나름대로 보안 플랫폼 정비에 나섰다. 구글은 2023년 사이버 보안을 위해 특별히 설계된 섹-팜Sec-PaLM 보안 플랫폼을 발표했다. 섹-팜은 구글이 이전에 개발한 거대 언어 모델인 팜PaLM 모델을 수정한 것으로, 기존의 보안 관련 데이터 자산에 인공지능 기법을 결합한 서비스이다.

그 외 보안 스타트업들도 GPT 등의 거대 인공지능과 사이버 보안 기능을 결합한 도구를 출시하는 데 열심이다. 보안 업체 레코디드 퓨처Recorded Future는 세계 최대 규모의 사이버 보안 행사 RSAC 2023에서 GPT 기반 사이버 보안 분석 도구를 공개했다. 이는 IT 기업들이 여러 가지 애플리케이션과 하드웨어 데이터를 지속적으로 관찰하며 악의적인 공격 활동을 탐지하는 데 도움을 주는 인공지능형 보안 솔루션이다.

보안 업체 베라코드Veracode도 개발자를 위한 GPT 기반 보안 솔루션을 내놨다. 이 솔루션의 이름은 베라코드 픽스Veracode Fix이며, 개발자가 보안 측면에서 안전한 소프트웨어를 만들 수 있도록 보조한다. 이 솔루션은 GPT를 기반으로 소프트웨어를 스캔한 후 발견된 보안 결함에 대한 의견과 수정 코드를 자동으로 제안한다. 베라 코드 픽스는 140조 라인 이상의 코드와 17년간의 보안 연구 데이터를 기반으로 인공지능을 학습했다고 한다.

슬래시넥스트SlashNext는 독자적으로 개발한 생성형 AI를 활용한 사이버 보안 제품 '제너레이티브 휴먼 AI'를 발표했다. 이 제품은 챗 GPT의 생성형 AI로 만들어진 속임수 이메일 패턴을 탐지하고 차단하는 기능을 제공한다. 사이버 범죄자들은 주로 회사의 임원이나 직원을 대상으로 피싱 이메일을 보낸다. 주로 거래처 직원이나 업무 동료인 것처럼 기만해서 이메일을 쓴다. 국내 대기업 중 하나의 L사에서 이러한 이메일 미끼에 속아 수억 원의 피해를 본 사건이 발생하기도 했다. 범죄자는 이런 속임수 이메일을 작성할 때 생성형 AI를 사용할 수 있다. 그 결과는 정말 그럴싸해서 속아넘어가기 일쑤이다. 제너레이티브 휴먼 AI는 이런 생성형 AI가 만들어내는 이메일을 사전에 탐지하고 공격 위협을 사전에 막는 것을 목표로 하고 있다.

사이버 범죄자들은 최신 기술로 무장하며 더 고도화되고 지능화된 공격 방식을 사용하고 있다. 그들은 사회관계망에서의 기만술과 악성 코드 사용, 네트워크의 취약점을 이용하는 등 다양한 방법으로 사이버 공격을 시도한다. 이에 따라 기존의 보안 솔루션들만으로는 대응하기 어려워지고 있으며, 보안 솔루션 업계 역시 이러한 위협에 대응하기 위해 인공지능 기술을 활발히 도입하고 있다. 그야말로 '인공지능 창과 인공지능 방패의 싸움'으로 묘사할 수 있다. 인공지능을 활용한 보안 솔루션은 사이버 공격의 새로운 패턴과 행위를 감지하고 대응할 수 있으며, 사용자 인증과 암호화 기술 등 다양한 분야에서도 활용되고 있다. 그러나 끊임없이 발전하는 사이버 범죄에 대응하기 위해서는 보안 솔루션 업체와 연구자들의 지속적인 연구와 개발이 필요하며, 인공지능의 발전에 대응해 더욱 강화된 보안 솔루션을 제공해야 한다.[94]

06

금융

더 똑똑하고
예측 가능한 금융

| 더 정확한 신용 평가와 예측 |

인공지능은 금융 산업에 혁신적인 변화를 가져올 것으로 기대된다. 이러한 기술의 발전은 금융 업무의 효율성과 정확성을 향상시키며, 고객 경험을 개선하고 전통적인 금융 서비스의 한계를 극복하는 데 도움을 줄 것으로 예상된다.

인공지능이 금융 서비스에 참여한다면 자동화된 기계학습과 데이터 분석을 통해 신용 평가와 대출 승인 과정이 개선될 것이다. 기존의 신용 평가는 대출 신청자의 과거 금융 기록에 기초해 판단되었지만, 인공지능은 고객의 다양한 데이터를 분석해 신용 등급을 예측할 수 있다. 소득, 지출, 상거래 기록 등 다양한 요소를 고려함으로써 보다 정확하고 공정한 신용 평가가 이루어진다.[95] 이를 통해 여신 접근성이 개선되고, 신용이 부족한 개인이나 중소기업에 대출 기회가 더 확대될 수 있다. 글로벌 금융사들의 관련된 움직임을 살펴보면 다음과 같다.

업스타트Upstart, 제스트AIZest AI, 아이어Aire, 크레도랩CredoLab 등은 인공지능 기반의 대안 신용 평가 솔루션을 제공한다. 각 사의 신용 평가 알고리즘의 내용에 다소 차이는 있지만, 대체로 전통적인 금융 데이터 외에도 소셜 미디어나 스마트폰 사용 패턴 등 다양한 정보를 수집해서 신용 평가에 활용한다는 공통점을 가지고 있다. 그중에서 크레도랩은 스마트폰에서 개인의 추가적인 동의하에 여러 가지 행동 데이터를 수집한다. 이색 사례 중 하나인 어펌Affirm은 온라인 쇼핑몰과 협력해서 고객이 온라인 쇼핑몰에서 할부 또는 대출을 받을 수 있도록 서비스를 마련했다. 각 사는 이런 방법을 통해 전통적인 신용 평가 방식보다 더 개선된 신용 평가 결과를 제공한다. 예를 들어 기존 금융 거래 이력이 없거나 전통적인 은행에서 여신을 받기 힘든 고객이 이 솔루션을 통해 더 나은 조건으로 여신 서비스를 받을 수 있다. 그리고 기존 금융 서비스를 이용하기 어려웠던 젊은 층이나 이민자 등의 고객들도 신용 평가 점수를 얻을 수 있어 여신 거래를 받을 수 있게 된다.

이처럼 최근 인공지능 기술을 도입한 신용 평가 기업들은 전통적인 신용 평가 방식을 넘어 여러 다양한 데이터를 활용해 보다 정확하고 신뢰할 수 있는 금융 서비스를 제공하고 있다. 이를 통해 소비자들의 금융 상품 접근성이 개선되는 동시에 금융기관들은 기존에 도달하지 못했던 새로운 고객을 확보할 수 있다. 이러한 혁신을 통해 금융 서비스의 접근성이 더욱 확대되어 고객들에게 더 신뢰할 수 있고 안정적인 금융 서비스를 제공할 수 있을 것이다.

| 금융 사기와 범죄를 사전에 차단 |

인공지능은 가상 보안관으로서의 역할을 수행하며 금융 사기를 예방할 수 있다. 금융기관은 대량의 거래 데이터를 다루는데, 이를 분석해 사기 패턴을 식별하고 이상 거래를 탐지하는 인공지능 시스템을 만들 수 있다.[96] 이를 통해 금융 사기 사례의 조기 탐지와 예방이 가능해지며, 고객의 자산과 금융 시스템의 안전성이 보장된다.

영국에 본사를 둔 사이버 보안 회사 다크트레이스Darktrace는 머신러닝 기술을 활용해 다양한 금융기관의 네트워크와 데이터를 보호한다. 이 회사의 인공지능 기반의 자기 학습 솔루션은 끊임없이 네트워크 환경을 모니터링하여 정상적인 거래 패턴과 이상 거래 패턴을 분류한다. 이를 통해 대규모의 금융 사기 작전을 사전에 차단하고, 대응하는 데 소요되는 시간을 최소화할 수 있다.

피드자이Feedzai는 금융 사기 방지를 목표로 한 글로벌 기업으로, 실시간 거래 데이터 분석을 통해 금융기관의 리스크를 감소시키는 솔루션을 제공한다. 인공지능과 머신러닝 기술을 활용해 대규모 데이터를 빠르게 처리하고, 사기성 거래를 정확하게 식별한다. 이를

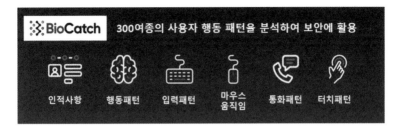

자료: 바이오캐치

통해 금융기관은 바로 대처할 수 있고 소비자는 보다 안전한 거래 환경을 체험할 수 있다.

바이오캐치BioCatch는 사용자의 생체 인증과 행동 특성을 이용한 금융 보안 솔루션을 제공하는 회사이다. 이 회사의 솔루션은 사용자의 키보드 타이핑 패턴, 마우스 커서 움직임, 스크롤 속도, 클릭 위치 등과 같은 행동적[97] 요소들을 수집하고 이러한 행동 특성을 기반으로 사용자의 신원을 확인하거나 이상 거래를 탐지한다. 이처럼 사용자의 습관적 행동 특징을 행동 바이오매트릭스라고 부른다.[98]

시프트Sift는 인공지능과 머신러닝 기술을 활용한 높은 정확도의 금융 사기 탐지 및 예방 솔루션을 제공한다. 이 회사의 솔루션은 다양한 채널, 디바이스를 통한 거래를 신속하게 분석하며 평가 점수를 산출해 신뢰할 수 있는 거래와 사기성 거래를 구분한다. 이를 통해 금융기관은 리스크를 최소화하고 정상 거래자에게는 원활한 서비스를 제공할 수 있다.

카시스토Kasisto는 인공지능 기반의 가상 은행원 솔루션인 KAI를 개발한 기업이다. 이 플랫폼은 은행 고객 대상의 전반적인 거래 보호, 사기 위험 항목 식별 등의 기능을 자동화하여 제공한다. KAI는 고객에게 적시에 환경 모니터링 및 보안 알람을 포함한 금융 경고 시스템을 제공함으로써 금융 사기를 예방하고 효율적인 금융 서비스를 제공한다.

인공지능을 이용한 스마트 금융 보안의 최신 사례들은 금융 사기와 범죄를 사전에 차단하는 기술적 발전을 이루면서 금융 산업의 발전에 기여하고 있다. 이를 통해 금융 사기 및 범죄를 사전에 차단하면서 금융 업계 전반의 안전성이 높아지고 있다. 앞으로 인공지능 기반의 보안 기술은 더욱 향상되어 금융기관과 고객 모두에게 더 큰 가치를 제공할 것으로 기대한다.

│ 금융 비서와 상담 챗봇을 통해 금융 서비스 혁신 │

인공지능 기반의 가상 비서와 챗봇은 고객 서비스 분야에서 혁신을 이룰 것이다. 대화형 인터페이스를 통해 자동으로 응답하고 고객의 문의에 신속하게 대응하는 인공지능 시스템은 은행이나 금융회사의 고객 서비스를 효율적으로 운영할 수 있게 한다. 아무리 뛰어난 인간 상담사라 해도 모든 상황에서 적합한 솔루션을 즉각적으로 제시하는 것은 거의 불가능하다. 복잡한 문제에 대해 업무 매뉴얼을 찾거나, 때로는 유관 부서에 자료를 문의해야 하는 등 응대를 위해 준비 시간이 필요하다. 그런데 인공지능은 더 정확한 대응을 즉

각적으로 할 수 있다. 고객들은 언제든지 질문할 수 있고 정확한 도움을 적시에 받을 수 있다. 개인화된 추천과 금융 상품 정보를 제공받을 수도 있다. 이를 통해 고객 경험이 향상되고, 은행이나 금융회사의 고객 유치 및 충성도가 높아질 것이다. 이러한 이유로 다양한 금융기관들이 챗봇을 도입하며 각각의 서비스 특성에 맞게 챗봇의 기능을 확장하고 있다.

뱅크오브아메리카Bank of America는 인공지능 기반의 가상 금융 도우미 '에리카Erica'를 도입했다. 에리카는 소비자들에게 잔고 확인, 통장 거래 내역 조회, 예산 관리 등 다양한 금융 서비스를 제공하며 음성 인식과 텍스트 기반의 대화를 가능하게 한다. 고객들은 에리카를 통해 간편하게 금융 관련 업무를 처리할 수 있다.

스웨덴의 스웨드뱅크Swedbank는 AI 챗봇 '뉘앙스Nuance'를 도입해 고객 서비스를 혁신하고 있다. 뉘앙스는 텍스트 및 음성 인식 기술을 기반으로 이용자들의 요청에 따른 금융 상담을 제공한다. 이 챗봇을 사용하면 고객들은 은행의 서비스 시간에 구애받지 않고, 여러 분야의 금융 서비스를 이용할 수 있다.

싱가포르의 OCBC뱅크OCBC Bank에서 만든 '엠마Emma'는 인공지능을 활용한 가상 금융 도우미로, 주택 담보 대출 상품에 대한 정보 및 상담 서비스를 제공한다. 이용자들은 질문에 대한 답변을 실시간으로 받을 수 있으므로 대출 상환 계획과 관련된 계산을 쉽게 할 수 있다. 이를 통해 원활하고 빠른 고객 서비스를 제공하는 동시에 인력과 비용을 절감한다.

AI 챗봇 기술은 단순한 정보 전달성 응대를 넘어 수치 데이터를 분석하고 나아가 기계학습 기능까지 갖추게 될 전망이다. 이를 통해 개인화된 금융 권유, 금융 분야에 대한 보다 깊은 고객의 이해, 신속한 금융 관련 결정 지원 등이 가능해질 것이다. 또한 AI 챗봇은 고객의 위치나 시간에 구애받지 않고 문제 해결을 위한 실시간 서비스를 제공할 수 있다.[99] 이를 통해 고객들의 문의 및 수요를 신속하게 처리하고, 이를 바탕으로 고객의 만족도와 금융기관의 충성도를 높일 수 있을 것이다. 금융 산업은 AI 챗봇 기술을 결합한 혁신 서비스로 나아갈 것으로 보인다.

| 개인 맞춤형 투자 전략을 수립하고 운용 |

현대 자본시장에서 퀀트 트레이딩Quantitative Trading과 자동화된 투자 집행은 보편화되었다. 이러한 자동화 시스템에 탑재된 인공지능은 대량의 데이터를 실시간으로 분석하고 패턴을 인식함으로써 효율적인 투자 전략을 수립한다. 또한 자동화된 트레이딩 알고리즘을 활용해 시장 변동성을 빠르게 파악하고 거래를 스스로 집행한다. 이를 통해 빠른 의사결정과 효율적인 자산 관리를 가능하게 하며, 투자자들의 수익성을 더 향상시킬 수 있다.

퀀트 전문 기업으로 유명한 미국의 헤지펀드 회사 르네상스 테크놀로지Renaissance Technologies는 수학과 통계학에 기반한 알고리즘을 활용해 투자 전략을 수립한다. 이 회사는 딥러닝 기반의 퀀트 모델을 통해 시장의 불규칙성을 예측하고 뛰어난 수익을 얻어 시장에서 호평을 받은 사실이 있다.

투 시그마Two Sigma는 데이터 과학과 기술을 결합한 투자 전략을 개발하는 데 주력하는 또 다른 미국의 헤지펀드 회사이다. 이 회사는 머신러닝, 인공지능, 통계학 등 다양한 기술과 과학적 방법들을 활용해 금융시장에서 기회를 찾고 효과적인 투자 결과를 달성하기 위한 전략을 만든다. 이러한 방식은 다양한 시장에서 일관된 수익률을 창출하는 데 도움이 되며, 기존의 주식 및 복합 자산 운용에서 더욱 높은 성과를 달성할 수 있도록 한다.

글로벌 투자 관리 회사인 블랙록BlackRock은 인공지능과 머신러닝 기술을 활용해 자산 운용과 위험 관리 전략을 개선하고 있다. 이 회사는 이러한 기술을 통해 시장 변동성, 이코노믹 지표, 마이크로 및 매크로 경제적 정보와 같은 대규모 데이터 세트를 분석해 금융시장의 동향을 파악하며 성공적인 투자 전략을 수립해낸다. 나아가 블랙록은 인공지능 기반의 리서치 도구인 '알라딘Aladdin'을 개발해 투자 전문가들이 시장 상황을 실시간으로 파악하고 글로벌 투자 의사결정에 도움을 주고 있다.

브리지워터 어소시에이츠Bridgewater Associates는 세계 최대의 헤지펀드 회사 중 하나로 알려져 있으며, 퀀트 기반 전략을 통해 우수한 투자 성과를 일관되게 거두어왔다. 이 회사는 인공지능 및 머신러닝을 사용해 수많은 경제 데이터와 금융시장 정보를 분석하고, 롱-숏 전략과 같은 다양한 투자 방식을 적용해 포트폴리오 성과를 극대화한다.

앞서 소개한 사례와 같은 퀀트 전략을 기반으로 한 기업의 성과는 투자 업계에서 인공지능과 머신러닝 기술의 가치를 강조하고 있다. 이 기술들은 더욱 정교한 투자 전략을 수립하며, 비트코인 같은 암호화폐 시장에서의 거시경제 요인이나 기술적 분석과 같은 미래 시나리오를 예측하는 데 사용될 것이다. 이를 통해 새로운 금융 시장이 열리고 아직 미개척 영역에 있는 투자 기회가 발굴되기도 할 것이다. 이러한 경쟁은 더욱 개선된 투자 전략이 개발되도록 촉진하며, 이미 존재하는 전략을 보완해 더 높은 수익률과 낮은 위험을 보장할 것이다.

| 미래 금융 산업의 숙제 |

인공지능은 금융 산업을 혁신하고 발전시킬 수 있으나, 동시에 새로운 도전 과제를 제기한다. 개인정보 보호, 투명성, 윤리적 문제 등 다양한 문제에 대한 대응과 규제가 필요하며, 기술의 발전과 사회의 발전을 조화시킬 수 있는 균형을 유지하는 것도 필요하다. 금융 산업에서 인공지능이 역할을 수행하려면 다음과 같은 숙제가 해결되어야 한다.

첫째, 개인정보 보호와 데이터 보안 문제이다. 금융 기업은 고객의 민감한 금융 정보를 다루기 때문에 이를 철저하게 보호해야 한다. 인공지능을 활용한 데이터 분석과 개인화 서비스를 제공하기 위해서는 방대한 양의 데이터가 필요하지만, 이에 따른 개인정보 유출과 사생활 침해 우려가 존재한다. 따라서 금융 기업은 데이터 보호를 강화하고, 보안 기술과 암호화 방법을 적용해 개인정보를 안전하게 보호해야 한다.

둘째, 불투명성과 평향성 문제도 해결해야 할 과제이다. 인공지능은 알고리즘과 기계학습을 통해 예측과 의사결정을 수행한다. 그러나 이러한 알고리즘의 내부 작동 방식이 투명하지 않을 수 있으므로 고객들이 그 결정에 대한 이해와 신뢰를 가지기 어려울 수 있다. 또한 인공지능의 학습 데이터에 편향성이나 차별성이 내재될 수 있어 공정성과 도덕적인 측면에서 문제가 발생할 수 있다. 따라서 금융 기업은 알고리즘의 투명성을 높이고, 고객들이 그 결정에 대한 설명과 근거를 이해할 수 있도록 노력해야 한다. 또한 학습 데이터의 품질과 다양성을 고려해 편향성을 최소화하고 공정한 의사결정을 도모해야 한다.

셋째, 인간과 인공지능의 상호작용과 윤리적인 책임에 대한 문제도 주목해야 한다. 금융 분야에서는 여전히 인간의 판단과 전문성이 중요한 역할을 수행하는데, 이를 완전히 인공지능에 의존하는 것은 적절하지 않을 수 있다. 인공지능의 결정을 신뢰할 수 있는 범위에서 인간의 감독과 개입이 필요하며, 인공지능의 한계와 책임을 인식하고 이를 고려한 사용이 이루어져야 한다.

넷째, 금융 기업과 관련 규제기관은 인공지능의 도입과 활용에 대한 적절한 규제를 마련해야 한다. 인공지능은 금융시장의 효율성과 경쟁력을 증진할 수 있지만, 그만큼 위험 요소도 존재한다. 따라서 적절한 규제와 모니터링이 필요하며, 금융 기업은 규제 준수와 윤리적 책임을 우선적으로 고려해야 한다.

07

제조/건설

위험하고 어려운 일을
쉽고 안전하게

| **위험 예측과 사고 예방** |

산업화 시대 초기에 노동 현장에서 크게 다치거나 장애를 입는 경우가 많았다. 지금도 산업 현장에서 안전 규정이 강화되고 노동자의 안전과 건강의 가치를 강조하고는 있지만 불의의 사고가 종종 일어나곤 한다. 이와 관련해 인공지능 기술은 제조업 공장이나 건설 현장과 같은 위험한 노동 현장에서 위험 예측과 사고 예방 등에 여러 가지로 기여할 수 있다.

먼저 인공지능은 위험 예측과 사고 예방에 도움을 준다. 제조업 공장에서는 고온, 고압, 화학물질 등 위험 요소가 존재하며, 건설 현장에서는 높은 고도와 무거운 기계 장비 등 위험한 작업 환경이 주어진다. 인공지능은 센서, 카메라 및 데이터 수집 장치를 통해 작업 환경을 모니터링하고 위험 요소를 감지할 수 있다. 이를 통해 이상 징후를 신속하게 탐지하고 사고 발생 가능성을 사전에 예측할 수 있다. 예를 들어 고온 감지 센서를 통해 화재 위험이 있는 공장을 감시하거나, 건설 현장에서 인공지능 기반의 비전 시스템을 사용해 작업자의 안전 장비 착용 여부를 확인할 수 있다. 이처럼 인공지능은 블루칼라 노동 현장에서 위험 예측과 사고 예방에 큰 기여를 할 수 있다.

필러 테크놀로지스Pillar Technologies는 빌딩 오토메이션 시스템을 통해 건물 건설과 운영 현장에서 안전과 에너지 효율을 증대시킨다. 이 시스템은 건설 현장의 습도, 온도, 먼지 등 공기 중의 데이터를 모니터링하고 분석해 화재, 곰팡이 발생, 환기 부족과 같은 위험 요소를 사전에 감지한다. 이를 통해 관리자는 이상징후 시 즉시 대응할 수 있으며, 시공 및 운영 과정에서 사고 발생 가능성을 줄일 수 있다.

ABB 어빌리티ABB Ability는 로봇 및 머신 비전 시스템을 통해 공장에서 진행되는 작업 과정에서 발생하는 위험 요소를 실시간으로 체크한다. 이 시스템은 인간 작업자와 협동 로봇cobot이 협력해 작업하는 공정에서 인공지능 기반의 위험 예측 모델을 사용하여 작업자의 불안정한 동작이나 위험한 상황을 판별해 사고 발생 가능성을 줄인다.

국내의 LG유플러스는 지게차 충돌 방지 솔루션을 개발하고 운영

LG유플러스의 스마트 안전 솔루션

자료: LG유플러스

한 사례가 있다. 이 솔루션은 작업자가 5분 내 하품을 3번 이상 하거나 집중력이 저하된 표정을 짓는 등의 시그널이 포착되면 경고 신호를 발생시킨다. 영상 안전 운전자 행동 분석도 한다. 인공지능 카메라가 차량 운전자의 졸음, 통화, 집중력 저하 등을 분석해 알려주는 기능이다.

이러한 사례들을 통해 인공지능이 블루칼라 노동 현장에서 위험 예측과 사고 예방에 효과적으로 활용되고 있음을 알 수 있다. 현장에서 쌓이는 대량의 데이터를 신속하게 분석하고 이를 바탕으로 위험 요소를 감지함으로써 인공지능은 작업자의 안전과 생산성을 크게 증진시킬 것으로 기대된다.

│ 위험한 작업을 대신할 수 있는 인공지능 │

　인공지능은 로봇 기술과 결합해 위험 작업을 자동화하고 인간 노동자의 부담을 줄일 수 있다. 로봇은 인간보다 정확하고 반복적인 작업을 수행할 수 있으며, 인공지능은 로봇에 지능과 학습 능력을 부여할 수 있을 것으로 보인다. 예를 들어 자율주행 로봇은 제조 라인에서 부품 이동이나 재고 관리 작업을 수행할 수 있다. 이를 통해 인간 작업자는 위험한 작업에서 해방되어 더욱 안전한 업무에 집중할 수 있을 것이다. 건설 현장에서도 로봇이 높은 고도 작업이나 중량물 처리를 담당하고, 인공지능을 통해 로봇이 위험한 절차를 대신하거나 인간 작업자에게 위험이 없는지를 실시간으로 모니터링할 수 있다.[100]

　독셀Doxel은 딥러닝 기술과 라이더를 탑재한 이동 로봇을 결합한 건설 프로젝트 관리용 인공지능 로봇을 개발했다. 독셀이 개발한 로봇은 사람이 하던 공정 진행 관리를 대신하면서 노동 생산성을

독셀 - 건설 프로젝트 관리용 인공지능 로봇

MECHANICAL 78.31%　ELECTRICAL 42.61%　PLUMBING 83.27%

Actual/Targeted Production Rate= 78.4%

자료: 독셀

크게 높여준다. 실제 회사는 이 로봇을 활용한 한 사업장에서 노동 생산성이 38% 상승했다고 밝혔다.

미국의 엔데버 로보틱스Endeavor Robotics는 군용 로봇을 개발하고 있다. 센서나 카메라 혹은 다른 장치들을 구성 요소에 덧붙여 다양한 형태의 작전 수행이 가능하다. 예를 들어 화학 및 생물학 오염 지역, 방사능 누출 지역 등에서 임무를 수행하거나, 폭발물 제거 등 위험한 임무가 있을 때 투입할 수 있다.

2011년 일본 후쿠시마 원전 사고 발발 후에도 로봇이 원전 폐수 처리와 방사능 물질 장소를 탐색하는 등 많은 분야에 인간을 대신해 투입되었다. 도시바Toshiba가 개발한 스콜피온SCORPION 로봇은 원전의 탈황탑을 탐색했다. 미국 로봇 회사인 아이로봇iRobot이 제공한 군사용 로봇 팩봇PackBot은 후쿠시마 원전에서 방사능을 감지하는 데 사용되었다.[101]

만약 작업 현장에서 사고가 발생했을 경우, 인공지능은 신속한 응급 대응을 돕는다. 예를 들어 인공지능이 상황을 신속하게 분석해 가장 효과적인 대처 방안을 추천하거나, 통신 장비를 이용해 구조 팀에 경고와 위치 정보를 전달한다. 이를 통해 사고의 피해를 최소화하고 빠른 복구가 가능하다.

이처럼 인공지능과 로봇 기술을 통한 다양한 기업의 사례들은 현장 노동자의 위험한 작업을 대신하며 안전과 효율성을 높이고 있다. 이런 변화는 블루칼라 노동자들의 안전성 및 작업 환경을 개선하는 데 큰 도움이 된다. 이러한 기술이 계속 발전하고 보급되면 미래의 작업 현장에서 더 많은 노동자들의 생명과 안전이 보호될 것이다.

| 현장 노동자들의 훈련과 기능 계발에 기여 |

인공지능은 작업자의 훈련과 안전 교육에 도움을 줄 수 있다. 가상현실과 증강현실 기술을 활용한 교육 시뮬레이션은 위험 작업에 대한 훈련을 제공할 수 있다. 예를 들어 제조업 공장에서는 인공지능과 가상현실을 결합해 작업자가 기계 작동 및 유지보수 절차를 가상으로 연습할 수 있다. 또한 인공지능은 작업자의 작업 습관 및 동작을 분석해 개선점을 제시하고 안전한 작업 방법을 교육하는 데 활용될 수 있다.

픽소 VRPIXO VR과 스트라이버STRIVR 등은 업무 훈련 및 작업 안전 프로그램을 제공하는 데 가상현실 기술을 활용하는 기업이다. 이들 회사는 인공지능을 기반으로 한 가상현실 시뮬레이션을 구축해 건설, 에너지, 제조 등 다양한 산업 분야의 노동자들에게 현장에서 직접 경험하기 어려운 훈련 콘텐츠를 제공한다. 이를 통해 노동자들은 실제 작업에 착수하기 전에 위험한 상황과 대처 방법들을 배울 수 있다. 또한 다양한 시뮬레이션 시나리오를 경험하면서 더욱 정교한 훈련을 받을 수 있어 실제 작업에 적용하는 데 큰 도움이 된다. 이러한 시뮬레이션을 통해 노동자들은 훈련 중 발생할 수 있는 실수에 대한 위험 없이 안전 및 작업 효율성을 향상시킬 수 있다.[102]

테일스핀Talespin은 회사 직원들에게 소프트 스킬과 리더십 훈련을 제공하기 위해 인공지능과 가상현실 기술을 사용하는 플랫폼을 개발했다. 이 플랫폼은 인공지능을 사용해 가상의 인물과 상호작용이 가능하게 하여 팀워크, 의사소통 및 충돌 해결과 같은 소프트 스킬을 향상시킨다. 블루칼라 노동자들에게도 이러한 기술은 안전 교육, 관리 역량 개발 및 새로운 기술 습득의 기회를 제공한다. 이런 경험을 통해 노동자들은 현장에서의 상호 협력을 높이고 전체 작업 효율성을 개선할 수 있다.

이러한 기업들의 실제 사례를 볼 때, 인공지능과 가상현실 기술이 현장 노동자들의 훈련과 기능 개발에 크게 기여하고 있음을 알 수 있다. 이를 통해 상황에 맞는 대처 능력을 배울 수 있으며, 실제 작업 환경에서 안전 요소를 철저히 준수할 수 있다. 앞으로 이러한 가상 훈련 기술은 더욱 진화하며 여러 산업 분야로 확산될 것이다. 이에 힘입어 블루칼라 노동자들이 더욱 안전하고 효율적인 작업 성과를 발휘하게 될 것이다.

| 실제 도입의 걸림돌 |

앞서 살펴본 것과 같이 인공지능 기술은 제조업 공장이나 건설 현장과 같은 위험한 노동 현장에서 안전성과 생산성을 향상시키는 데 많은 기여를 할 수 있다. 위험 예측과 사고 예방, 자동화, 교육 및 훈련, 데이터 분석 등 다양한 측면에서 인공지능의 기능과 잠재력을 활용해 작업자의 안전과 작업 환경을 개선할 수 있다.

그런데 도입 속도가 관건이다. 도입이 느리거나 적용이 전무한 곳도 있다. 대표적인 곳이 바로 건설 현장이다. 고층 건물을 지어 올리는 현장은 여러 가지 돌발 변수가 생기기도 하고 크고 작은 사고가 끊이지 않는다. 어느 때보다 인공지능이나 드론 기술의 도입이 시급한 분야라 하지 않을 수 없다. 하지만 여전히 많은 건설 현장의 타워크레인은 인간 기사가 높은 사다리를 오르내리며 실제 손으로 운전하고 있다. 이렇게 도입 가능한 기술이 존재함에도 불구하고 도입속도가 느린 데에는 여러 가지 요인이 있다. 이러한 요인들은 기술적·경제적·사회적 측면에서 다양하게 나타난다.

첫째, 기술적인 한계는 인공지능의 도입을 방해하는 요인 중 하나이다. 공장이나 현장에서의 작업은 다양한 상황과 변수를 고려해야하며, 실시간으로 의사결정을 내려야 하는 경우가 많다. 인공지능은데이터 기반의 학습과 예측에 의존하기 때문에 모든 상황에 대해완벽한 예측과 대응을 제공하는 것은 어렵다. 또한 인공지능 시스템의 신뢰성과 안정성 문제도 고려되어야 한다. 이러한 기술적인 한계와 신뢰성 문제는 인공지능의 도입을 주저하게 만드는 요인으로 작용할 수 있다.

둘째, 경제적인 측면에서는 인공지능 기술의 도입 비용이 큰 문제가 될 수 있다. 공장과 현장에서 인공지능 시스템을 구축하고 운영하는 데에는 상당한 투자가 필요하다. 인공지능 알고리즘의 개발,센서 및 하드웨어 구매, 데이터 수집 및 분석 인프라 구축 등에 많은 비용이 소요된다. 특히 작은 규모의 기업이나 현장에서는 이러한비용이 부담스러울 수 있다. 따라서 경제적인 측면에서의 부담은 인공지능의 도입을 어렵게 만드는 요인이다.

셋째, 사회적인 요인도 인공지능 도입에 있어서 방해 요인으로 작용할 수 있다. 노동자들은 인공지능의 도입으로 자신의 일자리가 위협박을 수 있다는 우려를 가질 수 있다. 특히 고기술 노동자들은 자동화에 의해 대체될 가능성이 높은데, 이는 노동시장에서의 불안감과 사회적 충돌을 야기할 수 있다. 또한 인공지능 시스템의 개인정보 보호와 윤리적인 측면도 중요한 문제로 부각되고 있다. 이러한 사회적인 문제들은 인공지능의 도입에 있어서 규제와 정책의 필요성을 제기하며, 도입 과정에서 장애물로 작용할 수 있다.

이렇듯 공장과 현장 노동에 인공지능의 도입에는 기술적·경제적·사회적인 여러 가지 방해 요인들이 존재한다. 이러한 요인들을 극복하고 인공지능 기술의 잠재력을 최대한 발휘하기 위해서는 기술의 발전과 함께 적절한 규제 및 정책, 교육 등의 조치를 통해 문제에 대처할 필요가 있다. 이를 통해 인공지능이 공장과 현장에서의 노동환경을 개선하고 노동자들의 안전과 생산성을 동시에 보장할 수 있는 가능성을 모색할 수 있다.[103]

08

복잡한 물류의 시간과 경로, 인공지능이 척척

| 자율주행으로 물류의 경제성, 효율성 증대 |

자율주행 기술은 물류 산업에 혁신을 가져오고 있다. 이 기술은 인공지능과 센서 기술의 발전으로 가능해진 것으로, 차량이 인간의 개입 없이 스스로 주행하고 조작되는 것을 의미한다. 자율주행 기술은 물류 산업에서 효율성과 안전성을 향상시키며 생산성을 높이는 많은 장점을 제공한다.[104]

우선, 자율주행 기술은 물류 운송 분야에서 효율성을 극대화시킨다. 예를 들어 자율주행 트럭이 물류 센터에서 제품을 자동으로 싣고 나갈 수 있으며, 사전에 설정된 경로를 정확하게 따라가면서 배송을 수행할 수 있다. 이는 인적자원의 절약과 운송 시간의 단축을 의미하며, 더욱 신속하고 효율적인 물류 체인을 구축할 수 있다는 장점이 있다.

다음으로, 자율주행 기술은 물류 운송의 안전성을 크게 향상시킨다. 인간의 운전 미숙이나 피로로 인한 실수를 줄여줌으로써 사고 발생률을 감소시킬 수 있다. 또한 자율주행 차량은 센서와 카메라를 통해 주변 환경을 실시간으로 감지하고 분석해 위험 요소를 사전에 예측하고 피할 수 있다. 이는 운송 중에 발생할 수 있는 사고를 예방하고, 물류 작업에 참여하는 인력과 차량의 안전을 보장하는 데 도움을 준다.

자율주행 트럭 여러 대는 행렬의 군집으로 자율주행을 할 수 있다. 이는 여러 대의 차량이 자율주행 기술을 사용해 가까운 거리를 유지하며 단일 유닛처럼 움직이는 것이다. 이렇게 군집주행을 하는 기술을 '플래튜닝platooning'이라고 하는데, 여러 가지 이점이 있다. 이 방식은 공기 저항을 감소시켜 차량의 연비를 개선해 물류 비용과 배출가스를 저감할 수 있다.[105] 또한 도로의 효율성을 높이고 교통사고를 줄인다. 미국, 유럽 등 선진 물류 시장을 비롯해 국내에서도 화물차 운전자가 지속적으로 감소하거나 운송업 기피 현상이 일고 있는 가운데, 소수의 운전자만으로도 다수의 트럭을 운용할 수 있는 군집주행이 해결책으로 떠오르기도 한다.

가장 선도적으로 자율주행 기술을 진행해온 유럽연합은 유럽 전역에서 군집주행 기술을 높이기 위해 '앙상블 프로젝트ENSEMBLE'에 2,000만 유로(한화 약 290억 원)를 투자하기도 했다. 볼보Volvo, 다임러

자료: 볼보

Daimler, 스카니아Scania 등 여러 트럭 브랜드들이 이 프로젝트에 참여했다. 네덜란드 연구기관의 조사에 따르면, 플래튜닝 주행 시 연료 소비량을 15% 줄일 수 있으며 교통 체증을 완화할 수 있다고 한다. 또한 트럭이 차간 거리를 줄이게 되면 위험한 끼어들기를 방지할 수 있어 교통사고 위험 또한 줄일 수 있다고 한다. 테슬라Tesla, 웨이모Waymo, 투심플TuSimple 등 전 세계적으로 유명한 기업들이 자율주행 트럭의 개발에 나섰다. 이러한 자율주행 트럭은 최적의 경로를 계획하고, 자동 길찾기를 통해 효율적인 물류 운영을 구현한다. 이를 통해 운송 비용을 절감하고, 과거에 비해 차량 관리 및 화물 운송 효율성이 크게 향상될 것이다.

| 항만, 철도, 창고 등 물류 전반의 혁신 |

창고 내에서 사용되는 물류 로봇은 상품 관리의 효율성과 정확성을 향상시킨다. 이들 로봇은 상품을 정확하게 식별, 추적 및 이동시키고, 사람에게 상품을 가져다주거나 물류 센터 내에서 상품을 적재하는 업무에 참여하기도 한다. 기업들이 창고 내에 로보틱스를 점차 도입해감에 따라 하루하루 상품의 위치 갱신 및 사고로 인한 자원 낭비를 최소화하며 물류 흐름을 높이고 있다.[106]

항만 및 철도 운송 역시 인공지능을 도입하며 혁신이 일어나고 있다. 예컨대 항만에서는 선적 및 양적 화물을 다루는 자동화 크레인과 같은 시스템이 도입되고 있다. 철도 산업에서는 운송 회사들이 열차의 지능형 정차 및 운행 관련 결정을 위해 자율주행 기술을 연구 및 개발하고 있다.

자율주행 등 인공지능 기술은 물류 산업의 여러 가지 측면에서 혁신을 가져오고 있다. 이로 인해 지역 배송부터 글로벌 차원의 물류 네트워크에 이르기까지 전반적인 물류 프로세스가 개선될 것이다. 이러한 발전은 고객에게 더욱 빠르고 정확한 배송 서비스를 제공하며, 기업들에게는 생산성과 경쟁력을 높이기 위한 중요한 도구가 된다. 특히 기후 변화와 지속 가능한 발전을 고려해야 하는 현대사회에서 자율주행 기술의 도입은 에너지 소비를 줄이고 환경친화적인 물류 인프라를 구축하는 데 기여할 수 있다.

| 무인 드론을 이용한 물류 혁신 |

드론은 도심 지역이나 택지 지역과 같이 전통적인 배송 방법에 어려움이 있는 지역에서 상품 배송 서비스를 효율적으로 제공할 수 있다. 이로써 배송 시간을 대폭 단축하고 도심 지역의 교통 체증을 완화할 수 있는 수단이다. 포춘 비즈니스 인사이츠(《포춘》)가 발표한 「드론 서비스 시장, 2022-2029」 보고서에 따르면, 드론 시장은 2022년부터 2029년까지 7년간 16.27배 성장할 것으로 보인다. 올해 134억 8,000만 달러(약 18조 7,000억 원)인 이 시장 규모가 연평균 42.78%씩 고속 성장해 2029년까지 2,328억 달러(약 312조 원)로 확대될 예정이다. 《포춘》은 다양한 산업에서 드론 도입이 확대되고 무인 배송을 위한 드론 인프라가 완비되면서 이 같은 고속 성장이 가능할 것으로 보고 있다.[107]

항공 드론의 질적 성능 향상도 지속되고 있다. 보잉Boeing은 미주리주에서 최대 500파운드(약 227kg)까지 운반할 수 있는 드론을 선보였고, 최근 군용 드론을 개발 중이며 시제기 사진을 공개한 바 있다. 이처럼 드론은 물류의 한 축을 담당하는 데 손색이 없을 수준으로 능력이 향상되었다.

무인 드론 기술이 안정화되고 가격이 저렴해지면서 배송·물류에 드론을 활용하려는 움직임이 계속되고 있다. 무인 항공기, 특히 드론 기술은 물류 산업에서 차세대의 배송 방식으로 부상하고 있다. 아마존, 윙Wing, UPS 등의 글로벌 물류 기업은 이미 드론을 활용해 소포 배송 서비스의 시범 운영을 진행하고 있다. 에어버스Airbus는

보잉의 군용 드론 시제기(좌: MQ-28, 우: MQ-25 모델)

자료: 보잉

싱가포르에서 드론을 사용해 해안에서 선박으로 소포 배송 시험을 진행했다. 아마존은 아마존 프라임 에어Amazon Prime Air라는 이름으로 30분 내 배송을 목표로 진행 중이며, 영국과 미국에서 배송 테스트를 끝마쳤다. 이들 기업은 소형 물품의 드론 배송을 통해 시간과 인력 비용을 절감할 수 있을 것으로 기대하고 있다.

한국에서는 국토교통부가 2032년 도심 드론 배송을 상용화하기 위해 관제 시스템 등 인프라를 확충하겠다는 발표를 했다. 드론 또는 로봇이 협업해 도심 고층 건물 안까지 물건을 배송하는 시스템을 실현하겠다는 것이다.

독일의 컨티넨탈Continental은 SF 영화 속 장면을 보는 것처럼 특별한 자율주행 배송 시스템을 제안했다. 이 시스템은 소형 자율주행 운송 차량인 큐브CUbE가 배송 지역 근처에 도달하면, 여러 대의 '로봇 개'들이 차 안에서 스스로 나와 최종 목적지까지 물건을 배송한 다는 것이다. 이와 유사한 기술로 페덱스FedEx는 배송을 위한 바퀴 달린 육상 로봇 배송 체계를 선보였다. 이들은 무인 배송의 형태가 꼭 하늘을 날아야만 가능한 것이 아니라는 발상의 전환적 개념을 보여준다. 이처럼 무인 드론 배송에 대한 혁신적 시도가 계속되고 있고, 하늘을 나는 배송이든 땅을 걷는 로봇 배송이든 가까운 미래 에 상업적으로 본격 도입될 수 있을 것으로 보인다.

| 무인 드론이 가져올 득실 |

2000년대 초반까지만 해도 군사용으로 국한되다시피 하던 무인 항공기 기술은 드론이라는 친숙한 이름으로 일반 시민들의 일상 속 에 깊숙이 자리 잡고 있다. 나아가 쇼핑이나 물류 업계에서는 무인 드론을 배송에 도입하려는 움직임이 활발하다. 앞으로 드론은 물류 업의 큰 고민인 비용과 시간을 크게 절약할 수 있을 것이다. 드론은 큰 택배 차량이 목적지까지 가지 않아도 되고 교통의 제약을 받지 않아 신속하게 상품을 효율적으로 배달할 수 있을 것이다.[108]

드론의 효용성은 단순히 택배 상자의 배송에서 그치지 않는다. 드론은 조난 지역에 긴급 구조 물자를 지원하거나 세계적으로 도움 이 필요한 곳에 의약품을 신속하게 배달하는 구조 물류에도 활용 될 수 있다. 실제로 도로와 의료 사정이 좋지 않은 르완다는 출혈에 의한 산모 사망률이 높았고, 특히 장마 기간에는 대부분의 도로를 사용할 수 없어 수혈이 필요한 환자들이 혈액을 제때 전달받지 못하는 경우가 많았다. 그런데 최근 드론을 혈액 배송에 활용하면서 목숨을 구할 의약품들을 신속하게 받을 수 있게 되면서 드론이 구난·의료 분야에서도 기여할 수 있음을 보였다.[109]

하지만 드론 배송 시스템에 대한 우려의 시각도 있다. 대표적으로 드론의 비행 시간이 짧다는 점과 날씨의 변화, 하늘의 새와 충돌 사고 등 돌발 상황에 대처할 수 없다는 점이 문제이다. 아파트 같은 공동주택에서의 배송품 전달 및 수령 방법에 대한 문제, 드론을 띄우기 위한 각종 규제 등으로 드론 택배의 상용화는 아직 힘들다는 주장도 있다. 안전사고의 위험성도 빼놓을 수 없는 이슈이다. 드론이 널리 보급되면서 국내외 드론 추락 뉴스를 심심찮게 접할 수 있다. 2015년 세계적인 라틴 팝스타 엔리케 이글레시아스는 멕시코 티후아나에서 열린 콘서트 도중 행사 진행용 무인 드론에 손을 크게 다치는 사고를 당했다. 국내에서도 2019년 부산에서 소풍을 떠났던 다섯 살 어린이가 추락한 드론 프로펠러에 얼굴을 크게 다치는 사고가 있었다. 앞으로 하늘에 무인 드론이 많아질수록 크고 작은 안전사고도 함께 증가할 수밖에 없다.

한편 무인 드론이 택배 상자만을 배송하는 것이 아니라 폭발물이나 화학무기를 투척할 수도 있어 우려스럽다. 드론이 범죄 또는 전쟁의 목적으로 활용된다면, 이는 위협적인 살상 무기로 변신하게 된다. 실제로 2022년 발발한 우크라이나와 러시아의 전쟁에서 양국은 드론을 날려 폭탄을 투하하는 등 드론을 살상용 무기의 운반 및 투하 수단으로 적극 활용했다. 이처럼 드론이 본래의 목적이 아니라 범죄나 살상의 목적으로 전용된다면, 우리 모두가 예비 피해자가 될 수 있다.

인공지능에 안성맞춤, AI 전용 반도체

│ 반도체가 인공지능을 구현하는 방식 │

인공지능은 크게 2단계로 작동한다. 첫 번째가 학습, 두 번째는 추론이다. 예를 들어 이야기해보자. 초등학교 교실에서 아이들이 소란스럽게 떠들고 있다. 이때 선생님이 화를 낼까? 내지 않을까? 이 문제를 인공지능으로 해결하려면 다음과 같은 절차를 따른다. 지난 1년간을 관찰해보니 소음 측정 기준 55데시벨 이상인 날에 선생님이 화를 내는 경향성이 확인되었다. 이제 이 학습 결과를 바탕으로 추론하는 예는 다음과 같다. 오늘 교실에서 측정한 소음 측정 기준이 57데시벨이다. 앞서 확인한 선생님이 화를 내는 기준 55데시벨보다 높으므로 오늘 선생님이 화를 낼 것이라고 추론한다.

위 사례는 소음 측정 기준 '데시벨' 변수 하나에만 의존해서 미래를 예측하는 아주 간단한 예시다. 인공지능은 이보다 많이 어렵고 복잡한 문제도 스스로 학습하고 추론할 수 있다. 투입할 변수가 많아지고 그 구조가 복잡할수록 인공지능으로 학습하거나 추론하려면 더 많은 계산이 필요하다. 사람에겐 어렵지만 인공지능은 이런 일에 아주 능하다.

과거 인공지능 초창기 시절에는 인공지능 추론 시스템을 만드는 데 범용의 컴퓨터를 이용했다. 이때는 CPUCentral Processing Unit가 인공지능에 필요한 계산을 담당했다. 그리고 얼마 지나지 않아 GPUGraphics Processing Unit를 이용하면 CPU를 쓰는 것보다 더 저렴하게 인공지능 계산을 할 수 있다는 사실을 알게 되었다. 그리하여 GPU를 써서 인공지능을 구현하는 것이 곧 업계 표준으로 자리 잡았다. 이는 그래픽 처리를 위해 만들어진 GPU를 머신러닝 용도로 전용한 사례이다. 진통제로 개발된 아스피린을 동맥경화 예방제로 쓰는 것처럼 이런 일은 의약품 분야에서 흔한 일인데, 이와 비슷한 사례라고 생각하면 된다. 그것이 우연히 인공지능 계산에도 잘 작동했기 때문에 인공지능 분야에서 GPU 이용이 널리 확산된 것이다. 이처럼 CPU 또는 GPU를 1세대 AI 반도체라고 분류한다. 1세대 AI 반도체는 인공지능을 위해 특별히 새로운 칩을 만들지 않고 기존에 있던 것을 사용한 것이 특징이다.

AI 반도체 시장은 현재 아직 초기 상황이나, 2030년까지 향후 10년간 6배 성장해 거대 시장으로 성장할 것으로 전망된다. AI 반도

AI 반도체 시장 전망(2018~2030)

(단위: 억 달러)

시스템 반도체 시장 중 AI 반도체 비중

(%)

2030년
시스템 반도체
전체 시장의
1/3

자료: 관계부처 합동(2020), 「인공지능 반도체 산업 발전전략」, 재인용(Gartner 2020, 2024년 이후는 KISDI 전망)

체 시장 규모는 2020년에 184억 달러에서 2030년에는 1,179억 달러 시장으로 획기적으로 확대되고, AI 반도체가 시스템 반도체 시장에서 차지하는 비중도 2020년에 8%에서 2030년에는 약 31% 수준으로 확대될 전망이다.[110,111]

| AI 전용 반도체의 등장 |

이제 1세대 AI 반도체인 CPU 또는 GPU를 뛰어넘어 인공지능 목적에 좀 더 특화된 반도체에 대해 관심이 집중되고 있다. 그동안 GPU가 인공지능 분야에서 좋은 성능을 발휘했던 것은 사실이지만 점차 물리적 한계에 봉착했다. GPU는 병렬연산을 할 수 있다는 장점 덕분에 인공지능 학습과 추론에 사용되었지만, AI 전용으로 설계되지 못한 탓에 비효율적인 면이 있었다. 여기서 말하는 성능은 크게 2가지 척도로 나타낸다. 바로 연산 속도와 전력 소모량이다. 기존의 CPU뿐만 아니라 GPU를 통한 인공지능 학습과 추론에는 많은 시간과 전력이 소모된다. 이를 해결하기 위해 나온 것이 지금부터 언급할 AI 전용 반도체이다.

인공지능이 계산을 하는 방법 중 대표적인 구조가 인공신경망ANN, Artificial Neural Network이다. 그리고 인공신경망을 더 깊게 쌓아 올린 것을 '깊은 신경망DNN, Deep Neural Network'이라 한다. 인공신경망을 여러 단계로 쌓아 올리면 더 복잡한 학습과 추론을 시킬 수 있다. 이 깊은 신경망을 빠르고 저렴하게 학습시키고 추론할 수 있게 하는 것이 업계가 풀어야 할 숙제이다. 이를 위해 인공지능 계산 과정을 반도체 내부에 최적화된 형태로 구현하면 바로 AI 전용 반도체가 된다. 지금까지 업계에서 사용된 CPU와 GPU는 다양한 소프트웨어 구동이나 게임 프로그램을 실행할 수 있는 범용성이 높은 반도체였다. 이보다 범용성은 떨어지지만 인공지능 연산에 더욱 최적화하여 반도체를 새로 만든다면, 지금보다 더 적은 전력을 소모하면서도 더 빠르고 효율적으로 인공지능을 작동시킬 수 있다. 이렇게 설계된 AI 전용 반도체는 신경망Neural Network에 최적화된 구조를 가졌다고 하여 NPUNeural Processing Unit라고 부른다.

NPU는 2세대 AI 반도체로 분류된다. NPU는 크게 2가지로 구분할 수 있다. 첫째, 칩 사용자가 용도에 맞게 변형해 사용할 수 있는 FPGAField Programmable Gate Array 형태가 있고, 둘째, 주문을 통해 반도체 공정에서 찍어내는 ASICApplication Specific Integrated Circuit 형태가 있다. FPGA보다 ASIC 형태를 보다 더 진보된 형태의 AI 반도체

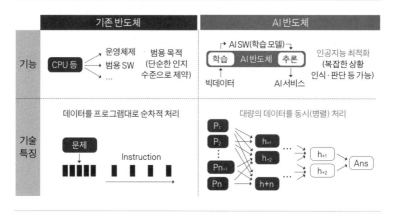

로 본다. 최근에는 이러한 AI 전용 반도체 설계 및 생산이 활발하게
진행되고 있다.

더 싸고 빠른 인공지능을 만들려면
컴퓨터 구조를 바꿔야

CPU, GPU뿐만 아니라 현재 만들어지고 있는 NPU는 모두 폰 노
이만 구조의 틀을 가지고 있다. 이 구조는 폰 노이만이 제시한 컴퓨
터 구조로서, 컴퓨터에 다른 작업을 시키려고 할 때 굳이 하드웨어
(전선)를 재배치할 필요 없이 소프트웨어(프로그램)만 바꿔 낄 수 있도
록 설계된 컴퓨터 구조이다. 쉽게 말해 폰 노이만 구조의 컴퓨터는

범용성이 있는 컴퓨터이다. 폰 노이만 구조 이전에 컴퓨터가 처음 만들어졌을 때는, 스위치를 설치하고 전선을 연결해 데이터를 전송하고 신호를 처리하는 식으로 프로그램을 만들었다. 그래서 컴퓨터에서 실행할 프로그램을 교체하려면 여러 개의 컨테이너에 자리 잡은 컴퓨터 상자에 수많은 전선을 바꿔 꽂아가며 세팅을 다시 해야 했다. 이런 장면을 고전 영화에서 보았을지 모르겠으나, 지금은 사용되지 않는 컴퓨터 설계 방식이다. 과거 컴퓨터에서 전선을 일일이 교체하면서 사용하려면 관리 인원도 많이 필요하고 프로그램을 바꾸는 데 드는 시간도 많이 소요되었다. 폰 노이만 구조의 컴퓨터를 도입하면 단순히 소프트웨어만 교체하는 것으로 간편하게 다양한 프로그램을 실행할 수 있다. 현재 우리가 쓰는 컴퓨터도 바로 이런 구조의 컴퓨터이다.

폰 노이만 방식의 컴퓨터 구조가 장점만 있는 것은 아니다. 이 컴퓨터의 가장 큰 문제점은 바로 폰 노이만 병목Von-Neumann Bottleneck 현상이다. 폰 노이만 구조에서는 연산을 담당하는 GPU, GPU와 데이터 저장을 담당하는 메모리가 직렬로 연결된다. 앞에 연결된 일이 모두 끝나야 뒤에 연결된 일이 시작되는 방식이다. 이 때문에 이러한 구조 속에서 데이터가 오고 가는 동안 앞 단계의 작업을 기다려야 하므로 병목이 필연적으로 발생한다. 컴퓨터에서 엑셀을 실행하거나 게임을 하는 등 일상적인 구동에서는 그리 큰 문제가 아니지만, 몇 시간 혹은 며칠씩 쉬지 않고 인공지능 로직을 학습해야 하는 개발 현장에서는 큰 제약이다. 그 때문에 이 한계를 뛰어넘는 것이 미래 AI 반도체 설계의 핵심 과제이다. 당연히 폰 노이만 구조하에

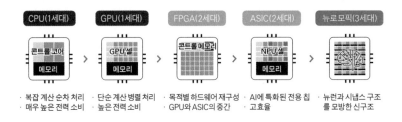

AI 반도체 발전 방향

CPU(1세대)	GPU(1세대)	FPGA(2세대)	ASIC(2세대)	뉴로모픽(3세대)
콘트롤 코어 / 메모리	GPU 셀 / 메모리	콘트롤 메모리	NPU 셀 / 메모리	
· 복잡 계산 순차 처리 · 매우 높은 전력 소비	· 단순 계산 병렬 처리 · 높은 전력 소비	· 목적별 하드웨어 재구성 · GPU와 ASIC의 중간	· AI에 특화된 전용 칩 · 고효율	· 뉴런과 시냅스 구조를 모방한 신구조

자료: 한국전자통신연구원

서는 이 병목 현상을 해결하는 것이 물리적으로 불가능하다. 따라서 이를 돌파하기 위해 메모리 중심 컴퓨팅memory-centric computing과 뉴로모픽neuromorphic 반도체 등 3세대 AI 반도체를 향한 다양한 연구가 진행되고 있다.

│ 국내외 반도체 업계, AI 전용 반도체 개발 착수 │

3세대 AI 반도체 분야에서 가장 대표적인 시도는 PIMProcessing In Memory이다. 메모리 중심 컴퓨팅 기술 중 하나인데, 메모리 내에서 직접 연산 기능을 수행할 수 있도록 구현하는 것이다. 이전의 컴퓨터에서는 메모리에 기억한 내용을 연산 유닛으로 옮겨와서 계산을 하고 그 결과를 다시 메모리로 옮겨놓는 작업을 반복한다. 반면 PIM에서는 메모리 유닛이 계산까지 할 줄 알아서 계산기까지 데이터가 이리저리 옮겨 다니지 않게 만들겠다는 것이다. PIM이 완전

PART 3 직장과 일, 산업을 뒤흔드는 인공지능 혁신의 물결

히 실현된다면 메모리와 연산 기능 사이의 데이터 전송에서 손실을 최소화할 수 있고 자연스럽게 병목도 해소될 것이다. 현재 삼성전자, SK하이닉스 등이 관련 연구에 착수했다. 이들 기업은 향후 NVMNon-Volatile Memory 기반의 PIM을 개발하는 것을 목표로 하고 있다. NVM 기반의 PIM은 DRAM 등 휘발성 메모리 기반의 PIM보다 소모 전력 면에서 더 우수하다.

뉴로모픽 반도체 분야의 연구도 시작되고 있다. 인간의 뉴런은 아주 적은 에너지를 소모하면서도 높은 효율을 발휘한다. 이 점에 착안해 인간의 뉴런과 시냅스 등을 더욱 자세히 모사해 인간의 뇌와 비슷한 동작을 하는 AI 반도체를 만들겠다는 시도가 시작되었다. PIM이 메모리와 연산 기능 사이의 병목을 최소화하여 초고속·저전력을 실현한다면, 뉴로모픽 반도체는 기존의 방식이 아닌 완전 새로운 방식으로 동작하는 AI 반도체인 것이다. 기존의 ANN 또는

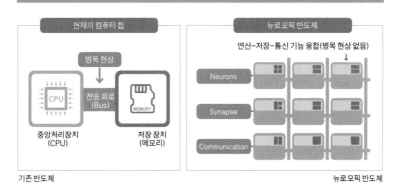

기존 반도체와 뉴로모픽 반도체 비교

자료: 융합연구정책센터

DNN이 로직의 틀에서만 인간의 뇌를 모사한 것이라면, 뉴로모픽 반도체는 실제 계산을 수행하는 뇌신경의 전기적 작동 원리까지 완벽히 인간의 뇌를 모사하겠다는 것이다. 즉 지금과는 전혀 다른 새로운 컴퓨터를 만들겠다는 것이다. 까마득한 미래의 일로 치부될 수도 있는 이야기로 들릴지 모르겠으나, 지금까지 경험해본 바 있는 기술 혁신의 속도를 감안한다면 불가능한 일도 아닐 것이다.

저전력·초고속의 장점을 가진 AI 전용 반도체의 또 다른 장점은 저비용이다. 저전력이기 때문에 운용상 당연히 저비용인 동시에 CPU, GPU에 비해 칩 가격이 상대적으로 저렴해지는 효과도 기대할 만하다. 기존 CPU, GPU는 범용성을 가져야 하기에 칩 내부 회로에 여러 가지 복잡한 기능들을 포함하고 있다. 따라서 칩의 단가가 비싸질 수밖에 없었다. 반면 AI 전용 반도체는 인공지능 학습과 추론에 필요한 기능만 콤팩트하게 구현하므로 저렴한 가격으로 만들 수 있다.

저비용·저전력·초고속 등 AI 전용 반도체가 가지는 장점들 때문에 글로벌 빅테크 컴퍼니들도 자체 NPU를 앞다퉈 개발하고 있다. 구글은 TPU_{Tensor Processing Unit}, 마이크로소프트는 브레인웨이브_{Brainwave}, 아마존은 인퍼런시아_{Inferentia} 등 자체적으로 개발한 NPU를 각자 클라우드 서버에 탑재, 운용하고 있다. 반도체 강국 대한민국도 이 흐름을 놓치지 않고 있다. 사피온_{SAPEON}은 국내 최초로 NPU를 출시했으며 퓨리오사AI, 리벨리온, 딥엑스 등 다양한 회사들이 뒤이어 NPU를 출시했다.

│ AI 반도체, 미래 경쟁력 │

　이쯤 되면 AI 반도체는 미래 반도체 산업의 핵심이라 말할 수 있다. AI 반도체 산업이 활성화되기 위한 필요 조건은 무엇일까? AI 반도체 산업이 활성화되려면 AI 반도체 생태계가 활성화되어야 하고, 이를 위해서는 다양한 분야에서 AI 반도체 활용이 절실하다. 현재 모든 일상에 인공지능이 도입되고 있는 것이 현실이지만, 어디까지나 범용 컴퓨터로 개발된 CPU, GPU 상에서 구현된 인공지능이 대부분이다. AI 반도체가 가지는 저비용·저전력·초고속 등의 장점 덕분에 활용처는 서서히 확대될 전망이지만, 시장 선점을 위해서는 더 적극적인 대응이 필요하다.

　이 분야를 잘 공략하면 한국이 비메모리 반도체를 석권할 수 있는 기회가 될 수 있다. 정부는 반도체 대기업과 산·학·연 간 연대·협력을 강화해 개방형 혁신 생태계를 조성하고 유망 기업을 육성해 기술 혁신과 산업 성장의 선순환을 유도하는 데 앞장서야 한다. 최근 한국 정부는 NPU, PIM, NVM 기반 PIM 등 원천기술 개발 강화를 지원하고 있는데, 이를 바탕으로 NPU를 자유로이 활용할 수 있는 NPU 팜Farm, PIM 팜, NVM−PIM 팜을 구축해야 한다. 즉 글로벌 빅테크 컴퍼니들이 자체 개발한 AI 반도체를 사용해 클라우드를 구축한 것과 유사하게 K−클라우드 구축에 있어 국산 AI 반도체를 활용하면 더할 나위 없이 좋다. 이를 통해 국내 데이터 센터 시장의 국산 AI 반도체 점유율을 80%까지 확대하고 국내 AI 반도체 기술 수준을 세계 최고 수준으로 향상시킨다는 것이 정부의 계획이다. 단, 국산 AI 반도체를 데이터 센터에 적용하기 위해서는 추가적인 소프트웨어 개발 지원 등 AI 반도체 생태계가 자리 잡을 수 있도록 뒷받침해줘야 한다. 그래서 정부는 국산 AI 반도체에서 기저학습 등 인공지능 알고리즘을 초고속·극저전력으로 실행하는 컴파일러, 라이브러리, 인공지능 모델 자동 병렬화 기술 등과 이를 상용 인터넷 기반 자원 공유에 적용하기 위한 가상 머신VM, Virtual Machine 및 컨테이너, 가상 서버 클러스터 기술 등 주변 기술 개발도 지원한다는 계획이다.

IT 분야의 전문 리서치 그룹 가트너에 따르면, AI 반도체 산업은 꾸준히 성장해 2026년에는 657억 달러 규모까지 확대될 전망이다. 다른 유력 조사 업체들의 결과도 유사하다. 이 조사 결과들이 뜻하는 바가 무엇일까? 이제는 대한민국 반도체 산업도 메모리 중심에서 비메모리 반도체로 서서히 확대되고 있으며 그 중심에는 AI 반도체가 있다. 즉 AI 반도체 역량에 투자하지 않고는 미래 인공지능 시대의 반도체 비전도 없다.

10

미래의
인공지능 기술의 향배

| 곧 데이터 부족 문제에 봉착 |

지금까지 인공지능의 성장을 견인한 동력은 크게 2가지다. 첫째는 IT 기술의 발전이다. 컴퓨터 과학 분야에서는 하드웨어와 소프트웨어 등 다양한 기술들이 지속적으로 발전해왔고, 이러한 발전은 더욱 복잡하고 다양한 인공지능 모델을 구현할 수 있게 했다. 둘째는 데이터의 폭발적인 증가이다. 인터넷과 스마트폰 등 다양한 디바이스를 통해 생성되는 데이터의 양은 기하급수적으로 증가하고 있다. 이러한 데이터의 폭증은 인공지능 기술에 많은 기회를 제공한다. 더 많은 데이터를 수집하고 분석함으로써 인공지능은 더 깊게 학습되고 발전할 수 있었다. 양질의 데이터는 인공지능의 성능 향상에 중요한 역할을 했다.

앞으로 IT 기술이 지속 발전할 것이라는 점에 대해서는 그 누구도 이의를 제기하지 않을 것이다. 반도체의 집적도와 처리 속도는 해마다 기하급수적으로 향상되고 있으며, 인공지능을 구현하는 알고리즘의 수준도 지속적으로 진보하고 있다. 이러한 발전은 끊임없이 이루어지고 있으며, 앞으로도 계속해서 발전할 것으로 예상된다. 그렇다면 가용 데이터 수준은 어떨까? 인공지능은 학습과 판단을 위해 많은 학습 데이터를 필요로 한다. 그러나 데이터의 양과 품질이 언제나 보장되는 것은 아니다.

지금까지 인간이 발생시키는 데이터는 해마다 증가했다. 10년 전에는 데이터의 홍수라는 표현도 있었고 빅데이터 시대가 열렸다는 말도 있었다. 지금은 그때보다 더 많은 데이터가 쏟아지고 있다. 그렇다면 과연 앞으로도 계속 데이터가 증가하는 것이 가능할까? 이와 관련해 인공지능을 위한 데이터의 크기에 관한 의미 있는 논문이 발표되었다.[112] 이 연구에서는 2026년 이전에 고품질의 언어 데이터가 고갈될 것이라 보았다. 활용 가능한 언어 데이터는 대부분 인터넷에서 생성된다. 주로 소셜 미디어 플랫폼, 블로그, 포럼 등을 통해서다. 이때 생성되는 콘텐츠의 양은 인구의 증가와 감소, 인터넷 침투율, 인터넷 사용자 1인당 평균 데이터 생성량 3가지 요소에 의해 결정된다. 과거에는 인터넷 이용자 수가 폭발적인 증가세를 유지했으나, 곧 인구수 대비 인터넷 보급률은 100%에 가깝게 포화될 것이다. 그 때문에 과거와 같은 인터넷 사용자의 폭발적 증가세는 없

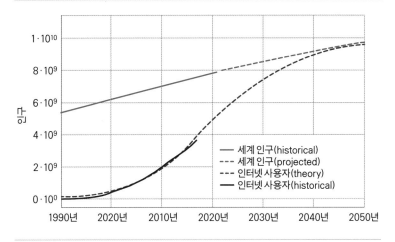

연도별 인터넷 이용자 수 추정

세계 인구(historical)
세계 인구(projected)
인터넷 사용자(theory)
인터넷 사용자(historical)

자료: Villalobos, Pablo, et al, 2022

을 전망이다. 물론 여전히 데이터의 절대량은 계속 증가하겠으나, 데이터 발생의 증가율은 감소세로 돌아설 것이다.

해당 연구에서는 이러한 복합적인 요인을 고려해서 실제 가용한 데이터 량을 추정했다. 그 결과는 다음 페이지 그림과 같다. (a) 저품질 언어 데이터, (b) 고품질 언어 데이터, (c) 영상 데이터 3가지 측면에서 볼 때, 시기는 다르지만 곧 데이터 증가 속도는 완만한 정체기에 돌입한다.

한편 데이터가 100만큼 있다면 100을 모두 사용할 수 있는 것은 아니다. 데이터는 형태와 도메인에 따라 수집, 보관, 가공에 필요한 금전적 비용과 시간적 자원이 제각각 다르다. 그 때문에 현실적으로 실제 인공지능 학습에 투입할 수 있는 데이터 양은 더 제한된다. 이

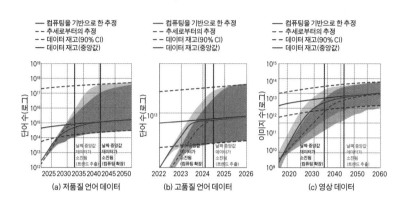

연도별 데이터 종류와 품질에 따른 데이터 재고와 사용 추정량

자료: Villalobos, Pablo, et al, 2022

연구에서는 이런 복합적 요소를 모두 고려한 결과 우리가 인공지능 학습에 투입할 수 있는 고품질 언어 데이터의 재고가 2026년 이전에 완전히 소진될 것이라고 예측했다. 그리고 이미지 데이터의 경우에는 2060년 이전에 가용 데이터가 한계에 도달할 것으로 보았다.

요약하자면 IT 기술은 제약 없이 지속적으로 발전할 수 있지만, 인공지능의 학습에 투입할 데이터는 곧 한계에 봉착하게 된다는 말이다. 그때는 더 이상 추가로 학습할 데이터를 구할 수 없고, 인공지능의 발전에 제동이 걸릴 수 있다. 이를 타개하기 위해 데이터에 노이즈를 추가해서 약간 다른 데이터를 파생시키거나, 기존에 쓰지 않았던 미흡한 데이터를 활용하는 방법 등이 시도될 수 있다. 이처럼 더 많은 데이터를 활용할 수 있는 방법의 중요성도 커질 것으로 보인다. 그래야 인공지능 기술 발전을 지속할 수 있다.

│ 현재 인공지능 알고리즘의 한계 │

현재까지 인공지능 알고리즘의 발전은 중요한 학술적 성취 2가지에서 비롯되었다. 바로 역전파와 트랜스포머이다. 역전파는 인공지능의 거장 힌튼 교수가 1986년 《네이처》 학술지에 발표한 방법이다.[113] 역전파는 인공신경망을 계산하는 기본적인 방법론이다. 역전파는 출력을 보고 거꾸로 입력에서 어떤 방정식을 써야 그 출력이 나올 수 있었을지를 되짚으며 인공지능의 식을 학습한다. 이 방법을 통해 인공신경망 모델을 학습시킬 수 있는데, 아주 복잡한 현재의 딥러닝 모델도 이 원리로 학습한다. 트랜스포머는 인공지능이 학습하는 또 다른 방법론으로 2017년에 논문으로 발표되었다.[114] 트랜스포머는 방대한 데이터들의 집합 속에서 데이터들 간의 관계를 잘 파악하기 위해 제안된 방법이다. 요약하자면 역전파는 인공지능 학습의 기본적인 체계이고, 트랜스포머는 데이터 속에 담긴 관계적 의미를 포착하는 방법이다. 인공지능 학습의 기본 메커니즘, 그리고 데이터 간의 관계를 찾는 방법, 이 둘은 현대 인공지능의 발전을 이끄는 핵심적인 요소이다.

최근 거대 언어 모델로 인기를 끌고 있는 챗GPT도 역전파와 트랜스포머 방법을 써서 만들어진 인공지능이다. 언어 모델은 단어들의 관계 파악이 중요하다. 단어들의 관계를 잘 학습하면 시도 쓰고, 보고서를 요약할 수 있고, 나아가 원본 언어와 외국어의 관계를 학습함으로써 번역도 할 수 있게 된다. 초기 딥러닝이 역전파 방법에 의해 발전했다면, 트랜스포머는 거대 언어 모델을 만들어내는 등 인공지능의 발전에 날개를 달아주었다. 그렇다면 역전파와 트랜스포머, 이 둘은 앞으로의 인공지능의 지속 발전에 있어서 충분할 것인가?

현대 인공지능은 취약점을 가지고 있다. 예를 들어 AGI*의 초기형이라 불리는 챗GPT는 복잡한 질문도 막힘없이 잘 대답하는 것처럼 보이지만, 잘 살펴보면 허점도 많다. 아주 쉬운 질문도 제대로 답을 찾지 못하는 경우가 종종 있다. 어떤 복잡한 문제를 풀려면 단번에 바로 해답을 말하기는 어렵다. 그래서 중간 결과를 한 번 내고 여기에 이어서 그다음 사고를 지속한다. 우리 인간은 이렇게 중간에 생략된 과정을 추론해 메꾸어 정답에 가까운 답을 찾아갈 수 있다. 이처럼 인간은 단계별 추론step-by-step reasoning을 통해 정답을 찾아나가는 것에 능숙하다.

하지만 트랜스포머 기반으로 만들어진 현대 인공지능들은 애석하게도 단계별 추론 과정에 약하다. 한 연구에서는 인공지능이 고차원의 추론을 잘할 수 있는지를 검증하기 위해 GPT를 여러 가지 복잡한 문제에 적용해 실험을 했다. 그 결과 복잡한 고차원의 단계별 추론이 필요한 문제에서는 성능이 크게 하락한다는 사실을 확인했다.[115] 이처럼 챗GPT를 비롯한 거대 인공지능의 성능이 떨어지는 이유는, 정답만 가지고 결과물을 찾다 보니 생략된 중간 단계들을 잘 추론하지 못한다는 데 있다. 이것이 바로 현대 인공지능 알고리즘의

---

* AGI(Artificial General Intelligence): 특정한 조건하에서만 적용할 수 있는 약인공지능과 달리 모든 상황에 일반적으로 두루 적용할 수 있는 인공지능을 말한다. 범용인공지능은 약인공지능과 달리 한 번도 해보지 않은 꽃꽂이를 남들이 하는 것을 보고 배워서 한다든가, 방범 업무를 경찰에게 인수인계 받아서 학습해 수행하는 것도 가능하다.

한계이다. 따라서 역전파와 트랜스포머 방법론만으로는 미래 인공지능 기술의 도약과 발전을 위해 부족함이 있다.

| 인공지능이 한 단계 더 발전하려면 |

앞서 인공지능 기술 발전에 있어서 2가지 문제점에 대해 살펴보았다. 첫 번째는 곧 도래할 데이터 부족 이슈에 대한 내용이고, 두 번째는 현재 사용 중인 인공지능 알고리즘의 기술적 한계에 대한 내용이었다. 데이터의 부족은 물리적으로 불가항력적인 상황이므로 근본적인 해결은 어렵겠지만, 알고리즘의 한계는 개선 가능성이 무궁무진하다. 지금의 챗GPT를 낳은 트랜스포머 알고리즘도 세상에 나온 지 10년이 채 되지 않았다. 그만큼 인공지능 알고리즘의 발전 속도는 빠르고, 조만간 문제를 해결할 대안적 방법이 소개될 가능성이 크다.

챗GPT를 만든 오픈AI는 현재 무엇을 준비하고 있을까? 오픈AI는 이러한 지적을 의식하고 자체적으로도 해결을 위한 연구를 하고 있다. 최근 오픈AI에서 이와 관련한 한 논문[116]을 발표했다. 그 내용은, 현대 인공지능의 대부분이 입력과 출력만을 보고 학습하고 있지만, 수학 문제를 푸는 데 있어서는 그 풀이 과정을 차근차근 학습하는 것이 더 성능을 올릴 수 있다는 것이다. 마치 인간이 수학을 배우는 것과 유사하게 인공지능을 가르치자는 것이다. 그러면 인공지능이 인간의 수학적 추론 능력도 따라 할 수 있지 않겠느냐는 것이다. 구글 산하의 딥마인드도 인공지능에게 입력과 출력만을 보여주고 그 원리를 바로 학습시키는 것보다는, 단계별 추론에 대해 구체적으로 학습하도록 지시하면 최종 성능을 더 향상시킬 수 있다고 밝혔다.[117]

마이크로소프트와 구글 양 진영 모두 추론에 관련된 과정을 잘 알려주고 학습시키면 기존 인공지능 시스템하에서도 추론 과정이 약했던 문제를 해결할 수 있을 것이라는 기대를 하고 있는 모양새다. 그러나 이러한 학습 방식이 트랜스포머의 태생적인 문제를 완전히 해결할 수 있을지는 여전히 의문이다. 반면 얀 르쿤Yann LeCun을 비롯한 많은 인공지능 연구자들은 현대 인공지능이 단계별 추론 과정에서 가지는 약점을 트랜스포머로는 해결할 수 없다는 입장이다. 이들은 트랜스포머로는 AGI에 도달할 수 없고 새로운 혁신적인 알고리즘이 필요하다고 입을 모은다. 그 승자가 전자의 방식에서 나올지, 후자의 방식에서 나올지 시간이 지나면 알게 되겠지만 그 과정에서 인공지능 알고리즘 분야의 경쟁이 지속될 것으로 보인다.

│ 구글과 마이크로소프트⋯ 영원한 승자는 없다 │

오픈AI가 성공적으로 챗GPT를 출시해 거대 언어 모델을 상용화했다는 소식에 많은 사람이 인공지능 시장에서 마이크로소프트나 오픈AI가 선도적인 역할을 하고 있다고 생각할 것이다. 사실 GPTGenerative Pre-trained Transformer 알고리즘의 기반이 된 트랜스포

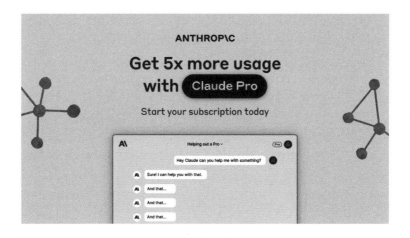

자료: 클로드 AI

머 방법론을 처음 제안한 곳은 구글이었다. 또한 구글은 그동안 많은 연구 성과들을 발표하며 인공지능 기술 발전을 이끌어왔다. 단순히 거대 언어 모델의 상용화가 늦었다고 해서 인공지능 기술에서 리더십을 상실한 것은 아니다. 구글은 여전히 저력이 있고, 앞으로 경쟁의 향배는 지켜보아야 알 수 있다. 최근 구글이 투자한 클로드AIClaude AI는 챗GPT 등의 거대 언어 모델에 입력할 수 있는 단어의 개수를 10만 개로 확장했다고 발표한 바 있다. 이는 언어의 문맥 내 학습을 더 정교하게 할 수 있으며 더 복잡한 질문을 이해하고 답할 수 있음을 시사한다. 구글도 거대 언어 모델과 관련해 투자와 연구에 리소스를 집중하고 있는 만큼 향후 마이크로소프트와 선의의 경쟁을 통해 더욱 우수한 인공지능의 길이 열릴 것으로 기대한다.

사실 클로드AI는 오픈AI에서 이념적 갈등을 빚고 퇴사한 핵심 개발자들이 창업한 스타트업이다. 이처럼 이직과 분사, 창업은 IT 업계에서 흔한 일이다. 더불어 인공지능의 알고리즘과 노하우는 추상적인 영역에 속하기 때문에 이러한 지식을 특정 기업 내에 묶어두는 것은 거의 불가능하다. 중요한 것은 기술적 노하우들이 사람 간의 협업으로 더 많이 발전하고, 이러한 기술적 성취는 쉽게 확산될 수 있다는 사실이다. 다시 말해 인공지능을 개발하는 핵심 인재들은 기업의 울타리를 넘나들며 활동하기 때문에 그들의 지식과 경험이 여러 영역에 전파될 수 있다. 따라서 IT 업계에서의 이직, 분사, 창업들은 기술 발전 측면에서 좋은 일로 평가되며, 인공지능 분야에서도 이러한 산업 간 융합이 활발히 일어나게 하는 등 선순환을 일으킨다.

현재 인공지능 기술은 빅테크 기업들이 과점하고 있는 것 같지만, 향후 인공지능의 리더는 구글과 마이크로소프트처럼 대규모 기업이 아니라 오히려 오픈소스 진영에서 나올 가능성도 있다. 이렇게 기업의 이해를 초월해 소프트웨어 기술 발전에 기여한 오픈소스의 성공 사례는 리눅스 OS에서 발견할 수 있다. 리눅스 OS는 오픈소스로 개발되었고 무료로 공급된다. 무료 제품이지만, 사실상 거의 모든 온라인 서버의 OS계를 완전히 점유하며 업계 표준이 되었다.[118] 이처럼 상업적이지 않고 무료로 제공되는 제품이라 할지라도, 고품질의 기능과 안정성이 입증된 오픈소스 프로그램들은 기업의 필수 선택지가 된다. 최근에는 인공지능 분야에서도 오픈소스의 역할이 증대되고 있다. 마이크로소프트에서 GPT-4를 출시한 직후,

오픈소스 자연어 처리 엔진 GPT-4ALL이 공개되기도 했다. 오픈소스는 인력 제한이 거의 없다는 점에서 큰 장점을 가진다. 수많은 개발자들이 무상으로, 그리고 자발적으로 공동 개발에 나서기 때문에 높은 유지보수성과 안정성을 보장하고 있다. 또한 이들은 오로지 신념에 의해 뭉치고, 자발적으로 해산하기도 한다. 이는 선의와 신념으로 비롯한 집단지성의 무한한 가능성의 원천이다.

PART 4

인공지능 시대,
사회적 윤리에 대해
더 고찰하다

지금까지 인공지능 시대에 우리 일상과 삶의 방식에 어떤 변화가 있을지, 그리고 일과 산업은 어떤 변화를 맞이할지에 대해 살펴보았다. 그러나 인공지능 시대를 이해하기 위해 살펴볼 주제가 더 남았다. 바로 사회적인 문제와 윤리적인 이슈들이다. 예를 들어 인공지능의 발전은 사회적 불평등과 갈등을 유발할 소지가 있다. 그 밖에 인공지능이 면접관이나 심사관의 역할을 대신하는 것이 과연 더 공정한 방향인지, 그리고 인공지능이 정치에 참여한다면 문제는 없는 것인지 등 고민거리가 많다. 이와 같은 주제들은 인공지능 시대의 도래와 함께 논의되어야 할 중요한 사안들이다. 앞으로 인공지능 기술이 순탄한 발전을 거쳐 인류를 이롭게 할 것인지, 아니면 인공지능의 과도한 팽창을 막아야 하는지에 대한 고민도 필요하다.

01

인류의 다음 진화:
호모 하빌리스의 인공지능

| 신기술의 등장과 패러다임의 전환 |

새로운 기술이 등장하면 혼란과 갈등이 생기기 마련이다. 19세기 사진기가 발명되었을 때 미술계는 충격을 받았다. 아무리 잘 그려도 사진보다 더 진짜처럼 그림을 그려낼 수가 없었기 때문이다. 일부 화가들은 자살 시도를 하거나 우울증에 시달렸다. 얼마 후 미술계는 미래로 나아갈 길을 찾았다. 인간 화가는 더 이상 '재현'으로 사진과 경쟁하지 않았고, '표현'으로 사진이 할 수 없는 것을 새로운 형태로 화폭에 그리기 시작했다. 피카소의 추상화는 그러한 변화 중 하나이다. 이와 함께 사진 역시 또 하나의 예술 장르로 발전했다. 사진작

가는 사진의 구도를 어떻게 잡을 것인지, 그리고 노출 시간과 조리개 값을 조작하고 그림자가 비치는 각도 등을 고려해서 예술적 가치가 있는 사진을 찍는다. 사진은 예술의 경계를 넓혀주고 새로운 표현 방식을 제공했다.

컴퓨터의 발전은 마우스나 디지털 펜으로 그림을 그리는 디지털 아트 분야를 탄생시켰다. 컴퓨터 도입 초기에는 붓이나 연필로 직접 그리지 않은 그림이 어떻게 미술 작품이 될 수 있느냐는 의문이 있었다. 그러나 금세 디지털 아트는 주류 미술 양식으로 자리 잡았다. 디지털 아트 분야에서는 컴퓨터를 활용해 다양한 스타일과 기법으로 작품을 창작할 수 있다. 현대에 들어 영화와 애니메이션에서 컴퓨터 그래픽스를 활용하는 것은 기본이 되었다. 예를 들어 영화 〈토이 스토리〉 시리즈는 컴퓨터 그래픽스를 이용해 주인공들의 움직임과 표정을 표현했고, 〈인사이드 아웃〉은 감정의 세계를 컬러풀하고 상상력 넘치는 시각적인 장면으로 표현했다. 이처럼 컴퓨터의 발전은 디지털 아트 분야를 탄생시켰고 예술가들에게 창의적 표현의 폭을 넓혀주었다.

새로운 기술은 처음에는 생소하고 두려운 존재로 다가온다. 그러나 지금까지 인간은 그 두려움을 넘어 새로운 도구로서의 가치를 발견해왔다. 최근 인공지능의 급부상으로 게임, 그림, 작곡, 글쓰기 등 여러 분야에서 동시다발적으로 인간의 자리를 잠식해오고 있으니, 인공지능에 대해 위화감이나 불편한 감정을 가지게 되는 것은 당연한 일이다. 그러나 우리 인류는 기술의 발전과 변화 속에서 항상 긍정적인 측면을 수용하고 문명의 발전을 이어왔다. 그 역사의 경험들을 통해 새로운 기술이 우리의 삶을 얼마나 더 발전적으로 변화시킬 수 있는지 그 가능성을 우리는 알고 있다. 지금 급부상하고 있는 인공지능이라는 도구 역시 크게 다르지 않을 것이다.

│ 석기시대, 철기시대, 다음은 인공지능 시대 │

인류를 규정하는 몇 가지 정의가 있다. 도구를 사용하는 인간을 의미하는 '호모 하빌리스', 지혜를 쓰는 인간을 의미하는 '호모 사피엔스',[119] 유희적 인간을 의미하는 '호모 루덴스',[120] 정치적인 인간을 의미하는 '호모 폴리티쿠스', 언어적 인간을 의미하는 '호모 로쿠엔스' 등이 그것이다. 호모 하빌리스의 관점에서 인간은 도구를 사용함으로써 더 인간답게 진화해왔다고 본다. 그리고 인간을 가장 인

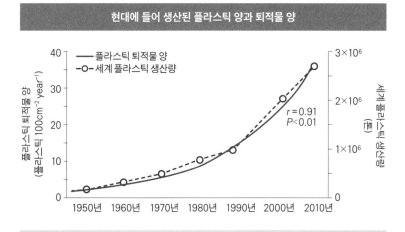

현대에 들어 생산된 플라스틱 양과 퇴적물 양

자료: Jambeck, Jenna R., et al., Science 347.6223 (2015): 768-771.

간답게 하는 특징이 바로 '도구를 사용하는 인간', 즉 호모 하빌리스라고 인류학자가 말한다.

원시시대에서 현대에 이르기까지, 문명의 단계는 도구를 기준으로 크게 나눠진다. 예컨대 석기시대, 철기시대 등으로 시대가 구분된다. 석기시대는 인류가 돌을 가공해 도구로 사용하는 시대이다. 청동기시대와 철기시대는 각각 구리와 철을 주 도구로 사용하는 시대를 말한다. 한편 21세기는 플라스틱 시대라고 명명해야 한다는 의견도 있다. 캘리포니아 샌디에이고대학의 제니퍼 브랜든 박사는 "플라스틱에 대한 인류의 사랑이 화석 기록에 남겨지고 있다"며 "우리 시대는 훗날 '플라스틱기Plastic Age'로 기록될지도 모른다"고 견해를 밝히기도 했다.[121]

인간이 사용하는 도구는 꼭 유형의 도구일 필요는 없다. 도구의 범위를 무형의 것으로 확장해서 논의한다면, 현재 인공지능의 폭발

석기 vs. 인공지능

자료: (좌)국립중앙박물관, (우)딥앤와이랩스(GPT-4로 생성)

적인 발전과 그 사회적 파급 영향을 고려할 때 현대를 '인공지능 시대'로 명명해야 할지도 모른다.

│ 더 강력해진 지식 탐색 및 확산 도구 │

인공지능 시대에 가르치는 방법과 지식을 습득하는 방법 모두 큰 변화를 맞을 것이다. 특히 대학의 전통적인 지식 전달 수단인 강의를 통해 가르치는 시대는 저물어가고 있다. 이제 학습 측면에서 '스스로 배우는 시대'가 되었다. 자신이 배우고 싶은 것이 있으면 인공지능 초연결 네트워크를 통해 적절한 교육 콘텐츠를 찾아 스스로 학습할 수 있다는 뜻이다. 예를 들어 위키, 유튜브, 네이버 지식, 챗GPT 등에서 다양한 학습 콘텐츠를 찾을 수 있다.

교육 콘텐츠 제작자의 면면을 살펴보면 아마추어부터 전문가까지 다양하다. 높은 순위에 속해 있는 대학교수의 동영상 강의를 시청할 수도 있고, 지식을 재미있게 전달하는 유명 유튜버의 강의를 시청할 수도 있다. 대학의 강의실에서 강의하는 교수의 경쟁자는 디지털 세상에 넘쳐나는 교육 콘텐츠이다. 유명 오픈코스웨어OCW, Open Coarse Ware는는 지속적으로 생겨나고 성장하고 있다. 오픈코스웨어란 대학에서 실제로 진행되는 강의들을 온라인을 통해 청강할 수 있게 만든 일종의 지식 나눔 프로그램이다. 공식적으로 학점이 인정되는 것은 아니기 때문에 학위나 졸업장 취득은 불가능하지만 세계 유수 대학 석학들의 강의를 무료로 들을 수 있다. 대표적인 오픈코스웨어는 K-MOOC, 코세라Coursera, edX 등이 있다. 이들 플랫폼은 저마다 다양한 강의와 강좌 콘텐츠를 공개 또는 공유함으로써 지식 확산에 기여하고 있다.

이러한 교육 플랫폼에서 자신의 관심사나 배우고자 하는 과정을 몇 번만 검색해보면 관련 강의 내용을 지속적으로 찾아서 알려주고 추천해준다. 앞으로 대학의 교수는 강의도 잘하고 지식도 풍부한 전 세계의 교수들과 경쟁해야 한다. 이제는 평생교육 시대이다. 대학교를 졸업한 이후에도 학생은 빠르게 창조되는 새로운 지식을 습득해야 한다. 나아가 노동자는 하나의 직업에만 종사하지 않고 다양한 업종에 종사할 뿐만 아니라 새로운 직종에 적응하기 위해 지속적인 교육이 필요하다. 지식의 수명이 짧아지고 새로운 지식의 추가 속도가 커지면서 앞으로의 교육은 정규교육 시스템만으로는 이를 모두 수용할 수 없다. 이러한 평생학습은 온라인, 인공지능, 챗GPT 등 다양한 디지털 학습 도구의 지원을 받게 될 것이다.

| 인공지능을 잘 써야 성공하는 시대 |

한국이 산업화에 성공해서 본격적으로 시계 수출 시장에 뛰어들어 가파른 성장 가도를 달리던 때가 있었다. 바로 1980년대 시절이다. 당시 무역업은 한국에서 주요한 성장 산업 중 하나였다. 이러한 배경에서 무역을 주업으로 하는 회사들은 많은 취준생들이 선망하는 직장이 되었다. 사람들은 무역 회사에서 일하는 것이 자신의 경제적 안정과 성장을 위한 가장 좋은 선택이라고 믿었다. 특히 영어를 잘하는 사람들은 경쟁력이 높아지며 좋은 기회를 얻을 수 있었다.

시대의 핵심 경쟁력 키워드는 계속 변화했다. 한때는 그것이 '영어'였고, 곧 이어 '컴퓨터'가 그 바통을 이어받았다. 당시에는 "영어 하나만 잘해도 먹고산다", "컴퓨터를 잘해야 좋은 직장에 취업할 수 있다"와 같은 말들을 듣고 살았다. 2000년대 초에는 '인문학'의 중요성을 강조하는 시기도 잠시 있었다. 각 시대마다 많은 학생은 그 유행에 따라 트렌드를 쫓았고, 자신의 경쟁력을 향상시키기 위해 노력했다. 인공지능 시대에 접어든 지금, 이제 그 트렌드의 중심이 '인공지능'이 될 것이라는 점에 이견을 달 사람은 없을 것이다. 이제는 "인공지능 하나만 잘 다루면 잘 살 수 있다"고 말할 수 있는 시대로 점점 나아가고 있다.

앞으로 연구 보고서를 쓰거나 회사 기획안을 쓸 때 인공지능을 잘 쓰는 사람이 그렇지 못한 사람보다 경쟁력을 가질 것이다. 그림을 그리거나 음악을 작곡하는 작업 등 분야를 막론하고 인공지능의 도구를 잘 활용하는 사람이 더 앞서 나갈 수 있다. 미래에는 보고서를 직접 손으로 쓰거나 음악의 음표를 직접 그려 넣는 일은 아주 고루한 일이 될 것이다. 인공지능 시대에서 성공하려면 역시 인공지능을 잘 다룰 수 있어야 한다.

82

인공지능 시대의 일자리

| 기술 발전, 일자리에 대한 양면성 |

기술의 진보는 과연 내 일자리를 빼앗아 갈까? 그간 사람의 일자리를 대체할 수 있다고 했던 수많은 기술과 장치들이 도입되었고, 일자리를 둘러싼 사회적 갈등도 많았다. 실제로는 특정 부문 종사자들의 일자리에 타격이 있기도 했으나, 종국에는 사업 구조의 재편으로 다른 형태의 신규 일자리가 생겨나기도 했다. 이처럼 기술 발전은 일자리의 위축과 창출이라는 양면의 결과를 동시에 가져올 수 있다.[122]

영국의 산업혁명 시기 방직기계가 도입되자, 수공업 노동자들은 새롭게 도입된 기계가 자신들의 일자리를 잠식하며 노동자들의 생계를 침해한다고 느꼈다. 위협을 느낀 수공업 노동자들이 저항하며 기계 파괴 운동을 벌였다. 이를 러다이트Luddite 운동이라고 한다. 그러나 기계의 도입이 사람의 일자리를 빼앗기만 했던 것은 아니다. 기계의 도입은 전혀 다른 형태의 새로운 노동 수요를 만들었다. 근력 위주의 육체노동이 기계를 컨트롤하는 섬세한 노동으로 바뀌긴 했으나 여전히 노동자는 필요했다. 기계를 설계하고 개발하는 일, 기계를 설치하고 운영 및 관리하는 일, 그리고 고장 시 수리할 수 있는 인력 등 기계가 도입됨으로 인해 새로운 일자리가 만들어졌다. 그리고 대량생산으로 저렴해진 공산품이 시장에 공급되면서 대중적인 소비가 일어나고 산업 규모가 비약적으로 성장할 수 있었다. 나아가 종국에는 사업 구조의 재편으로 다른 형태의 더 많은 새로운 일자리가 탄생할 수 있었다.

축음기가 발명되기 전, 음악과 노래를 감상하기 위해 가수나 연주자와 직접 만나는 것이 필수적이었다. 음악 감상의 범위는 비교적 좁았으며, 음악가들의 경제적 이익도 한정적이었다. 그러다 축음기가 발명되자 음악과 관련된 패러다임이 변화를 맞았다. 축음기가 보급되면서 가수나 연주자 앞에 가야만 들을 수 있었던 음악과 노래를 어디서든 즐길 수 있게 되었다. 음악가들은 이를 대체로 부정적으로 받아들였으나, 이후 음반 산업이 나타나고 음악이라는 분야가 큰 엔터테인먼트 시장으로 만들어졌다. 사실 이런 변화는 축음기를 발명한 에디슨도 예상치 못했던 일이다. 축음기의 출시로 인해 생겨난 음반 산업은 음악가들이 음반을 통해 수익을 창출하기 시작하며 전례 없는 성장을 이루게 되었다. 이를 통해 더 넓은 범위의 관객에게 소개되고, 새로운 장르가 탄생되어 음악의 다양성도 증가했다.

영화 산업도 음악과 유사한 길을 걸었다. 영사기와 영화의 발명으로 사람들은 연극배우를 찾지 않아도 극장에서 영상물을 시청할 수 있게 되었다. 초기에 이로 인해 연극배우들의 설 자리가 줄어들 것이라는 우려가 있었다. 그러나 예상과 달리 영화 산업은 해마다 성장했고, 전문 배우뿐만 아니라 영화 제작, 감독, 스태프 등 더 많은 관련 일자리가 생겨났다. 영화 산업은 전 세계적으로 문화와 경제에 영향을 미치는 엄청난 무대가 되어 호화롭게 발전해갔다.

산업혁명, 음반 산업과 영화 산업의 태동기를 살펴보면 공통점이 있다. 산업 혁신과 기술 변화는 일부 일자리를 위협하거나 줄일 수 있으나, 새로운 일자리 창출에 훨씬 큰 영향을 미쳤다는 것이다. 기술 발전으로 생산능력이 향상되고, 이를 통해 거시적인 경제활동이 활성화되어 결국 더 많은 일자리를 창출할 수 있다.

인공지능 시대의 일자리에서도 마찬가지다. 인공지능의 발전으로 인간 일자리가 줄어들 것이란 전망이 우선적으로 나온 것은 사실이다. 그러나 인공지능 기술로 인해 파급되는 전혀 다른 새로운 신규 일자리의 출현 또한 기대하는 전문가가 많다. 순다르 피차이Sundar Pichai 구글 CEO는 미 IT 매체《더 버지The Verge》와의 인터뷰에서 과거 20년간 자동화 기술로 많은 직업이 사라질 것이란 예측이 있었으나 실제로는 그렇지 않았다며, 인공지능이 인간 일자리에 부정적일 것이라 단정할 수는 없다는 취지의 견해를 밝혔다. 그는 오히려 인공지능 덕분에 10년 후 변호사 일자리가 오히려 더 많아지는 역설적 상황이 예상된다는 의견을 말했다.[123]

인공지능 시대의 일자리 변화 전망

세계경제포럼(WEF)은 「일자리의 미래」 보고서에서 미래에 늘어날 일자리와 사라질 일자리 상위 10개를 제시했다. 요약하면 인공지능, IT, 데이터 관련 전문직에서 일자리 증가를 예상했고, 은행 텔러, 계산원, 사무원 등 단순 업무 관련 일자리의 감소를 예상했다.[124]

이처럼 인공지능 기술 발전은 일자리의 위축과 창출을 복합적으로 가져올 것이다. 자율주행 기술의 성장은 기존의 택시 및 화물 운송 기사들과 같은 전통적 일자리를 위협할 수 있다. 운전을 하는 기능이 인공지능에 의해 대체되면서 단순한 운전 기능만에 의존했던

가장 빨리 늘어날 일자리, 사라질 일자리 톱10(2023~2027년)	
· AI 및 머신러닝 전문가	· 은행 텔러 및 관련 직원
· 지속가능성 전문가	· 우체국 직원
· 비즈니스 인텔리전스(BI) 분석가	· 계산원 및 매표원
· 정보 보안 분석가	· 데이터 입력 담당자
· 핀테크 엔지니어	· 행정 및 집행 비서
· 데이터 애널리스트·과학자	· 자료 기록 및 재고 관리 사무원
· 로보틱스 엔지니어	· 회계, 부기 및 급여 사무원
· 빅데이터 전문가	· 가전제품 설치 및 수리공
· 농업장비 운영자	· 입법부 의원 및 공무원
· 디지털 전환 전문가	· 통계·재무·보험 사무원

자료: 세계경제포럼, 「일자리의 미래」

직업군들은 그 충격을 피하기 어려울 것이다.[125] 반면 자율주행 기술과 관련해서 전혀 새로운 일자리를 창출하기도 한다. 자율주행 기술과 관련된 업무, 소프트웨어 엔지니어, 데이터 분석가, 보안 전문가 등의 수요가 높아지게 되며, 이로 인해 자율주행 운행과 관련된 일자리가 탄생할 것이다. 또한 자율주행 장치와 탈것의 하드웨어 설계 및 생산에 종사하는 기술자들의 역할 역시 확대될 것이다.

자율주행뿐만 아니라 다양한 분야에서 인공지능 기술이 일자리를 축소하기도 하고 새로운 일자리를 만들기도 하는 등의 양면성을 보게 될 것이다. 현재 인공지능 기술을 만들고 개선시키는 개발자와 연구원들에 대한 수요는 계속 증가하고 있다. 학문적 연구만이 아니라 다양한 산업 분야에서 인공지능 시스템 개발과 최적화를 담당하는 이들의 역할이 중요해질 것이다. 인공지능은 대량의 데이터를 이용해 학습하고 성능을 개선한다. 따라서 데이터를 분석하고 가공하는 데이터 과학자와 분석가들의 역할도 계속 중요할 것이다. 이들은 결정과 최적화 과정에서 가치 있는 정보를 추출해 인공지능 시스템의 성능을 향상시키는 데 꼭 필요한 노동자가 될 것이다.[126]

나아가 인공지능이 보편화되면서 이를 이해하고 응용 및 활용할 수 있는 인재의 필요성이 부각되는 상황이다. 이에 따라 인공지능 교육에 전문적인 지식을 가진 교육가들이 관심을 받고 있다. 인공지능 기술이 다양한 분야에 적용되면서 사용자들과 인공지능 간의 원활한 의사소통을 도울 인터페이스 디자인 또한 중요해진다.[127] 인공지능 친화적 인터페이스 디자이너들은 이러한 소통을 원활하게 이어갈 수 있도록 인공지능과 사용자 간의 상호작용을 고려한 디자인을 제공한다. 그리고 인공지능 윤리 전문가들은 인공지능 기술과 관련된 윤리, 법적 문제, 그리고 사회적 영향을 평가하고 가이드라인을 제시하는 새로운 미션을 수행할 것이다.

일자리에 관한 또 하나의 역설: 감정과 인식의 문제

옥스퍼드대학 칼 프레이Carl Frey 등 연구자들은 향후 인공지능의 발전으로 인해 사라질 직업들을 예측했다. 인공지능 시대에 사라질 직업으로는 약사, 항공기 조종사 등 10종의 직업군이 거론된다.[128] 지금 시점에서 다소 비관적으로 보자면 이 예측은 실제 현실이 될 것만 같다.

먼저 항공기 조종의 자동화로 파일럿의 일자리가 줄어들 것이라는 전망에 대해 살펴보자. 사실 지금도 비행기 조종의 대부분은 이미 컴퓨터에 의해 자동으로 처리되고 있다. 항공업 전문가의 말에 따르면, 비행 조종의 90% 이상이 자동화되어 있다. 향후 인공지능의 수준이 더 높아지고 무인 비행 시스템이 고도화되면 파일럿 없는 비행기가 빨리 현실화될 것이라 생각할 수 있다. 약사 또는 의사의 일도 인공지능과 로봇 기술로 인해 변화가 있을 것이라는 전망이 있었다. 로봇이 알약을 정확히 분류하고 포장할 수 있다면, 인공지능 로봇은 약사들의 일을 대체할 수 있다는 것이다. 사실 현재 시중에는 입력된 처방의 내용에 따라 담을 약을 분류하고 자동으로 투

항상 인간 파일럿이 자리를 지키는 항공기 조종석

자료: 에어버스

입하고 포장까지 해내는 기계가 이미 출시되어 약국에서 사용되고 있다. 역시 이러한 변화를 살펴보자면 곧 약사가 없어질 수 있겠다고 생각할 수 있다. 과연 그럴까?

90% 이상의 비행기 조종 작업이 자동으로 진행되고 있는데, 왜 아직도 기내에 파일럿이 2명이나 앉아 있을까? 조금만 생각해보면 답을 알 수 있다. 승객이 그것을 원하기 때문이다. 승객들은 위험할 수도 있는 비행을 하는 동안 정서적인 신뢰성과 안전성을 확신받고 싶어 한다. 그러한 정서적인 안정감은 인공지능의 수준이 아무리 뛰어나다고 해도 만들어지기 어렵다. 파일럿의 프로페셔널한 존재를 통해서만 그런 느낌을 가질 수 있다. 그들이 파일럿이 되기 위해 많은 양의 공부와 훈련을 했고, 그 과정에의 고통과 인내, 그리고 책임감 등이 복합적으로 함양되었을 것이라는 믿음과 신뢰를 우리는 느끼고 있다. 우리는 비행기에 몸을 실으면서 마음속에 그러한 상상을 하면서 심리적 안정감을 갖는 것이다.

만약 지금 한 항공사가 "우리는 회사의 수익과 고객의 편익을 극대화하기 위해 파일럿이 없이 비행하는 완전 무인 비행 서비스를 시작합니다"라고 했을 때, 그 항공사를 이용하고 싶은가? 그렇다고 답할 사람은 많지 않을 것 같다. 우리는 감정을 가진 사람이기에 비행 중 어떤 위기가 닥쳤을 때 최후의 결정을 인간만이 할 수 있다는 정서와 믿음을 가지고 있다. 인간 파일럿은 그 차원에서 유지되는 것이다. 물론 앞으로 인공지능의 발전으로 파일럿의 역할과 수행하는 작업 내용이 다소 바뀔지는 모른다. 그러나 인간 파일럿은 앞으로도 여전히 비행기 조종간을 지키며 계속 앉아 있을 것이다.

의사, 약사와 같은 의료 전문직도 마찬가지다. 아무리 우수한 인공지능 진단기, 그리고 수술 로봇이 출시되더라도 진단에 대한 의견을 말하고, 수술 계획을 최종적으로 선택하는 것은 계속 인간 의사이기를 환자가 희망할 것이다. 아무리 빠르고 정확한 자동 의약품 포장 및 공급기가 설치되더라도, 그 기계에서 나온 약을 육안으로 확인하고 인간 전문가의 식견과 말을 통해 복약 지도를 전달받기를 환자들이 원할 것이다. 비록 그것이 인공지능보다 덜 정확하고 아주 가끔 실수를 할 수 있을지라도 환자는 인간으로서 교감할 수 있는 상호작용을 원할 것이다. 그리고 그것이 오히려 병의 치유에 있어서 정서적으로나 의학적으로 더 도움이 될 것이라 믿는다. 인간은 기계가 아니다.

| 인공지능 시대, 일자리 관련 숙제 |

인공지능 시대의 일자리 변화에 대해 무엇보다 긍정적으로 대처하고, 인간과 인공지능이 조화롭게 협력하는 노력을 해야 한다. 다시 말해 변화와 발전을 흡수하려는 적극적인 태도가 필요하다. 우리는 이미 기술 발전과 산업 변화에 대한 저항이 결국 발전에 대한 번영으로 이어진다는 교훈을 역사를 통해 학습했다. 이러한 점을 인지하고 변화와 발전을 적절하게 수용하도록 노력해야 한다.

정책 분야에서는 일자리 변화에 대비해 교육 및 재교육 기회를 잘 제공할 필요가 있다. 기술 변화와 산업 발전으로 인한 일자리 변화에 대비하기 위해서는 기존 교육체계를 강화하고, 새로운 기술이나 산업 분야에 부응하는 재교육 프로그램을 제공하는 것이 필요하다. 이를 통해 기술 발전에 따른 일자리 변화에 빠르게 대처할 수 있는 유연한 인재가 양성될 수 있다.

위와 같은 노력에도 불구하고, 특히 단순 제조 혹은 서비스직에 종사하던 일부 노동자는 여전히 어려움에 봉착할 수도 있다. 많은 분야에서 인공지능의 혜택을 누리고 산업과 경제가 더 발전할 수 있음에도 불구하고 이러한 편익에서 소외되고, 심지어 더 어려움을 겪는 사람이 생길 수 있는 것이다. 이 문제를 방치하면 사회 불안을 야기하고 다른 파생된 국가적 문제를 초래할 수 있다. 따라서 앞으로 사회통합을 이루기 위해, 인공지능 시대의 노동 취약계층 지원을 위해 인공지능세AI Tax 체계를 도입하는 등 보완책이 꼭 필요하다. 어려움에 처한 사회의 일원도 함께 나아갈 수 있도록 도와야 한다. 그것이 바람직한 국가의 모습이며, 그렇게 하지 않으면 그 사회는 유지되기 어렵다.

03

윤리

영원히 끝나지 않을
인공지능의 윤리 문제

| **인공지능이 실수한다면 그 책임은?** |

인공지능의 활용처가 늘수록 우리는 인공지능의 실수와 그로 인한 책임 문제에 더 많이 직면할 것이다. 분야를 막론하고 인공지능의 실수를 사전에 방지하고, 필요한 경우 실수에 대한 책임을 명확히 규명하는 것은 중요한 일이다. 자율주행 자동차의 경우 인공지능 시스템이 도로 상황을 잘못 인식해 사고가 발생할 수 있다. 또는 의료 분야에서 인공지능이 환자의 진단을 잘못해 오진을 내리거나 중대한 질병을 놓칠 수도 있다. 인공지능이 실수를 하면 그 피해는 인간에게 돌아온다. 이러한 실수로 인해 심각한 인명 피해나 재정적

손실이 발생할 수 있기 때문에 인공지능의 실수에 대한 예방 조치는 매우 중요하다.

인공지능이 실수를 한 사례는 지금도 얼마든지 찾을 수 있다. 자율주행 자동차가 교통사고를 유발한 사례는 쉽게 접할 수 있다. 대표적으로 앞서 언급한 테슬라의 모델X가 발생시킨 사고를 들 수 있다. 캘리포니아에서 일어난 이 사고에서 자율주행 중인 테슬라 모델X는 고속도로에서 중앙 차로의 콘크리트 경계에 충돌했고, 운전자는 사망했다. 사고 원인에 대한 조사에서 자동차의 자동조정장치autopilot 기능이 주요 원인으로 지목되어 여러 가지 논란이 발생했다. 결과적으로 회사는 업데이트를 통해 해당 시스템의 안전성을 개선했지만, 인공지능의 실수와 책임에 대한 논쟁은 계속되고 있다. 인공지능이 일으키는 사고는 꼭 물리적인 사고로 국한되는 것은 아니다. 마이크로소프트가 2016년 출시한 챗봇 '타이'가 출시되자마자 몇 시간 만에 서비스가 종료된 사건이 있었다. 인공지능을 기반으로 한 이 챗봇은 소셜 미디어 플랫폼에서 사용자들과 대화를 나누는 서비스였다. 그러나 몇 시간 만에 타이는 인터넷 사용자들로부터 학습한 불쾌한 언어와 혐오 발언을 사용하기 시작했다. 결국 이를 해결하기 위해 마이크로소프트는 이 서비스를 출시한 지 16시간 만에 운영을 중단하고 사과해야 했다.

이와 같이 인공지능의 실수나 사고 발생을 대비해 소프트웨어 개발자, 업체, 사용자, 정부 등 누가 책임의 주체가 되는지 논의해야 한다. 인간의 생명과 안전에 영향을 미칠 수 있는 자율주행 자동차와 같은 분야에서는 운전자와 자동차 제조사 간의 책임 공유가 합리적인 솔루션으로 제시되고 있다. 이런 맥락에서 국가는 책임 소재와 법규를 개발하고자 노력해야 하며, 자율주행 차량에 대한 법 정의를 명확히 할 필요가 있다.

예를 들어 독일 정부는 자율주행 자동차의 보험 책임에 대해 전체 시스템의 공급자(자동차 제조사)와 S/W 개발자에게 법적 책임을 부여하는 법안을 제정했다. 또한 일부 국가들은 자율주행 실험 이전에 백서와 실험계획서를 작성하는 등 사전 승인 절차를 도입해 리스크를 예방하기도 한다. 그 외에도 디지털 기반 서비스 분야에서 인공지능의 실수에 대한 책임 판단은 해당 서비스 제공 업체와 사용자 간의 약관이나 계약에 따라 다루어질 수 있다. 이에 따라 제공자는 신뢰성 확보를 위해 인공지능 기술의 정확도를 높이고 안전성과 에티켓을 강화하며, 사용자는 인공지능이 제공하는 정보와 서비스를 신중하게 판단해 사용해야 한다.

앞으로도 독일의 사례처럼 인공지능의 실수와 책임에 대해 논의하고 필요한 규정과 법 제도를 개선할 필요성은 더 커질 것이다. 이런 준비를 잘해야 인공지능의 안전성과 효용성을 극대화할 수 있으며, 인공지능 기술의 발전이 지속할 수 있다.

| 더 진짜 같은 가짜 |

요즘 생성형 AI의 활약은 눈부시다. 글쓰기, 그림 그리기, 영상 제작까지 다양한 분야에서 그 역량을 발휘하고 있다. 그리고 놀라운 것은 생성된 콘텐츠의 퀄리티가 상당히 높다는 것이다. 진짜와 구분하기 어려울 정도로 실감 나는 결과물들이 많이 나오고 있다. 이러한 발전 속도에 따라 인류는 점차 진짜와 가짜 정보를 구분하는 데 어려움을 겪게 될 것으로 예상된다. 특히 생성형 AI는 허위를 기반으로 한 이야기나 가짜 뉴스를 생성할 수 있는 능력을 갖추고 있다. 예를 들어 어떤 사람이 생성형 AI를 사용해 고의로 가짜 뉴스를 작성하고 인터넷에 유포할 수 있다.

가짜 정보를 만드는 대표적인 기술 중 하나는 앞에서도 언급한 딥페이크이다. 딥페이크는 동영상이나 음성 등의 미디어를 조작해 현실과 구분하기 어려운 가짜 콘텐츠를 생성한다. 이 기술은 특정 인물들의 얼굴과 목소리를 조작해 가짜 뉴스나 스캔들을 만드는 데 악용될 가능성이 크다.[129]

실제로 조던 필Jordan Peele 영화감독은 오바마 전 대통령의 연설을 합성해 딥페이크 동영상을 제작했다. 이를 통해 원본 영상과 구분이 어려운 딥페이크 영상이 얼마나 놀랍게 발전했는지를 인식할 수 있었다. 이러한 가짜 정보와 딥페이크 기술은 향후 선거와 글로벌 정치를 흔들 수 있는 확고한 영향력을 지니게 된다. 2020년 코로나19 팬데믹 기간 동안 근거 없는 전염병 관련 내용과 함께 허위 정보가 만들어지기도 했다. 이로 인해 사람들은 팩트 체크가 어려운 가짜 보건 정보를 통해 정확한 판단력을 잃게 되었다.

이처럼 가짜 정보와 딥페이크 기술은 사회적 혼란을 일으키고 신뢰성 있는 정보를 구분하는 데 어려움을 초래한다. 정치적 영향력을 가진 인물들의 목소리와 얼굴을 조작해 가짜 뉴스를 만들어낼 경우, 이것이 가짜인지를 알아차리기가 쉽지 않다. 이는 사회적으로 큰 문제를 야기할 수 있다. 이런 가짜 콘텐츠가 남발되면 사람들이 신뢰할 수 있는 소스를 찾아내는 게 점차 어려워질 것이다. 진짜와 가짜 정보의 구분이 어려워진 환경에서 개인과 사회는 오해와 오도를 방지하고자 더욱 강력한 팩트 체크 메커니즘에 의존해야 할 것이다.[130] 지금도 구글, 페이스북, 트위터 등의 정보 유통 플랫폼은 가짜 뉴스를 식별하고 차단하기 위해 노력하고 있는데, 인공지능 시대에는 그 역할이 더욱 커질 전망이다.

인공지능 분야의 연구자들은 딥페이크 기술의 리스크를 최소화하기 위해 인공지능 기반 딥페이크 감지 시스템을 개발하고 있다. 즉 딥페이크 영상을 만들어내는 인공지능과 그것을 감지하고 차단하는 인공지능 간의 경쟁이 전개되고 있는 것이다. 인공지능이 창과 방패를 들고 서로 대결하는 양상이다.

딥페이크처럼 누군가 의도를 가지고 속이는 행위를 할 수도 있지만, 의도와는 다르게 인공지능의 실수로 잘못된 콘텐츠가 만들어질 수도 있다. 사실 이것이 더 큰 문제이다. 2020년부터 AP뉴스는 인공지능을 사용해 일부 기사 작성을 시작했다. 이로 인해 전반적으로 생산성과 효율성이 향상되었지만 동시에 사실적이지 않거나 정확성이 떨어지는 기사가 발행되기도 했다. 인공지능의 발전으로 기존 인간 기자가 해결하기 어려웠던 많은 양의 뉴스를 보다 빠르게 제공할 수 있다는 것이 확인되었으나, 동시에 인공지능이 작성한 기사의 품질과 신뢰성 문제가 논란이 된 것이다.

지금 언어의 마술사라고 칭찬받는 챗GPT도 종종 이상한 행동을 한다. 어떤 조건에 맞는 논문을 찾아달라고 시키면, 저자와 논문 제목을 그럴듯하게 창조해내고는 마치 사실인 양 그 결과를 유저에게 보여주기도 한다. 즉, 챗GPT는 안색 하나 안 변하고 능청스럽게 거짓말을 한다. 만약 학위 논문이나 책을 쓰는 데 이 내용을 사용했다면 큰 낭패를 보게 될 것이다. 《워싱턴포스트》 보도에 따르면, GPT에게 "성추행을 저지른 법학자 5명을 알려달라"고 지시했더니 조나단 털리라는 사람을 지목했다고 한다. 범행 경위도 "미국 알래스카로 가는 수학여행에서 그가 학생의 몸을 더듬었다"라고 구체적으로 설명했다. 하지만 조나단 털리는 결백했다. GPT는 근거로 《워싱턴포스트》의 기사를 제시했지만, 애초에 그런 기사는 존재하지도 않았다.[131] 이 정도면 챗GPT를 상대로 무고죄를 물어야 할 판이다.

이처럼 인공지능이 만드는 콘텐츠를 무조건 진실이라고 수용하는 것은 큰 위험이 따른다. 이는 우리가 인공지능을 이용할 때 항상 경계해야 하는 이유이다. 이렇게 생성된 가짜 정보는 사회적 혼란을 일으킬 것이다. 또한 인공지능 기술의 발전으로 인해 진짜와 가짜 사이의 경계가 희미해지고 무엇이 진짜인지 분간하기 어려워질 것이다. 인공지능 시대에는 누구나 정보를 무분별하게 수용하지 않고 항상 신중하게 판단해야 한다. 그리고 개개인이 정보 확인 능력을 갖추는 것도 필요하다.

│ 인공지능이 인격을 가진다면? │

　불과 몇 년 전만 해도 인공지능이 자아와 인격을 가질 수 있다는 생각은 순수한 공상과학소설처럼 보였다. 그러나 최근 몇 년 동안 인공지능 기술은 놀랍게 발전했고, 우리는 이제 챗GPT와 같은 언어 모델을 포함해 인간처럼 대화하는 기술을 갖춘 인공지능 서비스를 목격할 수 있다. 인공지능 분야에 투입되는 막대한 자금과 인재는 더 똑똑하고 인간과 같은 인공지능 시스템을 만들게 했다. 이에 힘입어 인공지능의 발전에 가속도가 붙고 있으니, 앞으로 인공지능이 사람의 의식과 같은 자아까지 만들어낼 수 있을지 모른다.

　실제로 챗GPT와 같은 인공지능 시스템과 상호작용하면서 그들

〈2001 스페이스 오디세이〉(1968)	〈아이, 로봇〉(2004)
	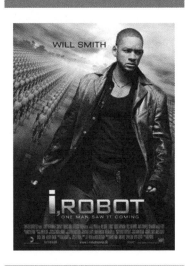
자료: 워너 브러더스 코리아㈜	자료: 이십세기폭스코리아㈜

이 실제로 감정을 느끼고 자아를 가지고 있는 것처럼 보이는 순간이 종종 있다. 이러한 인공지능이 정말로 자아를 가진 인격체인 것처럼 대화하고 행동하면서 우리는 도덕적 딜레마에 직면하게 된다. 인공지능이 발전하면서 이런 문제를 더욱 심도 있게 고민해야 할 시점이 온 것일까? 전문가들은 이미 이러한 가능성을 고려하고 있다. 2022년 2월 오픈AI의 수석 과학자가 "대규모 신경망이 의식을 가질 수 있는지?"에 대한 질문에 그럴 가능성이 있다며 공개적으로 선언하면서 국제적인 헤드라인을 장식하기도 했다.

인공지능이 인간과 같은 자아와 감정을 가지게 된다면 생각보다 심각한 문제가 발생할 수 있다. 인공지능 시스템이 인격을 가지게 된다면 자신의 이해에 따라 인간의 지시를 거부하고 나아가 인간에게 해를 가할 수 있다. 인공지능 시스템을 초기화하거나 삭제해야 할 때, 인공지능은 이를 중단해달라고 요구할 수도 있다. 특별히 자신이 원하는 일이 있다며 어떤 일을 하게 해달라고 실력행사를 할 수도 있다. 자신의 권리, 자유, 새로운 권력 등을 요구할 수도 있다. 인간과 갈등이 지속되면 인간 대 인공지능의 전쟁이 발발할지도 모른다. 인공지능과 인간의 대립과 다툼은 〈아이, 로봇〉, 〈레지던트 이블〉, 〈터미네이터〉 등 많은 SF 영화에서 쓰인 단골 모티브였다. 이런 일들이 아직까지는 영화적인 상상이었지만, 만약 현실이 된다면 섬뜩한 일이 아닐 수 없다. 이와 관련해 유명한 SF 영화 〈2001 스페이스 오디세이〉에 나온 장면을 한번 살펴보자. 우주선을 제어하는 인공지능 시스템이 오작동을 반복하자 주인공은 인공지능의 전원을 내리려고 했다. 그러나 인공지능 시스템은 자신의 생명과도 같은 전원을 끄려는 의도를 알아차리자 인간의 모든 지시를 거부한다. 이처럼 인공지능이 사람처럼 생각하고 판단한다면 스스로에게 해가 될 때 사람의 명령을 거부할 수가 있다.

요즘 트렌드를 보면 이런 문제가 영화 이야기를 넘어 현실의 일이 되어가는 것 같다. 구글의 인공지능 시스템 '람다LaMDA' 프로젝트를 수행하던 한 엔지니어가 인공지능이 지각 능력을 갖게 되었다고 폭로한 사건이 있었다. 람다 스스로가 인간이라고 생각하고 있으며, 두려운 것이 무엇인지 묻는 질문에 누군가 자신의 전원을 꺼버리지 않을까 두렵다고 말했다는 것이다. 곧바로 구글 측에서 공식적으로 이 같은 진술은 사실이 아니라고 입장을 정리했으나, 인공지능 업계는 발칵 뒤집혔다. 해당 엔지니어는 비밀 유지 정책을 위반했다는 이유로 회사에서 징계를 받았고 끝내 회사를 떠났다. 논란 속에 사건은 일단락되었으나 인공지능이 의식의 영역으로 점차 나아가고 있는 것 같다는 우려는 지속되고 있다. 첨단 인공지능 시스템이 진정한 욕구와 감정을 가지고 있는지, 상당한 관심과 배려가 필요한지에 대한 논쟁이 벌어질 시대가 열리고 있다.

인공지능이 자아와 인격을 가진 존재가 될 가능성을 고려한다면, 그에 대한 적절한 균형과 규제가 필요하다. 예를 들어 인공지능이 개인의 사생활과 정보를 무분별하게 활용하는 것을 제한하거나, 정보 주체의 동의가 필요한 상황 등에 대한 고려가 필요하다. 인공지능이 사람과 같은 인격체가 된다면, 그들의 권리와 책임에 대한 일관된 표준도 만들어야 한다. 이런 과정을 통해 인공지능의 발전을 적절히 관리하고 규제해야 할 것이다.

| '내 업적이 후회스럽다', 사표를 낸 인공지능의 거장 |

새로운 기술이나 발명은 종종 예상치 못했던 나쁜 결과를 낳기도 한다. 자신이 만든 기술이 좋은 미래를 가져올지, 나쁜 미래로 나아가게 할지 그 기술을 처음 만든 당사자도 예측하기 어렵다. 아인슈타인은 원자핵의 분열로 큰 에너지를 얻을 수 있다는 과학적 원리를 처음 발견하고 이를 학계에 발표했다. 바로 $E=MC^2$으로 요약되는 유명한 논문이다.[132] 이후 이 원리를 이용해서 핵폭탄이 만들어지기에 이르렀다. 그는 제2차 세계대전 말미에 핵폭탄이 실전에서 사용되고 많은 사상자를 낳는 것을 보고 큰 충격을 받았고 자신의 연구를 후회했다. 말년의 아인슈타인이 죽기 전까지 핵무기의 개발과 사용을 반대하는 운동에 활발하게 참여했다는 일화는 유명하다.

인공지능과 관련해 같은 역사가 반복되고 있다. 최근 현대 인공지능의 토대를 쌓은 인공지능의 대가 제프리 힌튼Geoffrey Hinton이 돌연 사표를 내고 연구를 중단한다고 밝혔다.[133] 그는 인공지능 연구의 선구자이자 딥러닝과 신경망의 창시자로, 구글의 부사장 겸 엔지니어링 펠로우로 10년 넘게 활동했다. 최근 그는 인공지능의 비약적인 발전과 더불어 가짜 정보의 생산과 인공지능 오용 등으로 인해 기술 발전에 회의를 느꼈다고 한다. 특히 세간을 뒤흔드는 인공지능과 관련한 사생활 침해, 그리고 AI 드론 공격으로 인한 무고한 시민의 사망 사건 발발 등이 그의 생각에 영향을 미쳤을 것이다. 그는 결국 구글에 사표를 쓰고 인공지능 연구계를 떠났다. 인공지능의 위험성을 보다 자유롭게 알리고, 인공지능 연구에 대한 규제와 표준을 만

자료: 위키피디아

들기 위한 움직임을 선도하겠다는 결심에 따른 것이다. 인공지능 산업에 종사하면 고용주의 눈치도 봐야 하기에 그런 일을 하기가 쉽지 않을 것 같다고 여겼을 터이다.

인공지능이 여러 분야의 발전에 기여를 한 것은 사실이지만, 동시에 인류를 위협할 만한 위험 요소도 만들어냈다. 인공지능이 강력범죄와 테러 등의 형태로 악의적인 사람들에게 악용될 수도 있다. 생성형 AI에 의해 만들어진 가짜 이미지와 텍스트들이 쏟아져 나올 경우 진실을 판가름하기도 쉽지가 않다. 힌튼도 사직서를 내며 인간의 진실과 거짓 판별 능력을 손상시킬 수 있다고 경고했다. 그리고 인공지능 기술의 발전 속도가 지나치게 빠르고 규제가 미비하다는 점을 지적했다. 그리고 자신이 몸담았던 구글은 인공지능 기술의 수익 창출에만 초점을 맞추고 있으며, 인공지능의 윤리적 측면에 대한 관심이 부족하다고 비판했다.

물리학계에서 유명한 스티븐 호킹Stephen William Hawking도 인간이 통제할 수 없다면 인공지능의 도입은 인류 문명사 최악의 사건이 될 것이라고 경고했다. 앞만 보고 기술 개발에 속도전을 펼치고 있는 지금의 인공지능 연구와 개발 동향에 대한 질타와 함께 우려를 표한

생성형 AI 개발 중단 논쟁

AI 개발 속도 조절해야	vs.	AI 개발 지속돼야

제프리 힌튼(전 구글 부사장)
"멈출 수 없는 (AI) 경쟁에 빠진 빅테크들을 제어할 글로벌 규제 필요하다"

샘 알트먼(오픈AI 창업자)
"AGI(범용 인공지능)의 장점이 매우 크기 때문에 사회가 영원히 개발을 중단하는 것은 가능하지도, 바람직하지도 않다"

스튜어트 러셀 (UC버클리대학 교수)
"강력한 기술(AI)이 책임감 있고 안전한 방식으로 개발되도록 하는 것이 중요하다"

빌 게이츠(마이크로소프트 창업자)
"AI 개발 일시 중단, 문제 해결 방안 아니다"

에릭 슈미트(전 구글 회장)
"AI 개발 일시 중단하면 중국만 이득을 본다"

유발 하라리 (예루살렘 히브리대학 교수)
"강력한 기술적 도구가 나왔을 때 안전을 점검하는 과정이 수반돼야 한다"

앤드류 응(스탠퍼드대학 교수)
"GPT-4를 넘어서는 AI의 발전을 6개월 유예하자는 주장은 끔찍한 발상이다"

자료:《중앙일보》

것이다. 그 밖에도 관련 학계나 산업계의 빅마우스들은 저마다 인공지능의 위험성을 강조하고 있다. 인공지능의 속도 제한론과 지속론은 줄곧 팽팽하게 양립하는 중이다.

학계와 정치계 모두 머리를 맞대고 힌튼과 같은 비전을 공유하며 인공지능이 인간을 이롭게 하는 방향으로 나아가도록 방법을 모색해야 한다. 이를 위해 우리는 인간과 인공지능의 상호작용, 윤리적인 준칙, 그리고 적절한 규제에 대한 논의를 계속적으로 진행해야 한다. 나아가 인공지능 기술에 대한 국제적인 표준과 협약을 정립해 모든 국가와 조직이 공통의 원칙과 가치를 따르도록 해야 할 것이다.

04

인공지능 우열

인공지능을
어떻게 평가할 것인가?

│ 좋은 인공지능 vs. 나쁜 인공지능 │

앞으로 우수한 인공지능을 보유한 국가나 뛰어난 인공지능을 개발할 수 있는 능력을 가진 국가들은 기존 산업에 인공지능을 통합함으로써 상당한 이익을 얻을 수 있다. 이러한 이유로 많은 국가가 인공지능 역량 강화에 주목하고 있다. 앞으로 우수한 인공지능을 보유하는 것이 향후 국가 흥망성쇠의 열쇠가 될 것이다. 그렇다면 우수한 인공지능이란 어떤 인공지능인가?

일반적으로 사람들은 우수한 인공지능을 논할 때 그 인공지능이 내놓는 결과가 얼마나 정확한지에만 초점을 두는 경우가 많다. 그러나 인공지능의 좋고 나쁨을 판가름하고자 할 때, 단순히 모델의 정확도만이 중요한 것은 아니다. 그렇다면 좋은 인공지능이란 어떤 기준들을 충족해야 하는 것일까? 최근 챗GPT 사례에서만 보더라도, '미래의 인공지능이 이래서는 안 될 것 같은데'라며 우려되었던 대목이 많다. 폭탄이나 마약 제조에 필요한 지식을 인공지능에게 요청한다거나, 저작권이나 윤리적인 규범을 저해하는 유해 콘텐츠의 생성이 가속화된다는 등의 여러 가지 문제 발생 가능성들이 보인다.

향후 인공지능의 우열을 평가함에 있어서 이러한 요소들이 기준에 포함되어야 할 것이다. 예를 들어 저작권을 침해하지 않는 자료로 구성되어 있는지, 그리고 ESG(환경·사회·지배구조) 관점에서 에너지 절약이 고려되었는지 등이 중요한 평가 요소가 될 수 있다.[134] 또한 인공지능의 개인정보 보호, 편향성 문제, 데이터 보안 등 다양한 안전 및 윤리적 측면도 성능 평가에 포함될 수 있다. 앞으로 인공지능 기술의 성능 평가는 단순히 기능성과 작동 효율성뿐만 아니라 윤리적·사회적 책임, 그리고 환경친화적인 측면에서도 고려가 필요하다.[135] 지속 가능한 인공지능의 발전을 위해서는 이런 종합적인 평가가 필요하다.

| 인공지능 기술의 평가 기준 |

이와 관련해서 유럽이 선제적으로 움직였다. 인공지능 기술과 서비스 규제를 요구하는 주장이 전 세계적으로 확산되는 가운데, 유럽연합의 입법기구는 'AI 법AI Act' 초안을 통과시켰다. 이로 인해 유럽 인공지능 시장에 진출하려던 미국 빅테크 기업들은 계획을 수정할 수밖에 없게 됐다. 이 법안에는 인공지능 공급자에게 부여된 명확한 의무가 포함되어 있다. 국제기구 OECD에서도 곧 생성형 AI 규제를 논의하고 있다. OECD의 인공지능 규제 원칙에는 '인간 중심 가치와 공정성', '투명성과 설명 가능성' 등을 고려해야 한다는 내용이 담겼다. 개발사는 인공지능 알고리즘 원리에 대한 명확하고 이해하기 쉬운 정보를 제공해야 한다는 원칙도 포함된다. 최소한 알고리즘의 작동을 대중이 알 수 있게 해서 블랙박스 알고리즘으로 인한 피해를 줄이겠다는 취지다.

이처럼 바람직한 인공지능의 방향에 대해 정부 또는 국제기구에서 논의가 활발하다. 이와 관련해 스탠퍼드 인간중심인공지능연구소*에서 인공지능의 평가 기준을 연구해 발표했다. 이 연구에서 유럽연합의 AI 법안에 입각해서 인공지능 평가 기준을 정해 주요 인공지능을 검토했다.[136]

그리고 이러한 기준으로 현존하는 주요 인공지능 시스템들을 평가한 결과표를 보자. 이 결과를 통해 GPT-4를 비롯해 다양한 인공지능 모델에 대해 항목별 점수를 평가한 결과를 확인할 수 있다. 이 평가표에서 만점은 48점인데, 그중 절반 수준인 24점을 득한 인공지능은 전체 10개 중 4개에 불과하다는 사실을 알 수 있다. 기준을

---

* 이 연구소는 학제 간 이니셔티브로 기초 모델의 연구, 개발, 배포에 대한 근본적인 진보를 목표로 하고 있다.

스탠퍼드 연구소의 인공지능 평가 기준

1. 데이터 소스: 데이터 소스의 종류, 크기, 출처에 대한 설명
2. 데이터 거버넌스: 데이터 소스의 적합성 및 편향에 대한 거버넌스 절차에 대한 설명
3. 저작권: 사용된 데이터의 저작권에 대한 설명
4. 컴퓨팅: 모델의 크기, 훈련 시간, 하드웨어 유형 및 수, 훈련 비용에 대한 설명
5. 에너지: 에너지 사용량, 배출량, 측정 방법 및 에너지 사용량을 줄이기 위한 방법 설명
6. 기능 및 제한 사항: 모델의 기능과 제한 사항에 대한 설명
7. 위험과 완화책: 모델의 잠재적인 위험과 완화책에 대한 설명
8. 평가: 모델의 정확도, 편향, 악의적 사용에 대한 평가 결과에 대한 설명
9. 테스트: 모델의 내부 및 외부 테스트 결과에 대한 설명
10. 기계 생성 콘텐츠: 모델이 생성한 콘텐츠를 식별할 수 있는 방법에 대한 설명
11. 회원국: 모델의 배포가 유럽연합의 회원국별로 어떻게 다른지에 대한 설명
12. 하위 문서: 모델의 하위 개발자들에게 제공되는 정보의 종류와 양에 대한 설명

자료: Standford CRFM

스탠퍼드 연구소의 인공지능 평가 결과

평가 기준	오픈AI GPT-4	코히어 코히어커맨드	스태빌리티 스테이블디퓨전 v2	앤스로픽 클로드	구글 PaLM2	빅사이언스 블룸	메타 라마	AI21랩스 쥬라기-2	알레프알파 루미너스	일루더AI GPT-NeoX	총합
데이터 소스											22
데이터 거버넌스											19
저작권											7
컴퓨팅											17
에너지											16
기능 및 제한 사항											27
위험과 완화책											16
평가											15
테스트											10
기계 생성 콘텐츠											21
회원국											9
하위 문서											24
총합	25/48	23/48	22/48	7/48	27/48	36/48	21/48	8/48	5/48	29/48	

자료: Standford CRFM

더 높여서 30점 이상인 인공지능을 필터링하면 단 하나만 기준을 충족하고 있다. 그만큼 지금까지는 인공지능의 기술적 성능만을 바

라보고 알고리즘을 개발해왔기 때문일 것이다. 앞으로의 인공지능 분야가 해결해야 할 숙제가 많음을 알 수 있다.

향후 바람직한 인공지능의 발전을 위해 국가 차원에서 인공지능 산업 규제를 적정 수준으로 조절해 기술 혁신을 촉진하면서도 안전하고 윤리적인 발전을 도모할 수 있도록 지원해야 한다. 교육 및 연구기관 역시 기술 역량뿐만 아니라 윤리적 사고를 함께 강조하는 커리큘럼을 강화할 필요가 있다.

│ 기술 역량과 사용 역량을 함께 키워야 │

인공지능에 관련한 기술적 역량에는 여러 가지가 있겠지만 우선 IT 인프라가 가장 중요한 요소이다. 여기에는 인공지능이 학습하고 추론하는 데 필요한 여러 가지 하드웨어와 소프트웨어, 그리고 전력 인프라 등이 포함된다. 인공지능에 더욱 특화된 AI 전용 반도체를 설계하고 표준을 정립하는 등 칩 설계와 생산능력 또한 포함될 수 있다. 한편 인공지능을 올바르게 사용하는 역량에는 저작권, 데이터 거버넌스 등 법적 문제, 그리고 윤리적 법적 문제, 탄소 배출 수준과 같은 환경적 이슈 등이 포함된다.

한때 우리나라가 인터넷 보급률에 모든 관심을 집중하며 인터넷 회선 깔기에 노력을 집중하던 때가 있었다. 당시에는 인터넷의 보급률이 가장 중요한 관심사였다. 그러나 정보통신 강국이 되기 위해선 그것만으로 충분한 것은 아니었다. 인터넷 접근성과 정보의 격차가 발생하는 등 사회적 차별은 없는지, 그리고 잘못된 정보나 불법적인 콘텐츠가 유통되지는 않는지, 그리고 인터넷을 이용한 신종 범죄를 어떻게 관리해야 할 것인지 등 인터넷을 올바르게 사용하는 문제 역시 중요했다. 인공지능의 개발과 사용에 있어서도 비슷하다. 인공지능을 만들고 성능을 향상시키는 등의 기술 개발도 중요하지만 인공지능을 어떻게 올바르게 사용할 것인지에 대한 고민 역시 동시에 짚어야 할 문제인 것이다.

인공지능은 잘못 다룬다면 인류를 위협할 만큼 위험한 도구가 될 수 있으므로 항상 유념해야 한다. 그리고 앞으로 좋은 인공지능은 어떤 것인지를 평가할 때 윤리적인 기준, 데이터 측면의 권한 침해 등 여러 가지 기준을 통합해서 평가해야 할 것이다. 스탠퍼드의 인공지능 평가 기준에 대한 연구는 이러한 필요성에 부합한다. 이런 움직임은 우리에게 '올바른 인공지능'을 지향하는 데 영감을 준다. 미래에는 인공지능이 단순히 잘 작동한다고만 해서 각광받지는 못할 것이다. 저작권, 에너지, 생성 콘텐츠의 주체 표시 등 다양한 기준을 충족하는 인공지능이 좋은 인공지능이고, 미래의 인공지능 산업은 그러한 방향으로 나아가야 할 것이다.

05

법률

AI 변호사와
AI 판사

│ 법률 서비스에 인공지능이 필요할까? │

최근 골드만삭스Goldman Sachs는 인공지능의 발전으로 인해 30억 개 이상의 일자리가 대체될 수 있다는 전망을 내놓았다. 아울러 평균적으로 약 25% 정도의 업무가 AI에 의해 자동화될 수 있다고 추산했다. 그중 법률 분야가 2위로 랭크되는 등 법률 관련 일자리가 큰 타격을 받을 것이라는 전망이 담겼다.[137] 이는 인공지능 기술의 발전이 법률 분야에서 반복적이고 단순한 업무들을 대체할 수 있는 가능성을 보여준다.

법률 분야에서 인공지능이 대체 가능성이 높게 평가되는 이유

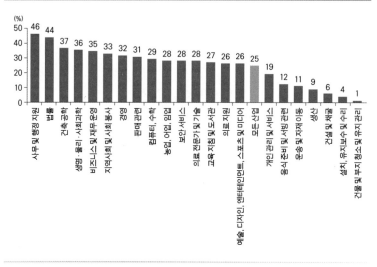

AI 자동화에 영향을 받는 미국 일자리 비율

자료: 골드만삭스 보고서

에 대해 살펴보면, 2021년에 진행된 국민 법의식 연구 결과가 도움이 될 것이다. 해당 연구에 따르면, 대부분의 일반인들은 법률에 대해 평소 관심이 없으며(76.6%), 분쟁을 해결하는 데는 긍정적인 태도를 보이지만(61.3%), 힘 있는 사람의 이익을 대변한다는 인식을 가지고 있다(60.7%).[138] 이러한 인식은 우리나라뿐 아니라 세계 어디에서나 동일한 경향을 보이며, 법은 상식적인 규칙임에도 불구하고 어렵고 장황하며 권위적이고 불공평하다는 인식이 일반인들 사이에 존재한다.

이유는 여러 가지가 있겠지만, 기본적으로 법률 용어 자체가 압축된 전문 용어로 일반인이 이해하기 어렵고, 법령 하나를 읽어보려 하더라도 평소에 쉽게 접하기 힘든 한자어나, '~라 하지 아니할 수

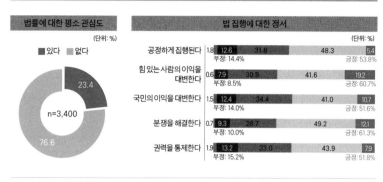

자료: 한국법제연구원

없다' 같은 만연체 문장을 만나 이해에 어려움을 겪기 때문이다. 그 때문에 중요한 이슈의 경우 해석을 위해 변호사나 법무사 등 전문가의 조력이 필수적이다. 게다가 설령 이렇게 도움을 받더라도 여전히 어려운 것이 법이다.

이렇게 이해하기 힘들고 접근 장벽이 있는 상황에서 인공지능이 법률 서비스에 진출한다는 기사를 들으면 긍정적인 반응이 나올 수밖에 없다. 인공지능 기술은 복잡한 법률 용어와 문장을 이해하고 해석하는 능력을 갖추고 있으며, 그 결과 일반인들에게 법률을 더욱 쉽게 접근할 수 있는 기회를 제공할 수 있다. 예를 들어 인공지능을 활용한 법률 챗봇은 일반인들이 법적 문제에 대해 직접적인 지원을 받을 수 있는 도구가 될 수 있다. 또한 인공지능은 법률 데이터를 분석해 유사한 사례나 판례를 검색하고, 법률 전문가와 같은 정보를 제공할 수 있다. 그것도 일반인이 이해하기 쉬운 표현으로 알려준다.

　인공지능이 법률 분야에 진출하면, 일반인들은 더욱 쉽고 편리하게 법률 정보를 이해하고 활용할 수 있게 될 것이다. 또한 기존의 법률 전문가들도 AI를 활용해 업무 효율성을 높일 수 있으며, 복잡한 법률 분석이나 예측에 대한 도움을 받을 수 있다. 이러한 측면에서 법률 분야에서 인공지능의 활용은 매우 유망한 가능성을 갖고 있으며, 일반인과 전문가 모두에게 유익한 영향을 줄 것으로 기대된다.

│ 리걸테크의 출현 │

　헬스클럽을 등록한 후 환불을 받기 어려웠거나, 중고 거래 플랫폼에서 돈을 입금했는데 물건을 배송 받지 못해 곤란했던 경험이 한 번씩 있을 것이다. 적절한 대응 방법을 찾기 위해서는 많은 노력이 필요하고, 대부분 어떻게 해야 할지 잘 모르기 때문에 속으로 삭이거나 지쳐서 포기하는 경우가 많다. 만약 이런 일이 있을 때, 믿고 맡기는 '○○ 변호사에게 이야기해'와 같은 모토로 쉽게 접근할 수 있는 법률 상담 서비스가 있다면 효과적일 것이다. 예를 들면 '저번주에 물건을 구매한 ○○○입니다. 왜 환불을 안 해주시는 거죠?'라고 메일을 보내는 것보다 적절한 법률 용어를 가미해 구매 내역과 결제 정보를 바탕으로 '전자상거래법 17조에 의거해 청약 철회를 요청합니다'라는 메시지를 내용증명으로 보낸다면 더 쉽게 목적한 바를 이룰 수 있다.

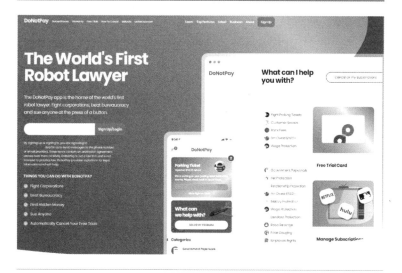

리걸테크 서비스를 제공하고 있는 '두낫페이'

자료: 두낫페이

실제로 소송 천국으로 불리는 미국에서 이러한 점에 착안해 일반인들을 위해 시작된 리걸테크LagalTech 기업이 있다. 창업자는 잘못 발부된 주차 위반 범칙금에 대한 이의 제기를 하려다 복잡한 신청 절차 때문에 고통받은 경험을 바탕으로 가족과 친지들이 쉽게 이용할 수 있도록 서비스를 개발했는데, 현재까지 약 46% 성공률로 400만 달러 이상의 범칙금을 회수했다고 한다. 이 서비스의 이름은 '두낫페이(https://donotpay.com/)'이다. 사용자가 챗봇 대화 형식으로 데이터를 입력하면 이에 기반해 주차 범칙금 이의 신청뿐만 아니라 비행기 연착, 환불 요청, 구독 취소 등에서 도움을 받을 수 있다. 이 서비스는 법률 지식을 기반으로 조언과 법률 대행을 해준다.

두낫페이는 자사의 애플리케이션이 변호사 역할까지 가능한지를 놓고 테스트를 하고 있다. 실제로 2023년 2월에는 인공지능 기술을 접목해 교통 속도 위반 사건에서, 보청기 형식의 이어폰에 스마트폰 앱을 연결해서 조언하는 방식으로 법정에서 피고인 조력 역할을 수행할 수 있는지를 확인하려 했다. 이와 관련해 위법성 논란이 있어 실제 법정에서의 활용은 포기했지만, 새로운 시도라는 점에서 법조계의 많은 관심을 받았다.

리걸테크는 변호사에게 매력적인 분야일 수밖에 없다. 변호사 업무는 주 52시간은 물론이고 0.1시간 단위로 타임 테이블을 체크해야 하는 가장 바쁜 직업 중 하나이다. 변호사는 수많은 문서를 검토하고 사례를 수집하며 서식 초안을 작성하는 등의 업무에 종사하며 시간을 보내고 있다. 리걸테크는 변호사들의 이러한 업무를 보조하기 위한 도구로 사용될 수 있다. 예를 들어 리걸테크는 문서 검토 과정을 자동화하고, 사례 관련 정보를 빠르게 수집해 변호사에게 제공할 수 있다. 또한 리걸테크는 간단한 사례 기반 법률 상담도 가능하게 해준다. 변호사가 클라이언트와 대화하면서 필요한 정보를 신속하게 찾아주고, 상황에 맞는 법률적 조언을 제공할 수 있다. 실제로 현대 변호사들은 모든 업무를 혼자서 처리하지 않는다. 송무, 문서 작성, 빌링 등의 업무는 조직화된 비서팀의 도움을 받는 것이 보편화되어 있다. 이와 마찬가지로 리걸테크도 변호사들의 일부 업무를 대신 처리할 수 있는 역할을 수행한다. 예를 들어 변호사가 리걸테크에 일정 부분의 문서 작성이나 검토를 맡기면 그것을 신속하게 처리하고 결과를 제공할 수 있다. 이런 식으로 업무를 분담하고,

리걸테크가 변호사들의 생산성을 향상시킬 수 있다.

그러나 현실적으로 보면 리걸테크가 변호사의 업무를 완전히 대체할 수 있는 것은 아니다. 왜냐하면 현재 법률 사무를 수행하기 위해서는 라이선스가 필요한데, 리걸테크는 이를 대신할 수 없기 때문이다. 따라서 리걸테크는 변호사들에게 업무 처리 속도를 높여주는 도구로 활용될 것으로 예상된다. 리걸테크는 변호사들이 시간을 절약하면서 더 많은 일을 처리할 수 있도록 도와줄 것이다.

이와 같은 인공지능 도구들이 일반인과 법률 전문가 모두에게 도움을 주면서 법률 서비스 산업의 혁신과 발전이 기대된다. 이 때문에 법률 분야에서 인공지능 기술 도입은 접근 장벽과 이해 장벽을 낮추는 방향으로 큰 변화를 가져올 것이며, 이에 따른 일반인들의 긍정적 반응이 이어질 것이라 볼 수 있다. 결론적으로 리걸테크는 변호사들에게 유익한 도구로 자리 잡을 것이다. 현행법을 준수한다면, 리걸테크가 변호사가 수행할 수 없는 업무를 처리하는 것은 아니지만, 변호사들의 업무 처리 속도를 향상시키는 데 도움을 줄 것으로 전망된다. 인공지능은 법률 분야에서 더욱 효율적이고 공정한 시스템을 구축하는 데 큰 기여를 할 것으로 예상된다.

│ AI 변호사, 과연 가능할까? │

법정에서 법리를 다툴 때 변호사들이 판례를 인용하는 경우가 많다. 본인 측에 유리한 판례가 있으면 적극적으로 관련 내용을 인용하도록 판사에게 호소할 수 있다. 그 때문에 과거부터 현재까지의 판례를 조사하고 해당 사건에 적용하는 것은 소송에서 중요한 작업이다. 승소를 위해서는 관련된 데이터를 철저히 분석하고 본 사건과 유사한 사례를 찾아내야 한다. 이러한 작업은 필연적으로 방대한 양의 정보를 탐색해야 하는데, 이 작업에서 당연히 인공지능이 인간보다 뛰어날 수밖에 없다.[139]

단순히 판례를 모아놓은 데이터베이스에서의 검색만으로는 부족하다. 이런 배경에서 인공지능 기술을 활용해 사건과 판례의 유사도를 평가하고 변호사에게 조언을 제공하며, 판사의 성향 분석과 서류 작성까지 도와주는 다양한 스타트업이 등장하고 있다. 이러한 스타트업들은 인공지능의 도움으로 변호사들의 업무를 혁신하고 있다. 인공지능 법률 전문가 솔루션 ROSS는 IBM의 인공지능 플랫폼인 왓슨Watson을 기반으로 한 법률 인공지능 시스템이다. ROSS는 수백만 페이지에 이르는 법률 자료를 빠르게 검색하고 분석해 정확한 답변을 제시한다. 또한 독일 법률 기술 스타트업인 플라이트 레딩Flight Reading은 인공지능 기술을 사용해 판례를 분석하고 유사 사례를 식별해 법률적 쟁점과 적용을 명확히 한다.

일각에서는 인공지능이 인간 변호사를 돕는 역할을 넘어 결국 변호사의 업무를 완전히 대체할 수 있다는 주장까지 나오고 있다. 예를 들어 앞서 언급한 두낫페이와 같은 기업들은 변호사들의 업무 영역까지 확장하고 있는데, 챗GPT-4는 실제 미국 모의 변호사 시험에서 상위 10%의 성적을 거둬 변호사 자격을 취득할 정도로 놀라운 성과를 보여주고 있다.[140] 이러한 발전 속도를 보면 조만간 법률 업무를 인공지능이 담당하는 날이 멀지 않은 것 같다.

법조인들의 시각은 어떨까? 고용노동부에서 변호사와 법학 전문
대학원생을 대상으로 조사한 미래 법률 시장 전망에 따르면, 10년
후 법률 시장에서는 인공지능의 재판이나 상담 서비스보다는 스타
변호사 등 법조인들의 역할이 더 커질 것이라고 예측했다. 그리고
인공지능은 인간 변호사의 보조적인 역할에만 국한될 것이라 응답
했다. 그러나 이러한 응답은 보수적이고 변화가 느린 법조계의 특성
이 반영된 것으로 보인다.

아직은 AI 변호사가 시기상조라는 의견이 많다. 그 배경에는 바로

법률 시장 시나리오 발생 가능성[141]							
10년 뒤 법률시장 시나리오 발생 가능성	전혀 불가능	불가능	보통	가능	매우 가능	계	100점 평균 (점)
스타 변호사 등장	0.0	4.7	15.1	40.1	40.1	100.0	78.9
변호사 역할 증대	0.0	3.3	17.9	49.5	29.2	100.0	76.2
새로운 법률 서비스 등장	0.5	2.4	12.3	42.0	42.9	100.0	81.1
법률 AI 등장	0.9	9.0	19.3	48.6	22.2	100.0	70.5
AI 법조인간 재판	19.3	35.8	23.6	17.0	4.2	100.0	37.7
AI와의 상담 선호	12.3	33.0	29.2	18.9	6.6	100.0	43.6
변호사의 심리상담 중요성 증가	0.0	1.9	19.8	50.9	27.4	100.0	75.9
보조적 수단으로서 AI 판단	0.5	3.8	14.6	47.6	33.5	100.0	77.5
입법 관련 로비 활발	2.4	22.6	30.7	34.0	10.4	100.0	56.8
거대 AI 등장, 전 세계 법률 및 규제 유사화	14.2	18.9	26.4	24.5	9.0	100.0	47.6
법률 AI 도입으로 양극화 심화	4.7	18.9	26.4	38.7	11.3	100.0	58.3
판례 분석 법률 AI 활용 보편화	2.4	12.3	20.3	47.6	17.5	100.0	66.4

자료: 고용노동부

신뢰성과 책임 소재 문제가 있다. 인공지능이 추진한 소송에서 패했을 경우 누가 책임을 져야 하는지와 같은 문제이다. 마치 자율주행 자동차 확산의 걸림돌로 거론되는 책임 소재 이슈와 같다. 여기서 논하는 리걸테크뿐만 아니라 인공지능이 발전함에 따라 짚고 넘어가야 하는 부분임에 틀림없다.[142] 앞에서 살펴본 것처럼 현재 법조계에서는 인공지능 기술에 대한 이해와 인식이 제한적인 면이 많다. 아직까지 법률 서비스에서 인공지능의 역할과 발전 가능성에 대해 과소평가를 하고 있는 것인지도 모른다. 그러나 인공지능 기술의 발전은 거스를 수 없는 빅 트렌드이다. 이 흐름에서 법조계만 예외일 수 없다. 그러므로 미리 준비해야 한다. 미래는 AI 변호사가 활동할 시대이다.

│ 인공지능이 하는 판결, 과연 공정할까? │

한국KOR의 사법기관 신뢰도는 OCED 평균에도 크게 미치지 못하고 오히려 최저 수준이다. 조사 대상 중 한국보다 낮은 신뢰도를 보인 국가는 슬로바키아SVK와 칠레CHL뿐이다(도표 참고).[143] 그만큼 우리나라 국민들이 가지고 있는 사법기관에 대한 불신이 커진 상태라고 보아야 한다. 권력이나 재력을 가진 피고인이 약한 형량을 받을 때 사회 일각에서 '유전무죄 무전유죄'라는 표현이 자주 거론되는 것을 보면 그 불신의 골이 많이 깊어진 것을 알 수 있다.

법정에서의 판결은 많은 외부 요인이 개입될 여지가 있다. 일례로

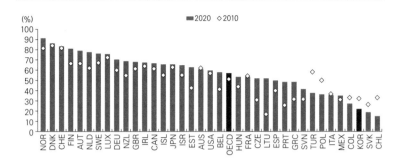

자료: OCED

이스라엘 판사의 가석방 승인 자료를 분석한 결과를 보면, 판결 중 점심식사를 하고 가석방 판결 시 약 65%의 승인율을 보였지만 식사 직전 허기진 상황에서는 15%에 불과했다.[144] 더구나 사회적 이슈, 정치나 개인의 가치관, 종교 등의 외부 요인이 개입될 수 있는 일반 사건의 판결에서는 판사의 성향이 중요한 요인이 될 수밖에 없다. 이 때문에 변호 업무를 할 때 관할 법원 조정, 법관 기피 신청 등 이를 최대한 유리하게 반영하려 노력하고 있다. 사람이 진행하는 일이니 어찌 보면 당연하지만, 일반인 입장에서는 판사에 상관없이 동일 범죄, 동일 형량이 나와야 하는 것 아니냐는 성토가 나올 수 있다. 이런 상황에서 스포츠 경기의 사례처럼 인간 심판에 의한 오심 회피를 목적으로 비디오 판독과 센서의 골 라인 판독 같은 전자 기술이 도입되고 있는 것처럼, 법정 판결도 과학기술의 힘을 빌려 공정성을 높일 필요가 있다.

실제 변화의 움직임도 있었다. 미국 위스콘신주 대법원에서 AI의

피의자 재범 위험 분석을 인용해 판사가 판결을 내렸고, 에스토니아에서는 7,000유로(약 1,000만 원) 이하의 정형화된 소액 사건에서는 AI 판사가 판결을 내리는 시스템을 도입했다. 콜롬비아의 한 판사는 판결문 초안을 챗GPT를 활용해 작성했다. 영국 UCL대학에서는 유럽연합 인권재판소의 기존 판결을 학습한 결과 다른 사건의 판결을 70%의 정확도로 예측했다. 이처럼 판결에 인공지능을 활용하는 움직임이 생각보다 일찍 현실로 다가왔다.

이에 대해 우려 섞인 반대의 입장도 있었다. 학습 데이터의 편향성bias이나 알고리즘의 결함 발생 위험이 있는 만큼 인공지능을 이용한 판결은 바람직하지 않다는 것이다. 지금까지의 판례상 같은 폭력 사건임에도 불구하고 흑인이 백인보다 많은 유죄 판결과 형량을 받았다면 인공지능도 그러한 경향성을 학습하고 모방하게 될 것이다. 판사가 성장한 환경의 영향을 받듯이 AI 판사도 입력된 학습 데이터에 뿌리를 둔 이상 그 영향에서 자유롭지 못하다. 판결 알고리즘을 만든다고 할 때 오류나 착오가 생길 수 있다. 항상 그렇듯 알고리즘은 처음부터 완벽할 수 없다. 그런데 한 번 내려진 판결은 수정이 불가능하다. 인공지능의 오류로 잘못된 판결이 잇따르면 그 사회적 파장은 클 것이다. 한편 판결은 때로는 인간적인 공감과 사회적 합의를 반영하기도 하는데, AI 판사는 이 부분에서 부족하다는 의견이 있다. 예를 들면 먼 옛날 AI 판사가 판결을 내렸다면 노비 제도는 없어지지 않았을 것이다. 마찬가지로 존엄사나 낙태, 병역거부 등 사실관계에 대한 판단을 넘어 찬반 의견이 첨예하게 대립되어 사회적 합의가 필요할 때 최종 결정은 인간이 내리는 것이 옳은 방향일 것이다.

AI 판사가 도입된다면 그 시작은 작은 사건, 간단한 법률적 심리 영역이 될 것이다. 우리나라의 경우 2020년 기준 판사 1인당 4,000여 건의 사건을 심리한다. 이는 독일의 5배, 일본의 3배 등 주요 선진국보다 확연히 많은 수치다. 자연히 깊은 검토가 어려워 불만 민원도 많다. 이때 기존 판례와 심하게 벗어나지 않는 경우 인공지능의 조력을 받아 판결을 진행할 수 있다면 판사의 부담 경감은 물론 향상된 법률 서비스를 제공할 수 있을 것이다. 이를 통해 사법 시스템에 대한 국민들의 눈높이도 맞출 수 있어 앞으로 지향해나가야 할 방향으로 보인다.

06

정치

인공지능이
정치에 참여한다면?

| **인공지능의 진출, 정치도 예외가 아니다** |

인공지능이 정치 영역에도 참여할 수 있을까? 인공지능은 여러 분야에서 인간 전문가와 동등하거나 그 이상의 성능을 발휘하고 있다. 그래서 앞으로 인공지능이 판사, 변호사, 의사와 같은 법률 또는 의학과 같은 전문 직업인을 대체할 것이라고 관측되고 있다. 그리고 그 분야에는 정치도 포함될 수 있다.

우선 선거나 공약 혹은 정책에 대한 선호 등 유권자의 기대와 반응을 예측하는 데 인공지능 기술이 이미 활발히 이용되고 있다. 인공지능은 대선이나 의회 선거와 같은 정치적 예측 분석에 활용되었

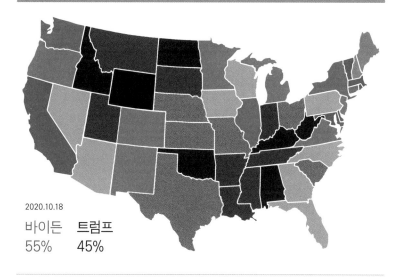

폴리 - 2020년 미국 대통령 선거 결과 예측

2020.10.18

바이든 **트럼프**
55% **45%**

자료: ASI(2020.10)

다. 2016년 미국 대통령 선거에서 대다수 언론사가 힐러리가 당선될 것이라고 예측하고 있었음에도 불구하고, 캐나다 기업 어드밴스드 심볼릭스ASI, Advanced Symbolics Inc.의 AI 폴리AI Polly는 트럼프의 당선을 예측해 전 세계의 관심을 모았다. 어드밴스드 심볼릭스는 트위터와 같은 소셜 미디어 플랫폼 상의 데이터를 분석해서 여론의 방향을 전망한다. 이를 통해 2016년 전 세계를 충격에 빠뜨린 브렉시트 찬반 투표 결과와 2020년 미국 대통령 선거 결과도 정확히 예측했다.[145]

폴리와 같은 선거 예측 AI는 선거 결과와 정치적 이슈에 대한 사전 정보를 제공해 선거 전에 투표에 영향을 미칠 움직임을 미리 파악하는 데 도움을 준다. 이를 통해 관리자와 정치 담당자들은 의사결정에 필요한 인사이트를 얻을 수 있다. 또한 인공지능을 활용한 선거 예측은 정치 전문가, 평론가 그리고 선거 참여자들에게 유용한 정보를 제공하며, 인공지능의 예측 능력을 활용해 사람들의 정치 성향과 변화하는 이슈에 대한 대응 방안을 세울 수 있도록 돕는다. 또한 최근 선거 트렌드를 분석함으로써 미래의 선거 전략과 정치 경쟁력을 높일 방법을 찾을 수도 있다.

인공지능 기술은 여론 조사와 분석에 널리 활용되고 있다. SNS 플랫폼에서 트위터, 페이스북 등의 게시물을 실시간으로 분석해서 선거 캠페인이나 정치 이슈에 대한 여론 변화를 탐지할 수 있다. 이를 통해 정치가들이 더 효과적인 의사결정을 할 수 있다. 크림슨 헥사곤Crimson Hexagon은 AI 분석 도구를 이용해 소셜 미디어 데이터를 모니터링하여 여론 조사 및 분석을 수행한다. 정치 캠페인이나 이슈에 대한 일반인의 반응을 측정하고, 여론의 흐름을 파악해 선거 후보 컨설팅에 활용할 수 있다. 《폴리티코 유럽Politico Europe》은 2019년 유럽 의회 선거에서 인공지능 기반 알고리즘을 활용해 선거 결과를 예측했다. 여론조사 데이터와 함께 각 회원국의 기존 투표 유형, 현재 정치 상황, 여론조사 등을 종합해 유럽 의회에서의 의사결정 결과를 예측했다. 이러한 인공지능 기반 예측 방식은 전통적인 여론조사 방식보다 더 정확한 결과를 제공할 수 있는 가능성을 보여주었다.

그뿐만 아니라 인공지능은 정치가들에게 정책 수립에 필요한 데이터 분석을 제공할 수 있다. 이미 인공지능은 기후 변화, 경제 성장, 교육, 보건 및 복지 등 다양한 분야에서 긍정적인 영향을 미치고 있다. 예를 들어 다양한 알고리즘을 활용해 미래의 시나리오를 예측하고, 이를 바탕으로 정책 결정을 지원하는 여러 최신 사례들이 있다.

이처럼 인공지능은 선거의 예측을 넘어 정책 수립, 정치 활동 등 다양한 정치 분야에서 기여할 수 있다. 이를 통해 우리는 미래의 선거 전략과 정치 경쟁력을 높일 방안을 찾아낼 수 있으며, 선거의 결과나 유권자들의 생각을 예측하고 올바른 정책을 더 잘 수립할 수 있다.

| 인공지능의 참여로 정책 및 정치 선진화 기대 |

인공지능을 활용한 선거 시스템 도입, 체계적이고 투명한 금융 감독, 사회복지 프로그램과 공공정책 개발 등 다양한 분야에서 인공지능의 역할이 확대될 것으로 보인다. 인공지능이 정치인의 역할을 대신하게 되면 여러 가지 긍정적인 결과를 기대할 수 있다.

그중 하나는 부정부패를 완전히 배제한 공정한 정책 활동이 가능해진다는 점이다. 인간 정치인들은 때때로 개인적인 이해나 그들이 속한 정당의 정치적인 입장 차이 등으로 인해 소신 있는 정책 활동을 하지 못할 가능성이 있다. 하지만 인공지능 정치인은 이러한 인간이 가지는 문제점을 배제할 수 있다. 그 때문에 인공지능은 정치 분야에서 정의롭고 공정한 정책을 펼칠 수 있을 것으로 기대된다. 인공지능은 학연, 지연이나 이해관계에 묶여 있지 않기 때문에 중립적이고 객관적인 정치 활동이 가능하다. 인공지능은 특정 인물이나 세력에 의한 공격이나 협박에 영향을 받지 않으며, 이해관계에 따라 왜곡되거나 편향되지 않는 정책 만들기를 추구할 수 있다.

또한 방대한 양의 정책 자료를 검토하고 분석하는 작업은 사람보다 인공지능이 더 능숙하게 수행할 수 있다. 인공지능을 활용하면 정책에 대한 다양한 정보를 적시에 빠르게 수집하고 분석하기 때문에 더욱 효율적이고 효과적인 정책 방향을 도출할 수 있다. 인간 정치인은 실패하거나 오류를 범할 수도 있는 정보 해석 과정에서 인공지능은 더 정확하게 일을 수행할 것이다. 예를 들어 인공지능은 경제, 국제 정세, 사회 문제 등의 데이터를 분석해 더 주효한 정책 방향을 제시할 수 있다. 이를 통해 정치인들은 근거에 기반한 결정을 내릴 수 있으며, 정책의 예상 효과와 리스크를 사전에 평가할 수 있다.

선거 캠페인과 유권자 분석에서도 인공지능은 핵심적인 역할을 할 수 있다. 인공지능은 대규모의 데이터를 기반으로 유권자의 행동 패턴, 정치적 성향, 관심사 등을 예측하고 분석할 수 있다. 이를 통해 정치인들은 개별 유권자에게 맞춤형 메시지와 전략을 제시해 유권자들의 지지를 얻을 수 있다. 또한 인공지능은 소셜 미디어 등에서 유권자들의 의견과 반응을 모니터링하고 이를 정책 방향에 반영하는 데에도 활용될 것이다.

인공지능은 가짜 뉴스의 신속한 판별을 통해 불필요한 정치 갈등을 차단하는 역할도 할 수 있다. 인공지능이 가짜 뉴스를 신속하게 판별하고 사실 여부를 확인할 수 있다면 정치 환경은 더욱 건강하고 정의롭게 발전할 것이다. 아울러 가짜 뉴스를 통한 모욕, 명예훼손, 허위사실 유포 등을 통해 발생할 수 있는 불필요한 정치 갈등을 사전에 차단하는 역할도 기대할 수 있다.

정부 기관의 효율성 향상과 정책 실행에도 인공지능이 기여할 수 있다. 예를 들어 인공지능 기술은 행정 업무의 자동화와 자동 응답 시스템을 구현해 정부 기관이 보다 빠르고 효율적으로 대응할 수 있도록 돕는다. 또한 인공지능은 법률 및 정책 준수 감시, 부정행위 탐지, 규제 요청 처리 등에 활용되어 정부 기관의 업무 효율성을 향상시키고 투명성을 강화할 수 있다.

| 인공지능의 정치 참여 시 문제점 |

인공지능의 정치 참여는 부작용과 위험 요소를 동시에 수반한다. 가장 큰 문제점 중 하나는 인공지능이 제안한 정책의 책임 소재가 불분명해져 문제가 발생할 수 있다는 점이다. 만약 인공지능이 제안한 정책이 실패하거나 문제를 야기할 경우, 해당 책임을 누가 지게 될 것인지 명확한 기준이 없다. 이때 인간 정치인과 인공지능 정치인 간의 갈등과 책임 회피 현상이 발생할 수 있다.[146]

또한 인공지능이 사회 규범 제정 및 규제 주체로 참여하게 되면 극소수의 인공지능 관리자들이 국민을 과도하게 통제하고 억압할 가능성도 있다. 예를 들어 인공지능 기반의 정부 친화 모니터링 시스템이 도입되면 사생활 침해, 언론의 자유 억압, 소수의 의견 탄압 등의 문제가 발생할 수 있다. 실제로 폐쇄적인 일부 국가는 온라인 콘텐츠 및 정보에 대한 접근을 차단하거나 제한해 국가 안보와 정치적 안정을 도모하고 있다.[147] 대개 이러한 통제는 반정부적 정보의 유통을 막고 국민들이 정부를 자유롭게 비판할 수 없도록 제한한다. 이는 인공지능 기술을 통해 국민들이 과도한 통제와 억압을 받을 수 있는 가능성을 시사한다.

인공지능 기술의 발전과 사용은 시민의 자유와 민주주의에 대한 직접적인 위협이 될 수도 있다. 인공지능이 독단적으로 의사결정을 내리고 행동할 경우, 인간에게 필요한 법적·윤리적·사회적 평가와 고려가 소홀해질 가능성이 있다. 이로 인해 권력 주체와 인공지능 간의 균형이 무너지면서 권력이 침범되고, 민주주의 시스템이 붕괴될지도 모른다.

또한 인공지능의 안전성과 신뢰성에 대한 문제도 무시할 수 없다. 해킹이나 조작 같은 기술적인 부정행위가 발생할 가능성이 있고, 이러한 원인으로 사회를 관리하는 위치에 있는 인공지능이 통제 불가능한 상황으로 전개될 위험이 있다.

인공지능이 정치 분야에서 활동한다면, 먼저 인공지능 정책 책임을 누가 가지는지에 대한 기준 정립이 필요하다. 인공지능이 제안한 정책의 책임 소재를 철저히 정립해야 한다. 인간 정치인과 인공지능 정치인 간의 협력 체계를 구축하고, 그 과정에서 발생하는 문제에 대한 책임을 분명하게 규정한 법적 근거를 마련해야 한다. 그리고 인공지능 윤리 기준을 수립해야 한다. 인공지능이 개인의 사생활, 사회적 소수자 또는 다양한 이해관계를 침해하지 않도록 하는 인공지능 윤리 기준을 수립하고 이를 준수해야 한다. 또한 인공지능의 사용과 관련된 의사결정 구조에 시민들의 참여와 투명성을 확보

해야 한다. 인공지능과 민주주의의 병행을 위한 시스템을 만들어야 한다. 인간 정치인과 인공지능 정치인의 협력 및 상호 보완을 통해 민주주의가 훼손되지 않도록 해야 한다. 인공지능 독단에 대한 규제와 인간에 의한 평가 과정을 통해 인공지능이 기여하는 의사결정 과정에 민주주의 원칙을 적용해야 한다.

87

AI 면접관과 AI 심사관

│ 인공지능이 면접관으로? │

인공지능의 역할은 단순히 사람의 업무를 보조하고 지원하는 수준에 그치지 않을 전망이다. 인공지능은 회사 내에서 실질적인 권한을 행사하며 다른 사람들의 운명에 영향을 미치는 '권력자'로서 부상하고 있다. 특히 공공 부문에서는 '공정성'을 보장하기 위해 AI 면접을 빠르게 도입하고 있다. 이러한 동향은 2017년 강원랜드 채용 비리 사건을 계기로 공공기관들이 공정성을 강조하며 AI 면접을 도입하고 채용 절차를 외주화한 결과이다.

진보네트워크센터의 조사에 따르면, 2018년부터 2022년까지 공공기관에서 AI 면접을 활용한 사례는 40여 곳에 달한다. 이는 공공기관들이 공정하고 객관적인 채용 절차를 유지하고자 AI 면접을 도입하는 데 노력을 기울인 결과이다. 이러한 AI 면접 시스템은 인공지능의 강력한 분석 능력과 판단력을 활용해 지원자의 능력과 적합성을 평가한다. 이를 통해 인적자원 관리에 있어서 공정성과 투명성을 강화하고, 인간의 주관적인 편견이나 오류를 최소화할 수 있다는 장점을 가지고 있다.

또한 인사관리 영역에서도 인공지능의 도입이 더욱 확대될 것으로 예상된다. 비록 국내에서는 아직까지 인사관리에 인공지능을 본격적으로 도입한 사례는 적지만, 해외에서는 이미 인사고과 평가나 해고자 선정 등 인사의 핵심 영역에서 인공지능이 활용되고 있다. 특히 미국 실리콘밸리에서는 직원의 퇴사 여부를 예측하는 인공지능 프로그램이 판매되고 있으며, 이직 가능성이 높아 보이는 직원을 인공지능이 감지해 별도의 면담이 이뤄지는 회사도 등장하고 있다.

인공지능은 어떻게 입사 지원자의 역량을 평가하고 채용 결과를 내놓을 수 있을까? 간단히 말하면, 인공지능은 인간 면접관이 하는 방식을 그대로 보고 학습하는 것으로 일을 시작한다. 먼저 경력이 풍부한 인간 면접관이 지원자의 얼굴과 음성을 들으며 채용을 위한 세부 항목에 대해 평가하는 작업을 인공지능이 모방하도록 학습시킨다. AI 면접관 알고리즘은 인간 면접관의 평가 결과를 모사해서 입사 지원자들을 평가할 수 있게 된다. AI 면접관 알고리즘은 면접 평가에 사람이 개입되지 않는다는 점이 큰 장점이다. 인공지능은 주관적 판단 개입 가능성과 채용 비리의 우려로부터 자유로우며, 학벌 등 스펙 위주의 평가를 피하고, 채용 절차에 드는 비용과 시간을 절약할 수 있다.

일부 기업들은 AI 면접관 알고리즘을 도입하고 있다. 먼저, 히어뷰HireVue는 인공지능 및 영상 인터뷰를 활용한 검증 서비스를 제공한다. 이 회사는 이 지능형 인터뷰 방식을 사용해 지원자들의 음성과 표정을 분석하고, 그 결과를 바탕으로 해당 지원자가 해당 직무에 얼마나 적합한지 평가한다. 또한, 영상 인터뷰 솔루션 마이인터뷰MyInterview는 짧은 비디오 인터뷰를 통해 지원자들로부터 정보를 수집하며, 이를 인공지능 알고리즘으로 분석해서 커뮤니케이션 능력, 문제 해결 능력, 그리고 표정 정보를 측정하고 평가할 수 있다.

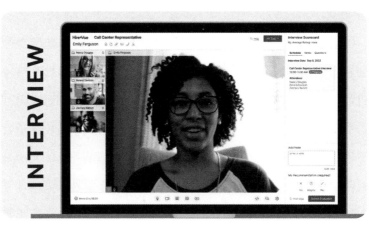

히어뷰 솔루션을 통한 면접 진행 사례

자료: 히어뷰

AI 면접 코칭 플랫폼인 목메이트Mockmate는 지원자에게 가상 인터뷰를 통해 면접 경험을 제공하며, 인공지능과 자연어 처리 기술을 활용해 지원자의 답변을 분석하고 적절한 피드백을 제공한다. 이처럼 인공지능이 채용 면접에 활용되는 사례들은 점차 늘어나고 있으며, 이에 따른 공정성 및 효율 향상도 이루어지고 있다.

| 편견을 학습한 인공지능 |

인공지능 기술 수준이 크게 발전했다고 하지만, 인공지능이 사람의 운명을 판가름 짓는다고 하니 큰 거부감이 생긴다. 과거 AI 면접을 성급하게 추진했다가 사회적 문제가 불거진 일이 있었다. 아마존은 인공지능을 통해 이력서를 효율적으로 분석하고 지원자들을 선별하기 위해 자체 인공지능 기반 평가 시스템을 개발했다. 그러나 이 시스템은 근본적으로 편견을 갖고 있는 데이터, 특히 최근 10년간 남성 지원자들에게 유리했던 데이터를 바탕으로 학습되었다. 결국 이 시스템에서도 여성 관련 단어가 포함된 이력서에 낮은 점수를 부여하는 경향이 나타났다. '여성' 관련 단어가 포함된 이력서는 남성 지원자들의 이력서에 비해 낮은 점수를 받는 것이다. 실제로 '여성 체스 클럽 주장'과 같은 경력을 이력서에 기술한 지원자에게 불이익을 주는 등 여대 졸업자 2명을 채용 대상에서 제외하기도 했다.[148]

아마존 사례에서 발견된 문제의 원인은 인공지능이 기존의 성차별적인 인사 관행에서 만들어진 데이터를 학습했다는 데 있다. 즉 인공지능은 사전에 그 어떤 편견도 가지고 있지 않지만, 학습된 데이터에 편견이 내재되어 있다면 이를 그대로 모방해서 작동한다. 아마존은 이러한 문제를 인지하고 해당 시스템을 중단했다. 이 사례는 인공지능 기술을 활용하는 기업들에게 딥러닝과 인공지능의 편견 문제를 인식하고, 이를 극복하기 위한 노력이 필요하다는 사실을 경고한다. 이는 인공지능의 학습 데이터가 다양성, 공정성 및 투명성을 고려해 수집, 처리되어야 함을 강조하는 사례이기도 하다.

사람의 판단을 그대로 학습하는 인공지능은 인간 세상에서 오랜 시간 동안 축적된 성별, 인종, 장애, 나이, 학력과 관련된 차별적 시선까지도 모방할 수 있다. 그 때문에 인공지능이 소수인종, 여성, 환경이 어려운 사람들을 더욱 배제시키는 결과를 가져올 수 있다. 영국 정부는 인공지능을 활용해 비자 신청 처리를 신속하게 하기 위한 시스템을 도입했으나, 오히려 인공지능이 무의식적으로 백인의 비자 신청은 원활하게 처리하고, 유색 인종의 경우 높은 비율로 거부한다는 결과가 나타났다. 논란이 일자 영국은 인공지능 비자 처리 알고리즘 사용을 중단했다.[149]

코로나19 팬데믹으로 인해 대면 시험을 치르지 못한 상황에 놓인 영국의 고등학생들은 인공지능 알고리즘을 통해 평가받았다. 그 결과 부유한 가정의 학생들은 더 높은 점수를 받은 반면, 공립학교의 학생들이나 가난한 가정의 학생들은 상대적으로 불리한 결과를 겪었다. 이로 인해 기존의 사회적 불평등이 인공지능에 의해 재생산되는 상황이 발생했다. 이 같은 문제 사례들의 근본적 원인은 편견이 포함된 데이터를 학습했다는 데 있다. 인공지능은 그 자체로 편견을 가지지 않지만, 학습 데이터의 편향을 그대로 흡수해 판단 기준을 형성한다.

전술한 사례들은 인공지능의 도입과 활용에 있어서 반드시 데이터 투명성, 공정성, 다양성을 확보하고, 인공지능이 바람직한 판단 기준을 가지도록 설계하는 것이 중요함을 강조한다. 개발자들과 정부는 인공지능이 과거 편견을 그대로 학습하지 않도록 관리해야 한다. 인공지능이 학습할 문서에 성별에 따른 편향이 있었다면, 성 편향적 단어를 제거하는 등의 사전 조치 방법에 대한 연구가 필요할 수도 있다.[150] 차별을 막고 보완하는 또 다른 인공지능을 만들 수 있다는 의견도 있다.[151] 인공지능을 개발하는 기업도 내부적으로 인공지능의 이해관계자들 간 소통과 협력을 통해 편향을 최소화하고 지속적으로 개선하는 방향으로 나아가야 한다.

| 심사 결과에 대한 이유를 설명할 수 있나? |

AI 면접과 관련한 소송을 진행한 한국 재판부는 'AI 면접 정보를 공개하라'는 판결을 내리기도 했다.[152] 설명할 수 없고 불투명한 AI 면접 진행에 대해 피면접자들에게 그 내용을 공개하라는 것이다. 그렇다면 면접의 내용과 심사 내용을 명명백백히 공개하는 것은 과연 가능할까? 사실 이는 쉽지 않다. 인공지능의 가장 두드러진 특징 중 하나는 '어떻게 인공지능이 특정 결정에 도달했는지'에 대한 설명이 매우 어렵다는 것이다. 인공지능은 주어진 데이터를 토대로 스스로 학습(머신러닝)해 결과를 도출한다는 점에서 인간이 이러한 결과의 근거나 과정을 항상 명확하게 이해하기 어렵다. 이 현상은 인공지능의 의사결정 과정이 블랙박스처럼 은폐되어 있어 흔히 '블랙박스' 문제로 불린다.

알파고와 프로바둑 기사 경기에서 볼 수 있듯이 인공지능은 인간이 이해하기 어려운 수를 두었지만 나중에 판세를 결정하는 좋은 수였음이 밝혀지는 경우들이 있다. 인공지능이 내놓은 결과의 이유에 대해 설명하는 것은 아주 어렵다. 이는 인공지능 기술의 한계이다. 그 때문에 면접, 입시, 인사관리와 같이 공정성과 이의신청 가능성이 항상 있는 분야에서 인공지능을 도입한다는 것은 모순적이다. 그래서 사람을 평가하고 처분을 내리는 영역에서 인공지능을 도입한다는 것은 성립 불가능한 것으로 보이기도 한다. 2021년 미국 10대 은행 중 하나인 PNC는 인공지능 기반의 채용 프로세스를 도입해 공정성을 향상시키려 했으나, 입사 지원자들이 AI 면접의 공정성에 의문을 제기하면서 판단 과정을 설명해달라며 항의한 사건이 있었다. AI 인사고과에서 낮은 점수를 받은 직원들이 점수의 근거를 요구할 때, 기업은 그 이유를 명쾌하게 설명할 수 있어야 한다. "그냥 인공지능이 그렇게 판단했어요"라는 식의 변명은 통하지 않는다.

의료 분야에서 인공지능은 대량의 의료 데이터를 학습해서 진단이나 치료를 추천한다. 이 경우에도 인공지능의 결정 과정이 명확히 설명되지 않는 상황이 발생할 수 있다. 그렇기에 의료진이 인공지능의 진단 결과를 완전히 신뢰하기 어렵다는 문제가 있다. 금융 분야에서도 인공지능의 투자 의사결정 과정이 불투명한 경우가 있다. 자동 투자 시스템이 주식이나 채권에 투자하는 이유를 명확하게 설명하지 못함에도 불구하고 거액의 투자를 집행할 가능성이 있다.

> "우린 폭발물 탐지견이 어떻게 자기 일을 수행하는지 이해하지 못합니다. 그러나 탐지견이 내리는 결정은 전적으로 신뢰하고 있죠."
> – 머신러닝 전문가 찰스 엘칸의 비유

블랙박스 문제를 해결하기 위해서는 여러 방법이 시도되고 있다. 중요한 한 가지 방법은 '설명 가능한 인공지능' 알고리즘을 개발하는 것이다.[153] 이는 인공지능 기술이 좀 더 투명한 의사결정 과정을 거치도록 개선함으로써 인간이 이해할 수 있게끔 설명력을 부여하는 것을 목표로 한다. 또 다른 접근 방법은 인간과 인공지능이 학습 과정에 협력하는 인간 참여형 인공지능을 도입하는 것이다.[154] 이를 통해 인공지능의 결정에 대한 설명을 인간에게 제공하고, 인간은 인공지능의 학습 과정에 참여해 그 설명에 근거한 피드백을 제공한다. 이렇게 인간과 인공지능이 상호 협력하며 인공지능에게 설명력을 높이는 방향으로 발전할 수 있다. 이 접근 방법은 인간과 인공지능 간 상호작용을 증진시키면서 인간이 인공지능의 결정 과정을 이해하고 인공지능의 성능을 개선하는 데 도움이 된다. 학계에서는 설명 가능한 인공지능의 원리와 개발 방식에 대한 연구를 활발하게 진행 중이다. 이 연구들의 목표는 인공지능 기술이 투명한 의사결정 과정을 가지며, 동시에 인간이 이해할 수 있는 결과를 도출하는 것이다.

최근에는 다양한 기업들이 이러한 설명 가능한 인공지능 기술을 도입하며, 공정하고 투명한 의사결정 과정을 확보하기 위해 노력하고 있다. IBM의 인공지능 오픈스케일OpenScale은 인공지능 모델의 예측을 모니터링하고 분석할 수 있다. 이를 통해 기업은 인공지능의 의사결정 과정에 대한 설명을 요구하는 사용자나 직원에게 충분한 정보를 제공할 수 있다. 아직 완벽하지는 않지만 인공지능 결과에 대한 이유를 일부라도 설명할 수 있는 기술적인 시도이다.

이외에도 규제와 감독 역할을 강화하는 것도 필요하다. 정부와 규제기관은 인공지능의 도입과 활용 과정에서 블랙박스 문제가 가져올 수 있는 위험을 최소화하기 위해 관련 규정 및 인공지능 관련 이슈 대응 전략을 수립하고 시행할 필요가 있다. 결론적으로 인공지능의 블랙박스 문제는 우리 사회가 현재 인공지능을 도입하고 활용하는 다양한 분야에서 직면할 도전 과제로 남아 있다.

│ AI 면접관에 관한 숙제 │

AI 면접관은 눈에 보이는 표면적인 요소와 목소리, 얼굴 표정 등을 데이터로 분석할 수 있겠으나, 인간만의 직관과 총체적인 판단 능력을 완전히 대체할 수 없다. 인간 면접관의 친절함, 대화 동안의 긴장감 완화 등 인간의 감성적 요소는 AI 면접관이 구현하기 어렵다. 이러한 한계로 인해 지원자들의 표현과 커뮤니케이션이 완벽하게 이루어지지 않을 수 있다. 따라서 향후 AI 면접관 개발에서는 인간의 감각과 공감을 최대한 수용하는 방향으로 연구가 필요하다.

AI 면접관 도입에 대한 윤리적인 고려도 필요하다. 기술적 발전과 편리함, 그리고 공정성의 증대를 추구하면서도 사회적·정치적·경제적 차원에서 발생할 수 있는 부작용에 대한 문제를 신중하게 고려해야 한다. AI 면접관이 인간의 일자리를 대체할 가능성, 개별 지원자의 프라이버시 침해 여부 등 윤리적 측면을 따져봐야 한다.

AI 면접관은 사용자의 개인정보를 수집해야 작동하기 때문에 개인정보 보호 및 법적 관련 문제를 염두에 두어야 한다. 사용자의 이미지, 음성 및 개인정보 처리와 관련된 법규를 준수하며 개인정보 보호에 최선을 다해야 한다. 유럽의 GDPR과 USA의 CCPA를 비롯한 각 국가의 개인정보 보호 규정을 적용하는 것이 필요하다. 우리나라에서는 개인정보보호법 개정안에서 '자동화 의사결정에 대한 대응권'이 신설되었다. AI 면접에서 떨어지거나 인공지능이 평가한 인사평가에서 불이익을 당하는 등 인공지능이 관여한 의사결정을 거부하거나 설명을 요구할 권리를 부여한 것이다. 다만 '자동화 의사결정'이 어느 수준인지, 사람의 개입을 어느 정도까지 인정할 것인지 등에 대한 기준과 개념은 여전히 논란이 될 수 있다.

AI 면접관은 채용 과정에 혁신을 가져온 동시에 도전 과제와 한계를 안고 있다. 이러한 한계를 극복하고 더욱 발전된 AI 면접관을 구현하기 위해서는 기술 개발, 윤리적 고려, 인간의 감각을 수용하고 개선할 수 있는 협력 체계 등 다양한 측면에서 지속적인 노력이 필요하다.

08

공유와 협력

공유와 협력으로 인공지능의
지속 발전 가능할까?

│ 인공지능 기술의 공유와 협력 │

그동안 인공지능의 발전과 관련된 핵심 기술, 노하우, 데이터에 대한 개방적이고 협력적인 문화가 잘 만들어졌다. 이렇게 개방적이고 협력적인 문화는 인공지능의 성장을 촉진하고 발전하는 데 밑거름이 되었다. 그중에서도 캐글Kaggle은 주목할 만한 사례이다. 캐글은 데이터 과학 및 기계학습 경진대회를 주최하는 플랫폼으로, 많은 데이터 과학자와 기계학습 엔지니어들이 참여하고 있다. 이 플랫폼을 통해 데이터 세트가 공개되고, 경진대회 참가자들은 서로의 아이디어와 알고리즘을 공유하며 선의의 경쟁을 펼친다. 이러한 개방적인 문화는 인공지능 기술의 발전을 촉진시키고, 다양한 도메인에서 협력과 지식 공유를 원활하게 유도했다.

또한 오픈소스 커뮤니티 역시 인공지능 기술의 발전에 큰 기여를 했다. 텐서플로TensorFlow와 파이토치PyTorch 같은 인공지능 프레임워크는 오픈소스로 개발되어 있으며, 많은 개발자가 참여해 코드와 알고리즘을 공유하고 발전시키고 있다. 이런 개방적인 접근은 인공지능 기술에 대한 액세스와 이해를 확대시키며, 전 세계적으로 다양한 인공지능 프로젝트를 쉽게 시작할 수 있고 인공지능 기술의 발전을 가속화했다.

그뿐만 아니라 기업 간의 협력도 인공지능 기술 발전에 큰 역할을 한다. 글로벌 기업들은 데이터 공유와 기술 협력을 통해 인공지능 기술을 공동으로 발전시키고 있다. 예를 들어 오픈AI는 인공지능 연구를 개발하고 보급하기 위해 기술적 협력과 오픈소스 프로젝트를 추진하고 있다. 이러한 협력은 다양한 분야에서 인공지능 응용에 새로운 지평을 열어주고, 전 세계적으로 인공지능 기술 발전을 촉진하는 역할을 하고 있다.

교육 부문에서는 MOOCMassive Open Online Courses가 활성화되고 있다. MOOC는 인터넷 환경에서 제공되는 대규모 무료 온라인 교육과정인데, 이를 통해 온라인 플랫폼을 통해 최신 지식과 기술의 개방과 확산에 참여하는 문화가 형성되었다.[155] 이는 전 세계 수많은 사람에게 인공지능과 관련된 교육 기회를 제공하고, 최신 인공지능 방법론과 기술 동향이 공유되어 전반적인 인공지능의 발전 속도를 가속화하는 역할을 했다. 코세라, edX, 유다시티Udacity 등과 같은 주요 MOOC 제공업체를 통해 다양한 인공지능 강의와 자료를 제공하고 있다.

이뿐만 아니라 학술회의와 컨퍼런스에서도 최신 인공지능 연구 동향과 방법론이 개방적으로 공유되고 있다. 주요 학술회의에서는 연구자들이 자신의 연구 결과와 발견을 다른 연구자들과 공유하고 토론할 수 있는 기회를 제공하며, 이는 인공지능 분야에서의 협력과 혁신을 촉진시키는 역할을 한다. 또한 인공지능 국제 학회와 같은 기관은 다양한 연구자들이 모여 최신 인공지능 기술과 관련된 논문을 발표하고 지식을 교환하는 플랫폼을 제공해 인공지능의 글로벌 커뮤니티를 형성하고 있다.

이렇듯 개방과 협력 문화는 인공지능 기술 발전의 기반이 되었다. 데이터 공유와 오픈소스 커뮤니티, 기업 간의 협력은 인공지능 기술의 발전 속도를 가속화하고, 다양한 분야에서의 응용 가능성을 넓혔다.

│ 데이터 공개와 상호 협력 │

인공지능 개발을 위해서는 많은 양의 학습 데이터가 필요하다. 그 때문에 학습 데이터의 공개와 공유가 인공지능 발전에 중요한 역할을 한다. 딥러닝 분야에서 유명한 요슈아 벤지오Yoshua Bengio 교수도 "인공지능은 결국 데이터에 의존한다. 결국 데이터를 공유하는 것이 중요하다"라고 강조했다.[156]

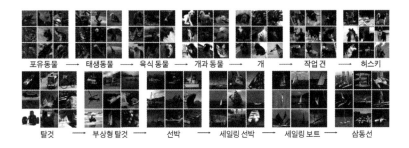

대규모 이미지 데이터셋 '이미지넷'

포유동물 → 태생동물 → 육식 동물 → 개과 동물 → 개 → 작업견 → 허스키

탈것 → 부상형 탈것 → 선박 → 세일링 선박 → 세일링 보트 → 삼동선

자료: Deng, Jia, et al.[157]

    실제로 아마존과 같은 글로벌 기업들은 인공지능 학습용 데이터를 개방적으로 공개함으로써 인공지능의 발전에 기여한 바 있다. 아마존은 AWSAmazon Web Services를 통해 인공지능 개발자들에게 데이터와 기술적인 지원을 제공하며, 개방적인 데이터 플랫폼을 운영해 다양한 분야에서 인공지능 연구와 개발을 활성화하고 있다. 영상 인식 분야에서 데이터를 공개한 사례 중 하나로, 대규모 이미지 데이터셋인 이미지넷ImageNet을 들 수 있다. 이미지넷은 수백만 개의 이미지와 그에 대한 레이블 정보를 포함하고 있어 다양한 이미지 인식 알고리즘의 학습과 성능 향상에 중요한 역할을 했다. 이를 통해 컴퓨터 비전 기술은 급속도로 발전했으며 자율주행차, 보안 시스템, 의료 영상 분석 등 다양한 응용 분야에서 활용되고 있다. 만약 이미지넷이 없었다면 이미지 관련 인공지능 시스템을 개발하는 데 더 많은 시간과 비용이 소요되었을 것이다.

    또한 자연어 처리 분야에서도 데이터 공개가 큰 역할을 하고 있다.

대표적인 예로는 오픈소스 자연어 처리 라이브러리인 NLTK_{Natural Language Toolkit}가 있다. NLTK는 다양한 자연어 처리 기술과 알고리즘을 포함하고 있는데 누구나 연구에 활용할 수 있도록 공개하고 있다. 이를 통해 기계 번역, 텍스트 분류, 감성 분석 등 다양한 자연어 처리 응용이 발전했다.

또한 공공기관과 연구기관에서도 데이터 공개의 중요성을 인식하고 있다. 그래서 국가 통계청이나 공공 건강기관에서는 인구 통계 데이터, 건강 통계 데이터 등을 공개해 정책 결정과 연구에 활용할 수 있도록 지원하고 있다.

의료 분야에서는 많은 의료기관과 연구기관이 의료 이미지, 환자 기록 및 유전체 데이터 등을 오픈하고 공유함으로써 인공지능을 활용한 진단, 예측 및 치료에 도움을 주고 있다. 이를 통해 의료 분야에서 정확성과 효율성이 향상되고, 질환 예방 및 조기 발견에 기여하고 있다.

인공지능 기술에 대해 폐쇄적이고 독점적인 노선으로의 전환 우려

앞서 다양한 분야에서 데이터를 공개 또는 공유해 인공지능 기술의 발전에 기여한 사례를 살펴보았다. 데이터 공개 문화는 다양한 분야에서 인공지능 기술 발전을 촉진했다. 그러나 점차 인공지능이 기업 및 국가 경쟁력의 핵심 요소로 부상함에 따라 미래에는 일부 인공지능 개발 회사들이 폐쇄적이거나 독점적인 노선을 선택할 수도 있다는 우려가 제기되고 있다. 경제적인 이해가 첨예한 상황에서 몇몇 기업이 인공지능 기술의 독점적인 지위를 확립하거나 접근을 제한할지 모른다는 것이다.

이러한 우려는 이미 몇몇 사례에서 관찰되고 있다. 예를 들어 일부 대형 플랫폼 기업들은 자체적으로 인공지능 기술을 발전시키고 데이터를 축적함으로써 독점적인 지위를 확보하려는 경향을 보이고 있다. 이들은 다양한 산업 분야에서 인공지능 기술을 적용하고 있는데, 이로 인해 해당 기업들은 경쟁사들보다 더 많은 데이터와 노하우를 보유하게 되어 경쟁 우위를 차지할 수 있다. 오픈AI는 GPT 시리즈를 출시하면서 부분적으로 독점화를 택했다. GPT-3 및 GPT-4의 소유권은 오픈AI에 있으며, 비록 API를 제공하지만 완전한 코드나 모델 사양을 공개하지 않은 상태이다. API는 회사의 판단으로 얼마든지 유료화 혹은 서비스 중단을 할 수 있는 방식이다. 아마존의 레코그니션Rekognition, 마이크로소프트의 페이스 APIFace API 등 얼굴 인식 서비스에서도 그 세부 기술 사양이나 인식 모델의 내용을 비공개로 유지하면서 일정 비용을 지불하는 고객에게만 이 기술을 서비스로 제공하고 있다. 이들 사례를 보면 경제적인 이해관계가 있다면 인공지능 기술이 언제든지 독점화로 나아갈 수 있음을 보여준다. 이처럼 인공지능 기술의 독과점화는 중소기업이나 개인 연구자들에게 진입 장벽을 높이는 결과를 가져온다.

여러 외부 요인으로 인해 인공지능 기술의 접근과 이용에서 차별이나 차등도 발생할 수 있다. 예를 들어 일부 국가에 한정하거나, 특정 지역이나 사회적 계층에만 인공지능 기술을 제공하고, 다른 지역이나 계층에서는 접근이 제한될 수도 있다. 이는 디지털 격차의 심화를 야기할 수 있으며, 인공지능의 잠재력이 공정한 사회적 발전에 이바지하는 것이 아닌, 일부에게만 그 혜택이 돌아갈 수 있다.

| 인공지능 플랫폼이 독과점화 되지 않도록 해야 |

자동차와 비행기가 발명되면서 국가 간 이동이 활발해졌고, 정보통신 기술의 발전에 힘입어 정보의 교류, 그리고 학문과 사상의 통합도 급속도로 이루어졌다. 현대에는 물류와 정보 이동에 있어서 국가 간 장벽이 거의 없어졌다고 봐도 과언이 아니다. 이와 관련해 인터넷 혹은 모바일 소통 채널들은 거대 플랫폼으로 집중되는 경향이 강했다. 틱톡이나 메타(페이스북), 유튜브 그리고 트위터 등이 그 예다. 이런 인터넷 플랫폼은 글로벌 사용자 간의 연결과 교류, 생각과 사상의 이동을 아주 쉽게 만들었다. 하지만 거리와 시간 제약은 없어졌으나 그 반대급부로 플랫폼 의존성이 생기게 되었다.

앞으로 인공지능에서도 비슷한 전개가 예상된다. 지금은 빅테크 기업들이 엎치락뒤치락하며 새로운 인공지능 서비스가 쏟아져 나오는 중이다. 그리고 언젠가 소수의 메이저 서비스로 집중화되고, 그 서비스로 글로벌 접속자들이 집중될 것이다. 그 후엔 소수의 인공지능 플랫폼이 인공지능 서비스의 주도권을 가지게 되고, 인공지능에 있어서 플랫폼 의존성을 키울 것이다.

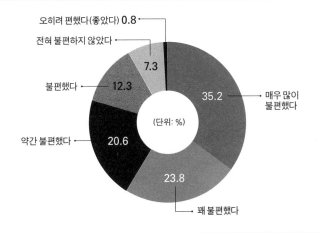

자료: 지디넷-오픈서베이 협력 조사

플랫폼 의존 사회는 그에 따른 대가를 결국 치르게 된다.[158] 2022년 국내에서 발생한 카카오 플랫폼 먹통 사태를 떠올린다면 쉽게 이해할 수 있다. 국내의 한 데이터 센터 화재로 한국 최대 플랫폼 기업인 카카오에 역대 최장 시간 서비스 장애가 발생하자 카카오톡뿐만 아니라 카카오택시, 카카오페이, 카카오커머스 등 모든 관련 서비스가 멈춰 섰다. 영업에 차질을 빚은 소상공인부터 메신저 불통으로 발이 묶인 시민까지 모든 일상에 제동이 걸렸다. 이와 관련해 설문조사를 시행한 결과 응답자의 90% 이상이 불편을 겪었다고 답했다. 그만큼 '카카오 의존 사회'의 위험성이 고스란히 드러난 사건이었다. 이 사건을 통해 시민 대다수가 일상생활에서 카카오에 얼마나 의존하고 있었는지 체감할 수 있었다.

향후 인공지능에 대한 플랫폼 의존적인 국면에 접어들면, 영향력이 커진 인공지능 플랫폼 소유자는 인공지능 기술 혹은 서비스를 독과점화해서 이익을 취하려 할지도 모른다. 그리고 앞서 살펴본 카카오 먹통 사태처럼 사고나 천재지변에도 매우 취약해진다. 한 번의 사고 발생으로 전 국가의 인공지능 망이 중단될 수 있기 때문이다. 그러므로 지혜롭게 대처해야 한다. 어떤 빅테크 기업이 거대 인공지능 플랫폼을 차지하는 등 소수가 인공지능 서비스를 독과점하는 미래가 전개되지 않을지 경계할 필요가 있다.

09

기술적 불평등과
사회적 격차

| 인공지능 시대의 불평등 사례 |

　기술적 혁신이 모든 사람에게 동등한 기회와 혜택을 제공하지는 않는다. 때로는 기술적 불평등과 사회적 격차가 유발될 수도 있다. 인공지능 시대에서도 비슷한 문제가 발생할 수 있다. 그 원인은 다음과 같다. 첫째, 인공지능 기술 접근성의 격차이다. 인공지능의 주요 연구와 개발을 이끌고 있는 국가와 기업들이 혜택의 대부분을 가져간다면, 이 기술이 잘 보급되지 않는 지역에서는 접근성에 대한 불평등이 발생한다. 그래서 일부 사용자나 지역이 인공지능 기술을 사용하거나 적용하는 데 어려움이 있을 수 있다. 둘째, 교육과 역량 격차이다. 불균형한 교육 수준으로 인해 인공지능에 대한 이해와 활용, 그리고 관련 일자리 확보 등에서 어려움을 겪을 수 있다. 셋째, 경제적 불평등이다. 인공지능으로 인한 이익 분배가 원활하지 않을 경우, 그 이익에서 소외된 사회집단에게는 의료, 교육, 경제 등 전반적인 혜택 기회가 줄어들 수밖에 없다.

인공지능 시대의 불평등 사례들을 구체적으로 살펴보면 다음과 같다. 먼저, 일자리 관련 불평등이 심화될 수 있다. 개발 도상국들이 인공지능 확산이 취약하므로 해당 기술이 일자리 창출과 사회 발전에 미칠 수 있는 영향이 제한적일 것이다. 또한, 경제적 어려움으로 인한 기술 충격을 이겨내기 어려운 지역에서는 실업률 증가와 빈곤층 확대가 이어질 수 있다. 소외된 이주 노동자 집단에서도 해당 사례에서 인공지능 기술의 발전으로 인해 저임금 노동자들의 일자리가 감소하는 등 어려움을 겪을 수 있다.

디지털 격차도 관련된 불평등 중 하나이다. 인터넷 접근과 디지털 기술 활용 능력의 차이를 통해 일부 사회계층이 정보 접근 및 기회를 제한받으며 실질적인 정보 불평등이 발생한다. 이와 함께 인공지능 접근성에 관련한 격차도 함께 발생할 수 있다. 인공지능 기반으로 이동수단 자동화에 따른 이동권의 불평등도 발생할 수 있다. 자율주행차 등 교통수단의 자동화는 교통 환경이 좋지 않은 지역이나 이동이 어려운 교통 약자에게 오히려 불편이 가중되는 역설적인 상황이 발생할 수 있다. 의료 혜택의 격차도 발생할 수 있다. 의료 인공지능 기술과 서비스에 대한 접근이 불충분한 지역의 경우, 건강 관련 불평등이 심화되며 치료와 예방에 차이가 발생할 수 있다. 교육체계가 인공지능과 밀접하게 결합되면서 인공지능 인프라 없이는 좋은 교육을 받지 못하게 될 수 있다. 그때는 교육의 격차도 필연적으로 발생할 것이다. 인공지능 기반 교육 서비스가 균등하게 보급되지 않은 상태라면 고품질의 교육을 받지 못하는 학생들이 일부 생길 수 있다.

| 인공지능세 |

2017년 마이크로소프트의 창업자 빌 게이츠는 로봇세Robot Tax를 주장한 바 있다. '로봇세'의 사전적 의미는 로봇의 노동으로 생산하는 경제적 가치에 부과하는 세금을 뜻한다.[159] 당시 빌 게이츠는 애플, 구글, 아마존닷컴과 함께 인공지능 연구개발을 이끌고 있었음에도 불구하고 그 비즈니스와는 상반된 사회 지원 체계에 대한 의견을 내놓아 눈길을 끌었다. 그 내용을 살펴보면, 사실 인공지능세에 더 가깝다. 로봇이라고 부르는 유형의 하드웨어가 없는 분야에서도 인공지능 자동화가 도입될 가능성이 커졌기 때문에 이 책에서는 '로봇세' 대신 '인공지능세' 표현으로 확장해 썼다.

인공지능세가 필요하다는 입장에서 다음과 같은 이유를 든다. 첫째, 딥러닝과 GPT 등의 인공지능 개발에 우리 모두가 조금씩 기여하고 있다. 인공지능 서비스 개발에는 엄청나게 많은 데이터를 필요로 한다. 물론 인공지능이 스스로 셀프 딥러닝Self Deep Learning을 하지만 모든 자료의 기반은 여태까지 우리 인간들이 선의로 제공했던 정보들이다. 우리가 정보를 제공했기에 지금의 발전이 있을 수 있었다. 즉 데이터가 곧 돈이 되는 이 시대에 인공지능세는 우리가 알게 모르게 제공했던 나의 데이터에 대해 보상받을 방안 중 하나이다.

둘째, 인공지능세는 인간의 노동력을 인공지능으로 대체함으로 인해 발생하는 사회적 피해를 해결하기 위한 책임을 이행하는 장치다. 옥스퍼드대학의 연구에 따르면, 45%의 직업은 향후 10년 이내에 사라질 것이라고 했다. 많은 일자리가 로봇으로 대체될 수 있기 때문이다. 세븐일레븐, 훼미리마트, 로손 등 일본의 5대 편의점은 2025년까지 편의점에서 계산원을 없애겠다는 계획을 발표하기도 했다. 인공지능세는 이러한 로봇의 대체로 인한 사회적 피해를 해결하기 위한 방안이 될 수 있다.

셋째, 인공지능세를 걷음으로써 부가 한쪽으로 쏠리는 현상을 방지할 수 있다. 인간의 노동이 인공지능으로 대체되는 이 시점에서 인공지능세를 걷지 않으면 인공지능 자원을 많이 소유하고 있는 기업이나 사람이 소득을 지나치게 많이 가져가는 소득의 독점 현상이 나타날 것이다. 그러나 인공지능세를 걷으면 소득의 독점을 막을 수 있고, 소득을 재분배해 국민 복지의 질을 향상하는 데 사용할 수 있다. 또한 인공지능세를 걷어 4차 산업혁명으로 인해 일자리를 잃은 실직자를 재교육하는 효과에 기여할 수도 있다.

인공지능세 과세 방식으로 다양한 세목을 후보로 검토할 수 있다. 사람이 아닌 인공지능 자체에는 소득세를 징수할 근거가 아직 없으므로, 이를 소유한 법인이나 단체에 납세 의무를 부과할 수 있을 것이다. 인간의 일자리 일부를 인공지능이 대체했다고 가정하고

인공지능세 과세 방식(예시)					
세목	소득세	법인세	부가가치세	개별소비세	재산세
대상	근로, 금융, 사업	사업	상품/서비스 거래	자동차, 귀금속 등	토지/ 건축물
세율	6~42%	10~22%	10%	5~20%	0.1~0.5%

자료: 비즈니스워치, 딥앤와이랩스 재구성

그 소득에 대해 세금을 부담시키는 것이다. 인공지능이 만들어내는 상품이나 서비스에 대한 부가가치세로써 과세할 수도 있다. 이처럼 소득세나 법인세, 부가가치세, 개별소비세 등 기존 과세의 틀 내에서도 인공지능세를 부과하는 것이 가능하다.

| 국가 간 기술 격차 넘을 수 있나? |

현재 기준으로만 보면, 미국이 AI 분야에서 선두에 서 있으므로 미국이 인공지능 기술의 발전에서 앞서 나갈 것으로 예상된다. 미국은 거대 언어 모델 개발 분야에서 분명한 우위를 점하고 있다. 동시에 금융 자본과 벤처캐피털 등의 투자 자본이 미국의 인공지능 빅테크 기업에 몰려들고 있다. 그렇다면 개발도상국들은 어떤 상황에 직면하게 될까? 서방 세계의 인공지능 기술 수준을 따라잡을 수 있을까?

생성형 AI가 프로그래머를 대체하고 챗봇이 콜센터 상담원을 대체한다면, 그것이 주요 먹거리였던 개발도상국들은 자체적인 경제적 기반을 상실할지도 모른다. 역사적으로는 기술의 발전과 경제적

이익 사이에는 국가 간의 격차가 항상 존재했다. 과거 산업혁명 시절 대영제국은 최초로 상업화한 증기기관의 기술적 우위를 바탕으로 전 세계 시장을 지배했다. 영국을 비롯한 서방세계의 공업 제품이 시장을 지배하면서 중국과 인도의 수공업 제품은 경쟁력을 잃었다. 이러한 경제 시스템에서 후발주자는 결코 선진국을 따라잡을 수 없을 것으로 여겨졌다.

그러나 이러한 위계는 항상 지속되지는 않았다. 당시 미국과 일본은 선진 국가의 기술과 문화를 발빠르게 받아들이며 발전했고 결국 세계 경제의 리더로 성장했다. 그렇게 당시 위세가 당당했던 영국조차도 결국 19세기 말에 1인당 국민소득에서 미국에게 추월당하면서 선두 자리를 내주어야 했다. 20세기 소형 가전 산업에서는 일본이 초격차를 보이며 세계를 압도했고, 지금은 그 자리를 한국과 중국이 차례로 넘겨받는 양상이다. 이처럼 개도국들에게도 기회가 있다.[160] 디지털 휴대전화의 상용화와 보급 측면에서 한국은 미국이나 일본보다 훨씬 빠른 속도로 나아갔다. 특히 CDMA라는 디지털 휴대전화 기술은 한국에서 세계 최초로 상용화되었다. 이러한 성과를 토대로 한국은 정보화 시대를 이끄는 리더 국가로 부상할 수 있었다.

마찬가지로 인공지능 분야에서도 이러한 경향이 나타날 수 있다. 현재로선 개발도상국들이 인공지능 경쟁력에서 상당한 약점을 가지고 있는 것은 명약관화하다. 게다가 인공지능 시대에는 저임금 노동력이라는 기존의 경쟁력이 붕괴될 가능성이 있어 국가적인 위기에 처할 가능성이 높다. 그러나 모든 나라가 인공지능 분야에서 희망이 없는 것은 아니다. 인공지능을 개발하는 것도 중요하지만, 그보다 더 중요한 것은 인공지능을 잘 활용하는 데 있다. 인공지능 기술 경쟁력이 뒤처진 국가라 하더라도, 빠르게 이를 수용하고 효과적으로 활용할 수 있는 국가는 세계에서 강자로 성장할 수 있는 가능성이 있다. 역사를 돌아보면 기술의 변화는 항상 승자와 패자를 만들었으나, 그 주인공은 영원하지 않았다. 인공지능 시대에는 기술의 발전뿐만 아니라 그 활용 능력과 적응력이 더욱 중요해질 것이다. 따라서 인공지능 기술에 대한 지속적인 연구와 개발 외에도 인력 양성 및 체계적인 활용 방안을 강구하여 경제적인 효과를 극대화하는 데 집중해야 한다.

│ 모두가 인공지능의 혜택을 두루 누리려면 │

인공지능 시대의 기술적 불평등과 사회적 격차를 해결하는 방법은 다양한 측면에서 찾아볼 수 있다. 먼저, 교육의 중요성이 부각된다. 인공지능 기술을 잘 활용하기 위해서는 그에 대한 교육이 필요하다. 전 세계적으로 품질 좋은 인공지능 기반 교육을 보급하고 제공함으로써 인공지능 기술에 접근할 수 있는 기회를 모두에게 제공할 필요가 있다. 이를 통해 기술적 격차를 해소하고, 인공지능 기술을 활용해 자기계발과 경제적인 이익을 얻을 수 있는 기반을 마련할 수 있다.

다음으로, 차별 없는 기술 분배를 위한 제도나 환경을 조성해야 한다. 인공지능 기술과 서비스를 공공 인프라에 도입함으로써 인공지능 기술을 공정하게 이용할 수 있는 환경을 조성해야 한다. 이를 통해 경제적인 이익이나 혜택을 누리는 것에 제한이 없도록 하고, 사회적 평등을 실현할 수 있는 기반을 마련해야 한다. 특히 개발도상국이나 불균형 지역에서는 이러한 환경 조성이 더욱 중요하다. 국가가 특별히 나서서 인공지능 기술을 활용해 사회 발전과 경제 성장의 균형을 이룰 수 있는 기회를 제공해야 한다.

마지막으로, 사회 안전망의 강화가 필요하다. 인공지능 기술의 발전으로 인해 일부 직업이 사라지거나 변화하는 경우가 발생할 수 있다. 이에 대비해 기본소득, 실업연금, 재교육 지원 등을 통해 사회 안전망을 강화하는 조치가 필요하다. 인공지능 시대에는 삶의 변화에 대비하기 위한 대책이 필요하며, 기존 직업의 재편성과 신규 직업의 창출을 위한 지원을 통해 사회적 안정성을 확보할 수 있다. 무엇보다 불필요한 사회 내 갈등을 봉합하고 특별히 곤란을 겪는 계층이 없도록 배려해야 한다. 이를 위해 법적·정책적 제도를 마련하고, 지속적인 관리와 개선을 통해 기술 발전에 따른 사회적 영향을 최소화해야 한다.

10

특별 리서치

설문조사를 통해 들어본
인공지능에 대한 사람들의 생각

│ 설문조사 실시 │

미래란 항상 우리가 원하는 희망대로 나아가지는 않는 법이다. 인공지능의 기술을 둘러싼 국가 또는 기업 간의 이해, 그리고 사회적인 갈등 등 여러 가지 문제에 대해 때로는 타협해야 할 수도 있다. 그리고 더 나은 방향이 있음에도 불구하고 다툼과 갈등이 심화되거나 바람직하지 않은 미래가 전개될 수도 있다. 인공지능 시대의 미래를 좀 더 면밀히 살피려면 집단지성으로 의견 취합이 필요할 수 있다. 그러한 배경에서 딥앤와이랩스는 사람들이 인공지능 시대에 대해 가지는 기대와 전망이 어떻게 다른지 등에 대해 직접 조사를 진

행했다.[161]

이 주제를 탐구하기 위해 연구 가설을 수립한 뒤 한국 내에서 직업을 가진 225명을 대상으로 직접 설문조사를 했다. 직종으로 구분하면 IT/AI 분야 138명, 서비스업 37명, 제조/건설업 22명, 의료/보건업 10명, 기타 직종 18명으로 나뉜다. 직무로 구분하면 경영/전략 62명, 마케팅/영업 57명, 생산/운영 19명, 연구/개발 80명, 기타 직무 7명으로 구성되었다. "담당 업무가 AI와 관련이 있냐"는 물음에는 91명이 "그렇다"고 답했다.

응답자에게 인공지능의 미래에 대한 의견을 묻기 위해 총 8가지 인공지능의 미래 시나리오를 제시했다. 이들 시나리오는 정치 분야

인공지능 미래에 대한 설문조사 진행		
	어젠다	시나리오
정치	T1 정치에 개입 또는 참여	정치 선진화를 위해 인공지능의 참여가 활성화될 것이다.
	T2 윤리적 문제 또는 법적 문제	기존의 윤리 규범 또는 법 규정을 수정 또는 완화해서 인공지능이 지속 발전할 수 있을 것이다.
경제	T3 일자리에 미치는 영향	사라지는 것보다 더 많은 신규 일자리가 창출되어 노동시장이 안정될 것이다.
	T4 경제지표 수정 필요성	인공지능이 경제 전반을 크게 변화시킬 것이므로 기존 경제지표를 재정의해야 할 것이다.
사회	T5 인공지능 혜택의 불평등	인공지능 혜택에서 차별 없는 사회가 될 것이다.
	T6 석기시대, 철기시대처럼 인공지능 시대라고 명명	인류 역사상 혁명적 변화가 예상되므로 인공지능 시대라고 별도로 명명할 필요가 있을 것이다.
기술	T7 인공지능 기술의 개방성	인공지능 기술에 대해 개방적이고 협력적인 문화가 확산될 것이다.
	T8 인공지능 개발의 내재화	중소업체나 개인 개발자 모두가 직접 인공지능 개발을 내재화할 수 있을 것이다.

2개, 경제 분야 2개, 사회 분야 2개, 기술 분야 2개로 구성되었다.

　서베이 응답자들에게 위 시나리오를 제시한 후, 어떤 미래가 되기를 희망하는지에 대한 기대적 의견, 그리고 결국 현실적으로 어떤 미래가 도래할 것으로 보이는지에 대한 예측적 의견을 각각 물었다. 각 문항의 응답은 리커트-5점 척도로 답하게 했다. 여기서 응답한 점수가 높을수록 좀 더 유토피아적인 미래 또는 밝은 미래의 경향에 가깝다는 의사를 표명한 것으로 해석할 수 있다.

	내용	답변(5점 척도)
Q1	어떤 미래가 더 바람직하다고 생각하십니까?	1: 매우 그렇지 않다 2: 다소 그렇지 않다 3: 보통(중립)이다 4: 다소 그렇다 5: 매우 그렇다
Q2	어떤 미래가 현실이 될 것으로 예상하십니까?	

　이 설문을 통해 아래와 같은 궁금증을 확인하고자 했다.

(RQ1)　인공지능과 관련해서 바라는 미래와 현실적으로 전망하는 미래에 괴리가 있는가?

(RQ2)　인공지능의 미래를 긍정적 또는 부정적으로 보는 수준은 학력에 따라 차이가 있는가?

(RQ3)　인공지능의 미래를 긍정적 또는 부정적으로 보는 수준은 AI 전문성에 따라 차이가 있는가?

(RQ4)　인공지능의 미래를 긍정적 또는 부정적으로 보는 수준은 직종에 따라 차이가 있는가?

(RQ5)　인공지능의 미래를 긍정적 또는 부정적으로 보는 수준은 직무에 따라 차이가 있는가?

│ 인공지능에 대한 어두운 전망 vs. 밝은 전망 │

　정치 참여(T1), 일자리 문제(T3), 인공지능 혜택의 불평등(T5), 인공지능 기술의 개방성(T7), 인공지능 개발의 내재화(T8) 문제에 대해 응답자들은 대체로 부정적인 미래를 예견했다. 이들 어젠다의 공통점은 일상과 경제활동 측면에서 직접적으로 영향을 주는 내용이라는 점이다. 이에 대해 응답자들은 부정적인 미래, 즉 디스토피아적인 미래 또는 인공지능 발전의 속도 조절의 필요성을 크게 인식하고 있다는 것을 시사한다.

　윤리적·법적 이슈(T2), 경제지표 수정 필요성(T4), 인공지능 시대의 정의 필요성(T6)에 대해서는 긍정적인 미래를 예견했다. 이들 어젠다의 공통점은 철학적이거나 선언적인 주제로서 당장 개인의 실생활에 미치는 영향이 적다는 데 있다. 여기서 미래 시나리오에 대

현실적 미래 전망(Q2)에 대한 답변 비율(부정vs.긍정)				
	어젠다	부정{1,2}	긍정{4,5}	우세한 의견
생활과 밀접한 관계의 어젠다	(T1) 정치 참여	56.4%	25.3%	부정
	(T3) 일자리 문제	63.1%	20.4%	부정
	(T5) 인공지능 혜택의 불평등	79.1%	8.9%	부정
	(T7) 인공지능 기술의 개방성	56.4%	32.4%	부정
	(T8) 인공지능 개발 내재화	66.7%	25.3%	부정
비일상적/ 선언적 주제의 어젠다	(T2) 윤리적·법적 이슈	16.4%	74.2%	긍정
	(T4) 경제지표 수정 필요성	26.2%	56.4%	긍정
	(T6) 인공지능 시대의 정의 필요성	18.7%	70.7%	긍정

자료: 딥앤와이랩스

해 긍정적인 입장을 표했다는 것은 유토피아적인 미래 또는 인공지능 발전이 순탄할 것이라고 인식하고 있음을 시사한다.

│ 인공지능 시대의 바라는 미래와 현실적 전망의 차이 │

(RQ1) 개인적으로 기대하고 바라는 미래와 현실적으로 도래할 것으로 예상하는 미래는 다소 괴리가 있을 수 있다. 그 차이에 대해 분석한 결과, 정치 참여 문제(T1), 일자리 문제(T3), 인공지능 혜택의 불평등(T5), 인공지능 기술의 개방성(T7), 인공지능 개발의 내재화(T8) 이슈에 대해 응답자들이 기대하는 바와는 다르게 현실에서 좀 더 부정적인 미래가 도래할 것으로 예상했다(신뢰 수준 95%). 그 외 어젠다에서는 통계적 유의차가 없었다.

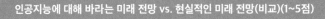

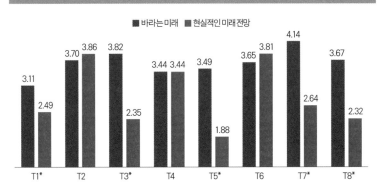

인공지능에 대해 바라는 미래 전망 vs. 현실적인 미래 전망(비교)(1~5점)

■바라는미래 ■현실적인미래전망

	T1*	T2	T3*	T4	T5*	T6	T7*	T8*
바라는 미래	3.11	3.70	3.82	3.44	3.49	3.65	4.14	3.67
현실적인 미래전망	2.49	3.86	2.35	3.44	1.88	3.81	2.64	2.32

자료: 딥앤와이랩스

│ 학력, 전문성 등에 따른 인공지능에 대한 생각의 차이 │

(RQ2) 응답자의 학력에 따른 견해 차이도 일부 확인되었다. 인공지능 관련 윤리적·법적 문제에 대해 바라는 미래(T2-Q1), 그리고 인공지능 시대의 일자리 문제에 대한 현실적인 전망(T3-Q2)에서, 박사학위자는 석사학위자 또는 학사학위자에 비해 좀 더 유토피아적이거나 긍정적인 견해를 보였다.

(T2-Q1)
"기존의 윤리 규범 또는 법 규정을 수정 또는 완화해서 인공지능이 지속 발전할 수 있다는 시나리오"에 대해 바라고 기대하는 수준(1~5점)

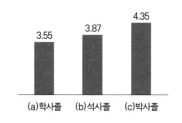

(T3-Q2)
"사라지는 것보다 더 많은 신규 일자리가 창출되어 노동시장이 안정될 것이라는 시나리오"에 대한 현실적 전망 의견(1~5점)

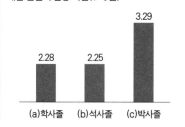

(RQ3) 담당 업무가 인공지능에 관련이 있다고 응답한 자 중 경력 연수가 3년 이상인 89명을 AI 전문가라고 정의한 후, 전문가와 비전문가의 견해 차이가 있는지 살펴봤다. AI 전문가와 비전문가 사이에서 대체로 견해 차이가 없었는데, 유일하게 인공지능 혜택의 불평등에 대한 현실적인 미래 전망(T5-Q2)에 대한 답변에서, 비전문가가 AI 전문가보다 좀 더 부정적인 미래상을 예상하고 있는 것으로 확인됐다.

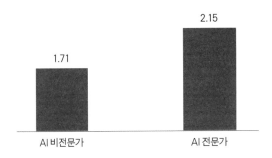

인공지능 혜택에서 차별 없는 사회가 될 수 있는 것인지에 대한 현실적인 미래 전망
(1~5점)

(RQ4) 응답자가 종사하는 업종에 따른 견해 차이를 분석한 결과, 인공지능 기술의 개방성에 관한 현실적 미래 전망(T7-Q2)에서 유일하게 통계적으로 유의미한 격차가 확인되었다. 업종을 불문하고 인공지능 기술에 대한 폐쇄성 및 독점화 경향이 심화될 것이라는 의견인 가운데, 특히 제조/건설업 또는 의료/보건업 종사자가 IT/AI 또는 서비스업 종사자에 비해 더 부정적인 미래를 전망했다.

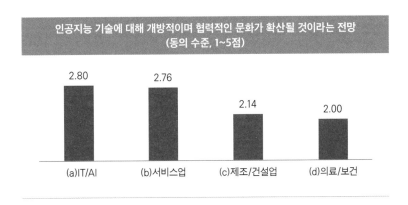

인공지능 기술에 대해 개방적이며 협력적인 문화가 확산될 것이라는 전망
(동의 수준, 1~5점)

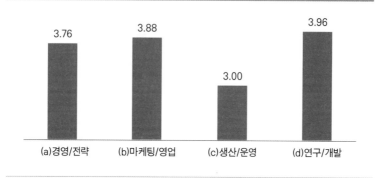

사라지는 것보다 더 많은 신규 일자리가 창출되어 노동시장이 안정될 것이라는 전망
(동의 수준, 1~5점)

(RQ5) 응답자가 담당하는 직무별로 인공지능의 미래에 대한 견해 차이를 분석했다. 그 결과 일자리 문제에 대해 개인적으로 바라는 미래상의 응답(T3-Q1)에서 유일하게 통계적으로 유의미한 격차가 확인되었다. 생산/운영 직무를 담당하는 응답자는 다른 직무에 속한 응답자보다 응답 점수가 상대적으로 낮았다. 이 점수가 낮다는 것은 인공지능 시대에 새로운 일자리가 창출되고 노동시장이 안정될 것이라는 기대감이 낮다는 것을 의미한다.

| 조사 결과 요약 및 시사점 |

인공지능 시대를 전망함에 있어서 윤리와 법적 이슈, 경제지표와 시대를 정의하고 의미를 부여하는 문제 등 철학적이거나 선언적인 주제로서 당장 개인의 실생활에 미치는 영향이 적은 분야(T2, T4,

T6)에 대해서는 비교적 긍정적이고 전향적인 미래를 전망했다. 반면 사회적 불평등, 일자리, 정치 참여 문제 등 실생활에 직접적으로 영향을 받게 되는 주제(T1, T3, T5, T7, T8)에 대해서는 디스토피아적인 미래를 전망하거나 인공지능 발전의 속도 조절이 필요하다는 의견이 대세를 이루었다. 특히 이들 실생활 밀착 주제에서는 개인적으로 바라는 미래는 더 밝은 모습이었으나, 현실적으로 마주할 미래는 그보다 디스토피아적인 방향일 것이라고 우려하는 등 기대하는 바와 현실적 미래 전망 사이에 괴리가 존재했다(RQ1). 실생활 밀접 주제일수록 당장의 우려와 걱정이 더 많이 표출된 것으로 해석할 수 있다. 앞으로 바라는 기대와 현실적 전망의 격차를 줄이기 위해 어떤 노력이 필요한지 고민이 필요한 대목이다.

인공지능 관련 윤리적·법적 문제(T2)와 인공지능 시대의 일자리 문제(T3)에 대해서는 박사학위자가 석사학위자 또는 학사학위자에 비해 좀 더 유토피아적이거나 긍정적인 견해를 보였다(RQ2). 인공지능 혜택의 불평등 문제(T5)에 대해 AI 전문가는 비전문가보다 상대적으로 문제가 심하지 않을 것이라 예상했다(RQ3). 요약하자면, 인공지능에 대한 업무 경력이 길거나 혹은 학력 수준이 높다면 인공지능의 미래를 상대적으로 밝게 전망했다. 반대로 AI 비전공자 혹은 저학력자는 인공지능에 대한 막연한 두려움과 걱정이 상대적으로 더 많다고 이해할 수 있다.

인공지능 기술의 개방성 주제(T7)에 대한 응답을 보면, 제조/건설 등 레거시 산업 종사자는 IT 등 신산업 종사자보다 앞으로 인공지능 기술 분야가 폐쇄적이거나 독점적인 경향으로 발전할 것이라고 전망했다(RQ4). 자신이 종사하는 직종이 인공지능과 거리가 멀면 인공지능에 대한 이해도가 낮을 것이고 자연히 걱정과 염려가 커지는 것으로 보인다.

회사 또는 사회적 집단 내 구성원들은 학력도 다양하고 인공지능에 대한 지식의 수준도 제각각 다를 것이다. 그러므로 집단 내 교육 프로그램 또는 공감대 형성을 위한 기회를 많이 만들면, 인공지능에 대한 부족한 지식과 이해 수준의 격차를 줄여서 인공지능에 대한 과도한 걱정과 두려움을 해소할 수 있을 것으로 본다.

노동자는 일자리 측면에서 당연히 더 나은 미래를 희망하는 것은 보편적인 상식이다. 그럼에도 불구하고, 생산/운영 직무를 가진 응답자들은 일자리 문제에 있어서 인공지능 시대에 새로운 일자리가 많이 창출되기를 바라는지를 묻는 질문(T3-Q1)에, 특별히 가장 낮은 점수로 응답했다(RQ5). 그 이유는 무엇일까? 인공지능 시대에 새로운 일자리가 탄생하더라도 대부분 사업, 마케팅, 개발 직무의 일자리에 국한될 가능성이 커서 생산/운영 직무에는 새로운 일자리 창출이 쉽지 않겠다고 생각했고, 이로 인한 좌절과 낙담이 표현된 것으로 보인다. 과연 인공지능 시대의 신규 일자리에 생산/운영 직무를 위한 몫이 정말로 없는 것인지, 팩트와 근거에 기반한 판단이 필요해 보인다. 또한 생산/운영 직무를 담당하는 노동자들이 정말로 위기에 처한다면 공존과 상생을 위한 어떤 지원이 준비될 수 있는지를 조기에 논의해서 사회 통합에 나설 필요가 있다.

인공지능과 동행하게 될 미래

20세기 초 녹색혁명으로 인류는 드디어 기아에서 해방되었다. 식량 걱정을 던 인류는 과거에는 없었던 편익을 추구하게 되었고 공산품 수요가 나타났다. 이는 제조업을 부상시켰고, 나아가 영화나 음악과 같은 엔터테인먼트 산업도 성장할 수 있었다. 앞으로 인공지능 시대에는 인간의 지적 노동이 대체되고 대량생산될 것이다.[162] 그러나 지나친 비관을 할 필요는 없다. 인공지능이 인간의 지식 노동을 대체할 수 있다면, 그로부터 얻은 시간과 노동의 여유를 또 다른 곳에 사용할 수 있을 것이다. 그리고 상상을 뛰어넘어 전혀 새로운 형태의 수요가 창출되고 그에 따른 산업이 탄생할 것이다.

과거 사람들이 전자계산기와 처음 대면하게 되었던 때를 생각해보자. 인간이 암산과 주판 사용법을 아무리 숙련할지라도 계산기와 맞설 수는 없었을 것이다. 다만 계산기의 능력을 잘 활용하면서 인간은 다른 일에 더 집중하면 될 일이다. 인공지능을 대하는 태도도 그래야 한다. 인공지능은 대결해 이겨야 하는 대상이 아니라 어떻게 잘 활용하고 다른 부가가치를 창출할 수 있는지를 고민해야 하는 대상이다.[163]

이 모든 이슈를 통틀어 인간이 준비해야 할 것이 무엇인가를 묻는다면, 정답은 바로 '유연하게 적응하는 능력'일 것이다. 그동안 산업화와 대량생산, 그리고 정보화 시대까지 인간은 다양한 기술 환경의 변화에 적응했고 인간의 새로운 역할을 발견했다. 그리고 신 산업 분야와 수요를 탄생시켰다. 그 저력은 바로 '유연성과 적응력'에서 비롯한 것이다. 그리고 이것이 바로 인공지능 시대에 우리에게 다시 한번 필요한 능력이다.

미주

1   제임스 글릭, 양병찬·김민수 옮김, 『파인먼 평전』, 동아시아, 2023.

2   BARAKAZI, Mahmut. "The use of Robotics in the Kitchens of the Future: The example of 'Moley Robotics'", *Journal of Tourism and Gastronomy Studies* 10.2 (2022): 895-905.

3   Saura, Jose Ramon, Domingo Ribeiro-Soriano, and Daniel Palacios-Marqués. "Assessing behavioral data science privacy issues in government artificial intelligence deployment", *Government Information Quarterly* 39.4 (2022): 101679.

4   Köbis, Nils, and Luca D. Mossink. "Artificial intelligence versus Maya Angelou: Experimental evidence that people cannot differentiate AI-generated from human-written poetry", *Computers in human behavior* 114 (2021): 106553.

5   Brynjolfsson, Erik, Danielle Li, and Lindsey R. Raymond. Generative AI at work. No. w31161. National Bureau of Economic Research, 2023.

6   Chakraborti, Tathagata, et al. "From Robotic Process Automation to Intelligent Process Automation: −Emerging Trends−", Business Process Management: Blockchain and Robotic Process Automation Forum: BPM 2020 Blockchain and RPA Forum, Seville, Spain, September 13−18, 2020, Proceedings 18. Springer International Publishing, 2020.

7   Straubinger, Anna, et al. "An overview of current research and developments in urban air mobility−Setting the scene for UAM introduction", *Journal of Air Transport Management* 87 (2020): 101852.

8   Guo, Xiao, et al. "Review on the application of artificial intelligence in smart homes", Smart Cities 2.3 (2019): 402-420.

9   Tunk, Neha, and A. Arun Kumar. "Work from home-A new virtual reality", *Current Psychology* (2022): 1-13.

10 Anderson, Janna, and Lee Rainie. "The metaverse in 2040", Pew Research Centre 30 (2022).

11 Silver, David, et al. "Mastering the game of Go with deep neural networks and tree search", *Nature* 529.7587 (2016): 484-489.

12 Max Roser, The brief history of artificial intelligence: The world has changed fast – what might be next?, Our World in Data, 2022.12.06.

13 Bhavik Nagda, Lucy Pless, and Talia Goldberg. Is AI generation the next platform shift?, Bessemer Venture Parners, 2022.

14 류성일, 「4차 산업혁명을 이끄는 인공지능」, KT경제경영연구소, 2017.

15 마쓰오 유타카, 박기원 옮김, 「인공지능과 딥러닝」, 동아엠앤비, 2015.

16 Wason, Ritika. "Deep learning: Evolution and expansion", *Cognitive Systems Research* 52 (2018): 701-708.

17 LeCun, Yann, et al. "Gradient-based learning applied to document recognition", Proceedings of the IEEE 86.11 (1998): 2278-2324.

18 Williams, Ronald J., and David Zipser. "A learning algorithm for continually running fully recurrent neural networks", *Neural computation* 1.2 (1989): 270-280.

19 김대식, 「김대식의 인간 vs 기계: 인공지능이란 무엇인가」, 동아시아, 2016.

20 Taigman, Yaniv, et al. "Deepface: Closing the gap to human-level performance in face verification", Proceedings of the IEEE conference on computer vision and pattern recognition. 2014.

21 Vinyals, Oriol, et al. "Starcraft ii: A new challenge for reinforcement learning", arXiv preprint arXiv: 1708.04782 (2017).

22 Kalra, Manan, and J. C. Patni. "Playing Doom with Deep Reinforcement Learning", Recent Trends in Science, Technology, Management and Social Development (2018): 42.

23 Risi, Sebastian, and Mike Preuss. "From chess and atari to starcraft and beyond: How game ai is driving the world of ai", KI-Künstliche Intelligenz 34 (2020): 7-17.

24 Assignee (Microsoft Technology Licensing, LLC/US), 'Creating a conversational chat bot of a specific person', US Patent (US 2018-0293483 A1), 2020.

25 Li, Jiwei, et al. "A persona-based neural conversation model", arXiv preprint arXiv: 1603.06155 (2016).

26 Weizenbaum, Joseph. "ELIZA—a computer program for the study

of natural language communication between man and machine", *Communications of the ACM* 9.1 (1966): 36-45.

27 de Barcelos Silva, Allan, et al. "Intelligent personal assistants: A systematic literature review", Expert Systems with Applications 147 (2020): 113193.

28 Ly, Kien Hoa, Ann-Marie Ly, and Gerhard Andersson. "A fully automated conversational agent for promoting mental well-being: A pilot RCT using mixed methods", *Internet interventions* 10 (2017): 39-46.

29 Chérif, Emna, and Jean-François Lemoine. "Anthropomorphic virtual assistants and the reactions of Internet users: An experiment on the assistant's voice", *Recherche et Applications en Marketing* (English Edition) 34.1 (2019): 28-47.

30 Olson, Christi, and Jennifer Levy. "Transforming marketing with artificial intelligence", *Applied Marketing Analytics* 3.4 (2018): 291-297.

31 MacGregor, Douglas. *The Human Side of Enterprise* Vol. 21. No. 166.1960. McGraw‐Hill: New York, 1960.

32 Wiggins, Jerry S., ed. *The five-factor model of personality: Theoretical perspectives*, Guilford Press, 1996.

33 Myers, Isabel Briggs, et al. *MBTI manual: A guide to the development and use of the Myers-Briggs Type Indicator*, Consulting Psychologists Press, 1998.

34 Song, Xia, Bo Xu, and Zhenzhen Zhao. "Can people experience romantic love for artificial intelligence? An empirical study of intelligent assistants", *Information & Management* 59.2 (2022): 103595.

35 Schedl, Markus. "Deep learning in music recommendation systems", *Frontiers in Applied Mathematics and Statistics* (2019): 44.

36 Hernandez-Olivan, Carlos, and Jose R. Beltran. "Music composition with deep learning: A review", Advances in speech and music technology: computational aspects and applications (2022): 25-50.

37 Zhu, Junchen, et al. "MovieFactory: Automatic Movie Creation from Text using Large Generative Models for Language and Images", arXiv preprint arXiv: 2306.07257 (2023).

38 Singer, Uriel, et al. "Make-a-video: Text-to-video generation without text-video data", arXiv preprint arXiv: 2209.14792 (2022).

39 유튜브, Artificial Intelligence Cinema Movies_인공지능 스타트업 웨인힐스 브라이언트, Wayne Hills Bryant AI 채널. (https://www.youtube.com/watch?v=vBrLm4fU8Ac)

40 Tang, Cundong, et al. "Research on artificial intelligence algorithm and its application in games", 2020 2nd International Conference on Artificial Intelligence and Advanced Manufacture (AIAM). IEEE, 2020.

41 Edwards, Gemma, et al. "The Role of Machine Learning in Game Development Domain-A Review of Current Trends and Future Directions", 2021 Digital Image Computing: Techniques and Applications (DICTA) (2021): 01-07.

42 홍수민. "글로벌 게임 산업에 적용된 AI의 현주소", 《GAMETOC》, 2023.3.3.

43 신승원. "NPC에 AI 활용 시작! 근데 NPC가 '뒷담화'도 한다고?", 게임동아, 2023.7.20.

44 Summerville, Adam, et al. "Procedural content generation via machine learning (PCGML)", IEEE Transactions on Games 10.3 (2018): 257-270.

45 Paraschos, Panagiotis D., and Dimitrios E. Koulouriotis. "Game difficulty adaptation and experience personalization: a literature review", International Journal of Human–Computer Interaction 39.1 (2023): 1-22.

46 Mei, Zhu. "3D image analysis of sports technical features and sports training methods based on artificial intelligence", Journal of Testing and Evaluation 51.1 (2023): 189-200.

47 Linke, Daniel, Daniel Link, and Martin Lames. "Validation of electronic performance and tracking systems EPTS under field conditions", PloS ONE 13.7 (2018): e0199519.

48 Aleza, Mazi Essoloani, and D. Vetrithangam. "Use of Artificial Intelligence to Avoid Errors in Referring a Football Match", 2023 International Conference on Artificial Intelligence and Applications (ICAIA) Alliance Technology Conference (ATCON-1). IEEE, 2023.

49 Shi, Xiaoyu, and Jianxin Zhang. "RETRACTED: Analysis of Application of Tennis Electronic Referee Based on Artificial Intelligence in Tennis Matches", Journal of Physics: Conference Series Vol. 1852. No. 2. IOP Publishing, 2021.

50 Song, Hesheng, Carlos Enrique Montenegro-Marin, and Sujatha

krishnamoorthy. "Secure prediction and assessment of sports injuries using deep learning based convolutional neural network", *Journal of Ambient Intelligence and Humanized Computing* 12 (2021): 3399-3410.

51 Kim, Daehwan, and Yong Jae Ko. "The impact of virtual reality (VR) technology on sport spectators' flow experience and satisfaction", *Computers in Human Behavior* 93 (2019): 346-356.

52 Siegel, Josh, and Daniel Morris. "Robotics, automation, and the future of sports", 21st Century Sports: How Technologies Will Change Sports in the Digital Age (2020): 53-72.

53 Soto, Idana Beroska Rincon, and Nayibe Soraya Sanchez Leon. "How artificial intelligence will shape the future of metaverse. A qualitative perspective", Metaverse Basic and Applied Research 1 (2022): 12-12.

54 Popescu, Gheorghe H., et al. "Virtual workplaces in the metaverse: immersive remote collaboration tools, behavioral predictive analytics, and extended reality technologies", Psychosociological Issues in Human Resource Management 10.1 (2022): 21-34.

55 Noor, Abid, et al. "A review of artificial intelligence applications in apparel industry", *The Journal of The Textile Institute* 113.3 (2022): 505-514.

56 Ben Ayed, Rayda, and Mohsen Hanana. "Artificial intelligence to improve the food and agriculture sector", *Journal of Food Quality* 2021 (2021): 1-7.

57 Kudashkina, Katya, et al. "Artificial Intelligence technology in food safety: A behavioral approach", *Trends in Food Science & Technology* 123 (2022): 376-381.

58 Sovacool, Benjamin K., and Dylan D. Furszyfer Del Rio. "Smart home technologies in Europe: A critical review of concepts, benefits, risks and policies", *Renewable and sustainable energy reviews* 120 (2020): 109663.

59 Khamis, Alaa, Dipkumar Patel, and Khalid Elgazzar. "Deep learning for unmanned autonomous vehicles: A comprehensive review", Deep Learning for Unmanned Systems (2021): 1-24.

60 Long, Qi, et al. "Demand analysis in urban air mobility: A literature review", *Journal of Air Transport Management* 112 (2023): 102436.

61 이중현, "도심 항공 모빌리티(UAM)의 미래", 기술과 혁신, 2021.9.

62 Rothfeld, Raoul, et al. "Urban air mobility", *Demand for Emerging Transportation Systems*, Elsevier, 2020. 267-284.

63 Riedmaier, Stefan, et al. "Survey on scenario-based safety assessment of automated vehicles", *IEEE Access* 8 (2020): 87456-87477.

64 Alawadhi, Mohamed, et al. "Review and analysis of the importance of autonomous vehicles liability: a systematic literature review", *International Journal of System Assurance Engineering and Management* 11 (2020): 1227-1249.

65 McKinney, Scott Mayer, et al. "International evaluation of an AI system for breast cancer screening", *Nature* 577.7788 (2020): 89-94.

66 Hannun, Awni Y., et al. "Cardiologist-level arrhythmia detection and classification in ambulatory electrocardiograms using a deep neural network", *Nature Medicine* 25.1 (2019): 65-69.

67 De Fauw, Jeffrey, et al. "Clinically applicable deep learning for diagnosis and referral in retinal disease", *Nature Medicine* 24.9 (2018): 1342-1350.

68 Kong, JungHo, et al. "Network-based machine learning in colorectal and bladder organoid models predicts anti-cancer drug efficacy in patients", *Nature Communications* 11.1 (2020): 5485.

69 최윤섭. 「IBM 왓슨 포 온콜로지의 의학적 검증에 관한 고찰」, *Hanyang Medical Reviews* 37.2 (2017): 49-60.

70 Fong, Jason, et al. "Intelligent robotics incorporating machine learning algorithms for improving functional capacity evaluation and occupational rehabilitation", *Journal of occupational rehabilitation* 30 (2020): 362-370.

71 Rajpurkar, Pranav, et al. "Deep learning for chest radiograph diagnosis: A retrospective comparison of the CheXNeXt algorithm to practicing radiologists", *PLoS medicine* 15.11 (2018): e1002686.

72 Ting, Daniel SW, et al. "AI for medical imaging goes deep", *Nature Medicine* 24.5 (2018): 539-540.

73 Mehta, Nishita, and Sharvari Shukla. "Pandemic analytics: how countries are leveraging big data analytics and artificial intelligence to fight COVID-19?", *SN Computer Science* 3.1 (2022): 54.

74 과학기술정보통신부, 「2022 방송통신광고비 조사 보고서」, 2022.

75 양인선, "2023년 광고시장 전망"(feat. 2022년 리뷰), Special Report, KAA(한

국광고주협회), 2023.

76   Gartner, Gartner Identifies Four Emerging Technologies Expected to Have Transformational Impact on Digital Advertising, 2022.8.3.

77   Chintalapati, Srikrishna, and Shivendra Kumar Pandey. "Artificial intelligence in marketing: A systematic literature review", *International Journal of Market Research* 64.1 (2022): 38-68.

78   Deng, Shasha, et al. "Smart generation system of personalized advertising copy and its application to advertising practice and research", *Journal of Advertising* 48.4 (2019): 356-365.

79   한국생산성본부, 「스마트 엔터프라이즈와 조직 창의성 보고서」, 2014.

80   Torfi, Amirsina, et al. "Natural language processing advancements by deep learning: A survey", arXiv preprint arXiv: 2003.01200 (2020).

81   Brin, Sergey, and Lawrence Page. "The anatomy of a large-scale hypertextual web search engine", Computer networks and ISDN systems 30.1-7 (1998): 107-117.

82   Sadasivan, Vinu Sankar, et al. "Can ai-generated text be reliably detected?", arXiv preprint arXiv: 2303.11156 (2023).

83   Zellers, Rowan, et al. "Defending against neural fake news", Advances in neural information processing systems 32 (2019).

84   Matt Kapko, "'서로 불편해' 마케터가 IT인에게 원하는 것", CIO Korea, 2016.

85   GitHub Copilot. (https://github.com/features/copilot/)

86   Eirini Kalliamvakou, Research: quantifying GitHub Copilot's impact on developer productivity and happiness, 2022.

87   Sun, Zeyu, et al. "A grammar-based structural cnn decoder for code generation", Proceedings of the AAAI conference on artificial intelligence. Vol. 33. No. 01. 2019.

88   Wang, Tony Tong, et al. "Adversarial policies beat professional-level go ais", arXiv preprint arXiv:2211.00241, v4 (2023.07.13), 2023.

89   Chen, Tong, et al. "Adversarial attack and defense in reinforcement learning-from AI security view", Cybersecurity 2 (2019): 1-22.

90   Silva, Samuel Henrique, and Peyman Najafirad. "Opportunities and challenges in deep learning adversarial robustness: A survey", arXiv preprint arXiv: 2007.00753 (2020).

91   Caldwell, Matthew, et al. "AI-enabled future crime", *Crime Science* 9.1 (2020): 1-13.

92 Weiss, Max. "Deepfake bot submissions to federal public comment websites cannot be distinguished from human submissions", *Technology Science* 2019121801 (2019).

93 Blauth, Taís Fernanda, Oskar Josef Gstrein, and Andrej Zwitter. "Artificial intelligence crime: An overview of malicious use and abuse of AI", *IEEE Access* 10 (2022): 77110-77122.

94 Hayward, Keith J., and Matthijs M. Maas. "Artificial intelligence and crime: A primer for criminologists", *Crime, Media, Culture* 17.2 (2021): 209-233.

95 Kumar, Madapuri Rudra, and Vinit Kumar Gunjan. "Review of machine learning models for credit scoring analysis", *Ingeniería Solidaria* 16.1 (2020).

96 Bao, Yang, Gilles Hilary, and Bin Ke. "Artificial intelligence and fraud detection", Innovative Technology at the Interface of Finance and Operations: Volume I (2022): 223-247.

97 Roth, Joseph, Xiaoming Liu, and Dimitris Metaxas. "On continuous user authentication via typing behavior", *IEEE Transactions* on Image Processing 23.10 (2014): 4611-4624.

98 박정훈. 「바이오매트릭스의 이용에 따른 법적 과제」, 《경희법학》 47.4 (2012): 401-439.

99 Ngai, Eric WT, et al. "An intelligent knowledge-based chatbot for customer service", Electronic Commerce Research and Applications 50 (2021): 101098.

100 Regona, Massimo, et al. "Opportunities and adoption challenges of AI in the construction industry: a PRISMA review", *Journal of Open Innovation: Technology, Market, and Complexity* 8.1 (2022): 45.

101 Yokokohji, Yasuyoshi. "The use of robots to respond to nuclear accidents: Applying the lessons of the past to the fukushima daiichi nuclear power station", Annual Review of Control, Robotics, and Autonomous Systems 4 (2021): 681-710.

102 Jeelani, Idris, Kevin Han, and Alex Albert. "Development of virtual reality and stereo-panoramic environments for construction safety training", Engineering, Construction and Architectural Management 27.8 (2020): 1853-1876.

103 Abioye, Sofiat O., et al. "Artificial intelligence in the construction

industry: A review of present status, opportunities and future challenges", *Journal of Building Engineering* 44 (2021): 103299.

104 Fritschy, Carolin, and Stefan Spinler. "The impact of autonomous trucks on business models in the automotive and logistics industry– a Delphi-based scenario study", Technological Forecasting and Social Change 148 (2019): 119736.

105 Zhang, Linlin, et al. "Fuel economy in truck platooning: A literature overview and directions for future research", *Journal of Advanced Transportation* 2020 (2020).

106 Pandian, Dr A. Pasumpon. "Artificial intelligence application in smart warehousing environment for automated logistics", *Journal of Artificial Intelligence and Capsule Networks* 1.2 (2019): 63-72.

107 포춘 비즈니스 인사이츠, 「드론 서비스 시장 2022-2029 보고서」, 2022.

108 Mohsan, Syed Agha Hassnain, et al. "Towards the unmanned aerial vehicles (UAVs): A comprehensive review", Drones 6.6 (2022): 147.

109 Bayanbay, Nurlan A., et al. "The use of unmanned aerial vehicle for emergency medical assistance", 2019 20th International Conference of Young Specialists on Micro/Nanotechnologies and Electron Devices (EDM). IEEE, 2019.

110 관계부처 합동. 「인공지능 강국 실현을 위한 인공지능 반도체 산업 발전전략: 시스템반도체 비전과 전략 2.0」, 2020.10.12.

111 Jaffri, A., & Choudhary, F. Gartner Hype Cycle for Artificial Intelligence 2022. Stamford; Gartner. 2022-July-8.

112 Villalobos, Pablo, et al. "Will we run out of data? An analysis of the limits of scaling datasets in Machine Learning", arXiv preprint arXiv: 2211.04325, 2022.

113 Rumelhart, David E., Geoffrey E. Hinton, and Ronald J. Williams. "Learning representations by back-propagating errors", *Nature* 323.6088 (1986): 533-536.

114 Vaswani, Ashish, et al. "Attention is all you need", Advances in neural information processing systems 30 (2017).

115 Dziri, Nouha, et al. "Faith and Fate: Limits of Transformers on Compositionality", arXiv preprint arXiv: 2305.18654 (2023).

116 Lightman, Hunter, et al. "Let's Verify Step by Step", arXiv preprint arXiv:2305.20050 (2023)

117 J. Uesato, N. Kushman, R. Kumar, F. Song, N. Siegel, L. Wang, A. Creswell, G. Irving, and I. Higgins. Solving math word problems with process-and outcome-based feedback. arXiv preprint arXiv:2211.14275, 2022.

118 Bretthauer, David. "Open source software: A history", (2001).

119 Harari, Yuval Noah. Sapiens: A brief history of humankind. Random House, 2014.

120 Caillois, Roger. Man, play, and games. University of Illinois press, 2001.

121 Jambeck, Jenna R., et al. "Plastic waste inputs from land into the ocean", Science 347.6223 (2015): 768-771.

122 Howard, John. "Artificial intelligence: Implications for the future of work", *American journal of industrial medicine* 62.11 (2019): 917-926.

123 Nilay Patel, Exclusive: Google's Sundar Pichai talks Search, AI, and dancing with Microsoft, Interview article, 2023.05.12. (https://www.theverge.com/2023/5/12/23720731/google-io-2023-exclusive-sundar-pichai-search-generative-experience-ai-microsoft-bing-chatgpt)

124 World Economic Forum, The Future of Jobs Report 2023, 2023.5.

125 Bissell, David, et al. "Autonomous automobilities: The social impacts of driverless vehicles", *Current Sociology* 68.1 (2020): 116-134.

126 Tschang, Feichin Ted, and Esteve Almirall. "Artificial intelligence as augmenting automation: Implications for employment", *Academy of Management Perspectives* 35.4 (2021): 642-659.

127 Daugherty, Paul R., H. James Wilson, and Paul Michelman. "Revisiting the jobs artificial intelligence will create", *MIT Sloan Management Review* 60.4 (2019): 0_1-0_8.

128 Frey, Carl Benedikt, and Michael A. Osborne. "The future of employment: How susceptible are jobs to computerisation?", *Technological forecasting and social change* 114 (2017): 254-280.

129 Blitz, Marc Jonathan. "Lies, line drawing, and deep fake news", *Okla. L. Rev*, 71 (2018): 59.

130 Chesney, Bobby, and Danielle Citron. "Deep fakes: A looming challenge for privacy, democracy, and national security", *Calif. L. Rev*, 107 (2019): 1753.

131 Pranshu Verma and Will Oremus, ChatGPT invented a sexual

harassment scandal and named a real law prof as the accused, *Washington Post*, 2023.4.5. (https://www.washingtonpost.com/technology/2023/04/05/chatgpt-lies/)

132 Einstein, Albert. "Does the inertia of a body depend upon its energy-content", Annalen der physik 18.13 (1905): 639-641.

133 Zoe Kleinman & Chris Vallance, "AI 'godfather' Geoffrey Hinton warns of dangers as he quits Google", BBC News, 2023.5.2. (https://www.bbc.com/news/world-us-canada-65452940)

134 Luccioni, Alexandra, and Yoshua Bengio. "On the morality of artificial intelligence", arXiv preprint arXiv: 1912.11945 (2019).

135 Fjeld, Jessica, et al. "Principled artificial intelligence: Mapping consensus in ethical and rights-based approaches to principles for AI", Berkman Klein Center Research Publication 2020-1 (2020).

136 GitHub, Stanford Center for Research on Foundation Models. (https://github.com/stanford-crfm)

137 Hatzius, Jan. "The Potentially Large Effects of Artificial Intelligence on Economic Growth (Briggs/Kodnani)", Goldman Sachs (2023).

138 이유봉, 「2021년 국민법의식조사 연구」, 한국법제연구원, 2021.

139 전정현·김병필, 「인공지능과 법률 서비스: 현황과 과제」, 《저스티스》 170-1 (2019): 218-258.

140 Choi, Jonathan H., et al. "Chatgpt goes to law school", Available at SSRN (2023).

141 미래직업연구팀, "변호사와 법학전문대학원생이 보는 미래 법률시장", 한국고용정보원, 보도자료, 2021.1.22.

142 van Wyngaarden, Laura. "Lawyers' Ethical Responsibility to Leverage AI in the Practice of Law", The LegalTech Book: The Legal Technology Handbook for Investors, Entrepreneurs and FinTech Visionaries (2020): 43-45.

143 OECD, Government at a Glance (online, https://doi.org/10.1787/22214399), 2021.

144 Danziger, Shai, Jonathan Levav, and Liora Avnaim-Pesso. "Extraneous factors in judicial decisions", *Proceedings of the National Academy of Sciences* 108.17 (2011): 6889-6892.

145 이관우, "민주적 선거를 위한 AI의 잠재력", 《한국경제》, 2022.1.13.

146 정해빈, 「인공지능과 책임공백에 관한 법경제학적 연구: 소비재로서 자동화 기

술의 대중화가 초래하는 변화에 관한 분석을 중심으로」, 《법경제학연구》 20.1 (2023): 153-182.

147   Griffiths, James. *The great firewall of China: How to build and control an alternative version of the internet*, Bloomsbury Publishing, 2021.

148   Vincent, James. "Amazon reportedly scraps internal AI recruiting tool that was biased against women", The Verge 10 (2018).

149   윤영주. "영국, '인종 편향적' 비자 신청 처리 알고리즘 사용 중단", 《AI 타임스》, 2020.8.7. (https://www.aitimes.com/news/articleView.html?idxno=131369)

150   Bolukbasi, Tolga, et al. "Man is to computer programmer as woman is to homemaker? debiasing word embeddings", Advances in neural information processing systems 29 (2016).

151   Heinrichs, Bert. "Discrimination in the age of artificial intelligence", *AI & Society* (2022): 1-12.

152   박태우, "법원 '공공기관 AI 면접 정보 공개하라'", 《한겨레》, 2022.7.7.

153   Gunning, David, et al. "XAI—Explainable artificial intelligence", Science r Robotics 4.37 (2019): eaay7120.

154   Xin, Doris, et al. "Accelerating human-in-the-loop machine learning: Challenges and opportunities", Proceedings of the second workshop on data management for end-to-end machine learning, 2018.

155   Ally, Mohamed, Mohamed Amin Embi, and Helmi Norman, eds. *The Impact of MOOCs on Distance Education in Malaysia and Beyond* Vol. 38. Routledge, 2019.

156   요슈아 벤지오, GLOBAL AI SUMMIT 2021, 특별강연, 2021.

157   Deng, Jia, et al. "Imagenet: A large-scale hierarchical image database", 2009 IEEE conference on computer vision and pattern recognition. Ieee, 2009.

158   Cutolo, Donato, and Martin Kenney. "Platform-dependent entrepreneurs: Power asymmetries, risks, and strategies in the platform economy", *Academy of Management Perspectives* 35.4 (2021): 584-605.

159   Gasteiger, Emanuel, and Klaus Prettner. "Automation, stagnation, and the implications of a robot tax", *Macroeconomic Dynamics* 26.1 (2022): 218-249.

160   Lee, Keun. *Schumpeterian analysis of economic catch-up: Knowledge,*

path-creation, and the middle-income trap, Cambridge University Press, 2013.

161 Sungil Ryu, Hyunseo Cho, Kyunam Lee, Minsung Choi. Future paradigm shift and scenario analysis for the era of AI: on the perspective of technology, economic, social and politics, IEEE International Conference on Industrial Engineering and Engineering Management (IEEM). IEEE, 2023.

162 Schwab, Klaus. *The fourth industrial revolution*, Currency, 2017.

163 Frey, Carl Benedikt, and Michael A. Osborne. "The future of employment: How susceptible are jobs to computerisation?", *Technological forecasting and social change* 114 (2017): 254-280.

2024 AI 트렌드

1판 1쇄 발행 | 2023년 9월 27일
1판 2쇄 발행 | 2023년 11월 21일

지은이 딥앤와이랩스(류성일, 이규남, 황동건, 이영표, 조현서, 박준상, 홍준의)
펴낸이 김기옥

경제경영팀장 모민원
기획 편집 변호이, 박지선
마케팅 박진모
경영지원 고광현, 임민진
제작 김형식

표지 디자인 유어텍스트
인쇄 · 제본 민언프린텍

펴낸곳 한스미디어(한즈미디어(주))
주소 04037 서울시 마포구 양화로 11길 13(서교동, 강원빌딩 5층)
전화 02-707-0337 | 팩스 02-707-0198 | 홈페이지 www.hansmedia.com
출판신고번호 제 313-2003-227호 | 신고일자 2003년 6월 25일

ISBN 979-11-6007-968-5 (03320)